长江中下游区

耕地质量主要性状数据集

农业农村部耕地质量监测保护中心　编著

中国农业出版社

编辑委员会

前言

长江中下游区包括河南省南部及安徽、湖北、湖南省大部，上海、江苏、浙江、江西省（直辖市）全部，福建、广西、广东省（自治区）北部，总耕地面积 2 540 万 hm^2，约占全国耕地总面积的 18.8%。全面梳理长江中下游区主要土壤类型耕地质量性状，对及时发现解决区域耕地质量问题，有针对性开展培肥改良，促进耕地质量可持续利用具有重要意义。

为全面掌握长江中下游区耕地质量状况，推动评价成果为农业生产服务，自 2018 年起，农业农村部耕地质量监测保护中心组织长江中下游区的 11 个省（直辖市、自治区）有关技术人员，根据《耕地质量调查监测与评价办法》《耕地质量等级》（GB/T33469—2016），开展了耕地质量区域汇总评价工作。按照兼顾土壤类型、行政区划、地貌类型、地力水平等因素的原则，在该区域共计甄别遴选了46 868个评价样点，并对数据进行了集中审查，建立了规范化的耕地资源属性数据库。在此基础上，根据土壤发生学分类，按照土类、亚类、土属整理汇编了《长江中下游区耕地质量主要性状数据集》。长江中下游区耕地包括水稻土、潮土、红壤、黄褐土、黄棕壤、砂姜黑土、滨海盐土、石灰（岩）土、紫色土、棕壤、粗骨土、黄壤、褐土、新积土、火山灰土、赤红壤、沼泽土、红黏土、草甸土、草甸盐土、风沙土 21 个主要耕地土壤类型、53 个主要亚类和 176 个主要土属。数据集涵盖有效土层厚度、耕层厚度、耕层容重、土壤有机质、土壤全氮、土壤有效磷、土壤速效钾、土壤缓效钾、土壤有效铜、土壤有效锌、土壤有效铁、土壤有效锰、土壤有效硼、土壤有效钼、土壤有效硫、土壤有效硅、耕层质地及土壤 pH 等 18 个数据项，涉及数据 95 万余个。

由于数据量大，编著者水平有限，不妥之处敬请广大读者批评指正！

编著者

2020 年 11 月

前言

目录

一、土　类

二、亚　类

三、土　属

一、土　类

赤红壤耕地土壤主要理化性状

项目名称	样本数（个）	平均值	标准差	变异系数（%）	范　围
有效土层厚（cm）	45	95.4	10.36	10.86	54.0～100.0
耕层厚度（cm）	45	20.9	7.61	36.45	13.0～50.0
耕层容重（g/cm^3）	45	1.21	0.12	9.69	1.00～1.57
有机质（g/kg）	45	24.1	10.02	41.68	7.9～54.6
全氮（g/kg）	45	1.378	0.66	47.57	0.336～3.180
有效磷（mg/kg）	45	25.7	21.32	83.05	3.4～90.0
速效钾（mg/kg）	44	104	67.46	64.91	27～250
缓效钾（mg/kg）	39	269	260.76	97.11	38～810
有效铜（mg/kg）	44	18.21	26.05	143.08	0.29～73.75
有效锌（mg/kg）	44	10.11	12.50	123.60	0.28～39.66
有效铁（mg/kg）	44	102.49	93.99	91.71	8.51～329.60
有效锰（mg/kg）	45	48.89	53.43	109.28	2.16～254.51
有效硼（mg/kg）	45	0.87	0.62	71.88	0.08～2.08
有效钼（mg/kg）	45	0.586	0.66	112.99	0.030～1.990
有效硫（mg/kg）	42	79.11	84.93	107.35	10.00～295.04
有效硅（mg/kg）	45	63.61	59.77	93.96	12.16～285.00

耕层质地

砂土		砂壤土		轻壤土		中壤土		重壤土		黏土	
样本数	占比（%）	样本数	占比（%）	样本数	占比（%）	样本数	占比（%）	样本数	占比（%）	样本数	占比（%）
0	0.00	11	24.44	7	15.56	7	15.56	18	40.00	2	4.44

土壤 pH

≤4.5		(4.5～5.5]		(5.5～6.5]		(6.5～7.5]		(7.5～8.5]		>8.5	
样本数	占比（%）	样本数	占比（%）	样本数	占比（%）	样本数	占比（%）	样本数	占比（%）	样本数	占比（%）
4	8.89	16	35.56	18	40.00	6	13.33	1	2.22	0	0.00

红壤耕地土壤主要理化性状

项目名称	样本数（个）	平均值	标准差	变异系数（%）	范　围
有效土层厚（cm）	2 245	81.1	21.18	26.11	15.0～150.0
耕层厚度（cm）	2 245	19.2	5.02	26.11	10.0～48.0
耕层容重（g/cm³）	2 237	1.21	0.16	13.07	0.76～1.80
有机质（g/kg）	2 244	26.1	10.77	41.30	4.0～79.2
全氮（g/kg）	2 243	1.467	0.61	41.92	0.157～4.180
有效磷（mg/kg）	2 238	46.4	60.21	129.75	0.1～480.6
速效钾（mg/kg）	2 199	115	70.36	61.15	21～483
缓效钾（mg/kg）	2 159	258	196.70	76.11	38～1 520
有效铜（mg/kg）	2 080	3.74	7.18	192.22	0.19～84.98
有效锌（mg/kg）	2 118	3.36	3.61	107.64	0.20～47.10
有效铁（mg/kg）	2 130	113.79	91.14	80.10	3.89～510.00
有效锰（mg/kg）	2 117	33.25	36.29	109.15	0.90～297.00
有效硼（mg/kg）	2 108	0.48	0.51	104.34	0.02～4.04
有效钼（mg/kg）	2 087	0.352	0.63	180.20	0.016～8.990
有效硫（mg/kg）	2 116	38.60	26.22	67.93	3.51～218.40
有效硅（mg/kg）	2 089	142.11	101.61	71.50	11.76～530.00

耕层质地

砂土		砂壤土		轻壤土		中壤土		重壤土		黏土	
样本数	占比（%）	样本数	占比（%）	样本数	占比（%）	样本数	占比（%）	样本数	占比（%）	样本数	占比（%）
187	8.33	362	16.12	184	8.20	341	15.19	648	28.86	523	23.30

土壤 pH

≤4.5		(4.5～5.5]		(5.5～6.5]		(6.5～7.5]		(7.5～8.5]		>8.5	
样本数	占比（%）	样本数	占比（%）	样本数	占比（%）	样本数	占比（%）	样本数	占比（%）	样本数	占比（%）
174	7.75	1 076	47.93	671	29.89	226	10.07	98	4.37	0	0.00

黄壤耕地土壤主要理化性状

项目名称	样本数（个）	平均值	标准差	变异系数（%）	范　围
有效土层厚（cm）	121	76.8	18.15	23.64	45.0～120.0
耕层厚度（cm）	121	18.9	3.42	18.14	14.0～35.0
耕层容重（g/cm^3）	121	1.11	0.15	13.61	0.81～1.54
有机质（g/kg）	121	31.9	12.92	40.46	12.6～79.7
全氮（g/kg）	121	1.666	0.71	42.38	0.110～3.910
有效磷（mg/kg）	118	80.5	80.51	100.00	1.1～400.3
速效钾（mg/kg）	120	106	68.57	64.50	23～332
缓效钾（mg/kg）	120	240	162.99	68.00	49～1 140
有效铜（mg/kg）	118	3.94	9.20	233.31	0.34～82.93
有效锌（mg/kg）	119	3.44	2.86	83.17	0.86～21.98
有效铁（mg/kg）	116	139.01	90.77	65.30	28.30～468.00
有效锰（mg/kg）	119	24.10	35.20	146.04	2.29～283.47
有效硼（mg/kg）	118	0.44	0.56	125.07	0.05～3.37
有效钼（mg/kg）	115	0.528	1.37	259.43	0.020～9.010
有效硫（mg/kg）	118	28.18	19.16	68.01	4.84～120.00
有效硅（mg/kg）	118	136.51	103.14	75.55	16.33～524.00

耕层质地

砂土		砂壤土		轻壤土		中壤土		重壤土		黏土	
样本数	占比（%）	样本数	占比（%）	样本数	占比（%）	样本数	占比（%）	样本数	占比（%）	样本数	占比（%）
0	0.00	17	14.05	9	7.44	44	36.36	27	22.31	24	19.83

土壤 pH

≤4.5		(4.5～5.5]		(5.5～6.5]		(6.5～7.5]		(7.5～8.5]		>8.5	
样本数	占比（%）	样本数	占比（%）	样本数	占比（%）	样本数	占比（%）	样本数	占比（%）	样本数	占比（%）
20	16.53	72	59.50	22	18.18	6	4.96	1	0.83	0	0.00

黄棕壤耕地土壤主要理化性状

项目名称	样本数（个）	平均值	标准差	变异系数（%）	范　围
有效土层厚（cm）	1 186	74.9	25.46	33.98	17.0～150.0
耕层厚度（cm）	1 170	21.5	6.37	29.67	3.0～50.0
耕层容重（g/cm^3）	1 186	1.28	0.15	12.04	0.71～1.73
有机质（g/kg）	1 186	19.2	7.21	37.56	2.5～50.0
全氮（g/kg）	1 186	1.187	0.41	34.36	0.160～3.100
有效磷（mg/kg）	1 186	20.3	17.88	88.28	0.6～137.2
速效钾（mg/kg）	1 177	116	63.20	54.63	21～441
缓效钾（mg/kg）	1 178	573	295.36	51.58	57～1 610
有效铜（mg/kg）	1 168	2.77	1.59	57.41	0.19～9.64
有效锌（mg/kg）	1 179	1.80	1.06	58.60	0.19～11.20
有效铁（mg/kg）	1 181	76.32	65.55	85.89	3.80～489.00
有效锰（mg/kg）	1 171	33.38	23.47	70.31	0.74～214.90
有效硼（mg/kg）	1 148	0.52	0.42	80.46	0.03～3.73
有效钼（mg/kg）	1 150	0.236	0.21	87.97	0.030～1.000
有效硫（mg/kg）	1 145	39.18	27.49	70.17	3.50～183.62
有效硅（mg/kg）	1 039	194.27	112.92	58.12	11.60～500.30

耕层质地

砂土		砂壤土		轻壤土		中壤土		重壤土		黏土	
样本数	占比（%）	样本数	占比（%）	样本数	占比（%）	样本数	占比（%）	样本数	占比（%）	样本数	占比（%）
61	5.14	238	20.07	142	11.97	481	40.56	182	15.35	82	6.91

土壤 pH

≤4.5		(4.5～5.5]		(5.5～6.5]		(6.5～7.5]		(7.5～8.5]		>8.5	
样本数	占比（%）	样本数	占比（%）	样本数	占比（%）	样本数	占比（%）	样本数	占比（%）	样本数	占比（%）
9	0.76	392	33.05	527	44.44	224	18.89	34	2.87	0	0.00

黄褐土耕地土壤主要理化性状

项目名称	样本数（个）	平均值	标准差	变异系数（%）	范　围
有效土层厚（cm）	1 695	80.6	24.67	30.60	20.0～150.0
耕层厚度（cm）	1 695	18.4	3.46	18.82	10.0～30.0
耕层容重（g/cm^3）	1 695	1.35	0.15	11.45	0.90～1.77
有机质（g/kg）	1 695	20.1	6.71	33.48	4.7～53.0
全氮（g/kg）	1 694	1.171	0.35	29.72	0.120～4.420
有效磷（mg/kg）	1 695	22.1	21.20	95.71	0.8～294.4
速效钾（mg/kg）	1 692	141	56.05	39.76	23～447
缓效钾（mg/kg）	1 688	580	248.66	42.86	102～1 600
有效铜（mg/kg）	1 660	2.18	1.24	56.75	0.19～14.83
有效锌（mg/kg）	1 675	1.66	1.34	81.20	0.19～13.38
有效铁（mg/kg）	1 682	67.05	59.43	88.64	4.29～437.00
有效锰（mg/kg）	1 680	46.90	34.86	74.33	1.05～292.00
有效硼（mg/kg）	1 679	0.53	0.46	87.93	0.03～3.93
有效钼（mg/kg）	1 594	0.274	0.25	92.15	0.020～2.338
有效硫（mg/kg）	1 664	30.62	23.85	77.89	3.41～327.75
有效硅（mg/kg）	1 389	223.83	103.42	46.20	19.32～532.00

耕层质地

砂土		砂壤土		轻壤土		中壤土		重壤土		黏土	
样本数	占比（%）	样本数	占比（%）	样本数	占比（%）	样本数	占比（%）	样本数	占比（%）	样本数	占比（%）
7	0.41	98	5.78	88	5.19	650	38.35	617	36.40	235	13.86

土壤 pH

≤4.5		(4.5～5.5]		(5.5～6.5]		(6.5～7.5]		(7.5～8.5]		>8.5	
样本数	占比（%）	样本数	占比（%）	样本数	占比（%）	样本数	占比（%）	样本数	占比（%）	样本数	占比（%）
10	0.59	477	28.14	869	51.27	305	17.99	34	2.01	0	0.00

棕壤耕地土壤主要理化性状

项目名称	样本数（个）	平均值	标准差	变异系数（%）	范　围
有效土层厚（cm）	215	81.1	25.85	31.89	35.0～127.0
耕层厚度（cm）	215	18.3	2.10	11.47	10.0～21.0
耕层容重（g/cm^3）	215	1.38	0.10	7.05	1.13～1.66
有机质（g/kg）	215	21.3	8.07	37.95	8.0～50.0
全氮（g/kg）	215	1.421	0.53	37.49	0.470～3.591
有效磷（mg/kg）	215	54.0	45.06	83.46	3.5～200.0
速效钾（mg/kg）	215	145	65.15	45.05	29～347
缓效钾（mg/kg）	204	398	177.86	44.67	115～894
有效铜（mg/kg）	204	2.45	1.64	67.09	0.45～12.41
有效锌（mg/kg）	204	1.99	2.16	108.59	0.19～13.50
有效铁（mg/kg）	199	121.41	86.55	71.28	6.09～497.13
有效锰（mg/kg）	186	132.97	68.64	51.62	10.30～298.61
有效硼（mg/kg）	208	0.41	0.22	52.40	0.05～1.05
有效钼（mg/kg）	207	0.128	0.07	56.51	0.020～0.640
有效硫（mg/kg）	204	28.89	18.61	64.40	4.23～147.76
有效硅（mg/kg）	204	130.03	68.47	52.66	44.44～501.60

耕层质地

砂土		砂壤土		轻壤土		中壤土		重壤土		黏土	
样本数	占比（%）	样本数	占比（%）	样本数	占比（%）	样本数	占比（%）	样本数	占比（%）	样本数	占比（%）
14	6.51	70	32.56	85	39.53	23	10.70	23	10.70	0	0.00

土壤 pH

≤4.5		(4.5～5.5]		(5.5～6.5]		(6.5～7.5]		(7.5～8.5]		>8.5	
样本数	占比（%）	样本数	占比（%）	样本数	占比（%）	样本数	占比（%）	样本数	占比（%）	样本数	占比（%）
9	4.19	101	46.98	68	31.63	23	10.70	13	6.05	1	0.47

褐土耕地土壤主要理化性状

项目名称	样本数（个）	平均值	标准差	变异系数（%）	范 围
有效土层厚（cm）	94	57.8	16.65	28.83	24.0～100.0
耕层厚度（cm）	94	19.0	2.80	14.75	10.0～25.0
耕层容重（g/cm^3）	72	1.26	0.13	9.99	0.95～1.78
有机质（g/kg）	94	22.0	7.53	34.24	6.2～37.1
全氮（g/kg）	94	1.385	0.45	32.22	0.350～2.866
有效磷（mg/kg）	94	28.3	19.66	69.41	5.9～98.2
速效钾（mg/kg）	94	186	66.11	35.59	80～348
缓效钾（mg/kg）	52	440	177.00	40.22	183～988
有效铜（mg/kg）	52	2.63	1.72	65.29	0.55～11.28
有效锌（mg/kg）	53	1.30	1.33	102.63	0.32～7.72
有效铁（mg/kg）	52	70.09	50.07	71.43	4.60～258.30
有效锰（mg/kg）	52	37.08	36.82	99.30	0.86～238.00
有效硼（mg/kg）	54	0.65	0.16	23.81	0.17～0.94
有效钼（mg/kg）	52	0.145	0.09	64.54	0.020～0.354
有效硫（mg/kg）	52	32.39	23.74	73.30	9.96～154.00
有效硅（mg/kg）	51	163.17	142.89	87.57	45.65～539.00

耕层质地

砂土		砂壤土		轻壤土		中壤土		重壤土		黏土	
样本数	占比（%）	样本数	占比（%）	样本数	占比（%）	样本数	占比（%）	样本数	占比（%）	样本数	占比（%）
1	1.06	0	0.00	2	2.13	10	10.64	31	32.98	50	53.19

土壤 pH

≤4.5		(4.5～5.5]		(5.5～6.5]		(6.5～7.5]		(7.5～8.5]		>8.5	
样本数	占比（%）	样本数	占比（%）	样本数	占比（%）	样本数	占比（%）	样本数	占比（%）	样本数	占比（%）
0	0.00	4	4.26	22	23.40	29	30.85	38	40.43	1	1.06

红黏土耕地土壤主要理化性状

项目名称	样本数（个）	平均值	标准差	变异系数（%）	范　围
有效土层厚（cm）	6	69.2	25.53	36.91	35.0～98.0
耕层厚度（cm）	6	19.0	4.05	21.31	14.0～25.0
耕层容重（g/cm^3）	6	1.34	0.08	6.12	1.21～1.45
有机质（g/kg）	6	25.6	9.62	37.61	13.7～36.5
全氮（g/kg）	6	1.302	0.29	21.96	0.740～1.500
有效磷（mg/kg）	6	106.3	124.92	117.56	5.9～320.5
速效钾（mg/kg）	6	89	40.04	45.16	54～163
缓效钾（mg/kg）	6	376	167.47	44.50	211～634
有效铜（mg/kg）	6	2.22	0.86	38.96	1.00～3.04
有效锌（mg/kg）	6	1.81	0.89	49.21	0.81～2.88
有效铁（mg/kg）	6	83.49	47.96	57.44	11.40～148.46
有效锰（mg/kg）	6	47.60	45.00	94.54	14.80～106.60
有效硼（mg/kg）	6	0.35	0.16	46.14	0.14～0.58
有效钼（mg/kg）	6	0.351	0.20	57.48	0.144～0.680
有效硫（mg/kg）	6	23.93	11.08	46.29	10.37～42.49
有效硅（mg/kg）	6	159.71	81.17	50.82	39.00～290.00

耕层质地

砂土		砂壤土		轻壤土		中壤土		重壤土		黏土	
样本数	占比（%）	样本数	占比（%）	样本数	占比（%）	样本数	占比（%）	样本数	占比（%）	样本数	占比（%）
0	0.00	0	0.00	0	0.00	0	0.00	3	50.00	3	50.00

土壤 pH

≤4.5		(4.5～5.5]		(5.5～6.5]		(6.5～7.5]		(7.5～8.5]		>8.5	
样本数	占比（%）	样本数	占比（%）	样本数	占比（%）	样本数	占比（%）	样本数	占比（%）	样本数	占比（%）
0	0.00	2	33.33	4	66.67	0	0.00	0	0.00	0	0.00

新积土耕地土壤主要理化性状

项目名称	样本数（个）	平均值	标准差	变异系数（%）	范围
有效土层厚（cm）	51	94.0	10.25	10.90	60.0～100.0
耕层厚度（cm）	51	17.8	4.28	24.08	10.0～30.0
耕层容重（g/cm^3）	51	1.26	0.15	11.89	0.98～1.59
有机质（g/kg）	51	23.3	5.98	25.71	11.3～40.1
全氮（g/kg）	51	1.158	0.28	24.52	0.690～1.760
有效磷（mg/kg）	51	43.7	32.05	73.39	0.6～90.0
速效钾（mg/kg）	49	105	55.64	52.79	21～250
缓效钾（mg/kg）	41	102	72.04	70.78	39～340
有效铜（mg/kg）	48	1.22	0.92	75.21	0.24～4.27
有效锌（mg/kg）	48	1.79	1.40	78.37	0.20～7.52
有效铁（mg/kg）	47	64.66	58.40	90.32	4.78～269.20
有效锰（mg/kg）	49	51.24	51.04	99.62	2.20～229.42
有效硼（mg/kg）	50	0.52	0.58	111.33	0.02～3.30
有效钼（mg/kg）	50	0.222	0.19	85.14	0.030～0.870
有效硫（mg/kg）	50	39.12	24.38	62.30	6.17～95.85
有效硅（mg/kg）	48	84.77	91.76	108.25	18.10～469.78

耕层质地

砂土		砂壤土		轻壤土		中壤土		重壤土		黏土	
样本数	占比（%）	样本数	占比（%）	样本数	占比（%）	样本数	占比（%）	样本数	占比（%）	样本数	占比（%）
0	0.00	0	0.00	0	0.00	51	100.00	0	0.00	0	0.00

土壤 pH

≤4.5		(4.5～5.5]		(5.5～6.5]		(6.5～7.5]		(7.5～8.5]		>8.5	
样本数	占比（%）	样本数	占比（%）	样本数	占比（%）	样本数	占比（%）	样本数	占比（%）	样本数	占比（%）
9	17.65	24	47.06	10	19.61	7	13.73	1	1.96	0	0.00

风沙土耕地土壤主要理化性状

项目名称	样本数（个）	平均值	标准差	变异系数（%）	范　围
有效土层厚（cm）	3	15.0	0.00	0.00	15.0～15.0
耕层厚度（cm）	3	15.0	0.00	0.00	15.0～15.0
耕层容重（g/cm^3）	3	1.37	0.04	3.19	1.35～1.42
有机质（g/kg）	3	4.3	1.53	35.28	3.4～6.1
全氮（g/kg）	3	0.193	0.06	31.62	0.157～0.263
有效磷（mg/kg）	3	7.4	8.58	115.24	2.0～17.3
速效钾（mg/kg）	3	132	117.56	88.80	30～261
缓效钾（mg/kg）	3	157	75.89	48.38	74～223
有效铜（mg/kg）	3	0.32	0.02	6.44	0.30～0.34
有效锌（mg/kg）	3	3.57	0.84	23.50	2.62～4.21
有效铁（mg/kg）	3	21.40	0.00	0.00	21.40～21.40
有效锰（mg/kg）	3	10.50	0.00	0.00	10.50～10.50
有效硼（mg/kg）	3	0.42	0.15	35.71	0.27～0.57
有效钼（mg/kg）	3	0.090	0.00	0.00	0.090～0.090
有效硫（mg/kg）	3	38.03	9.87	25.94	26.70～44.70
有效硅（mg/kg）	3	51.80	0.00	0.00	51.80～51.80

耕层质地

砂土		砂壤土		轻壤土		中壤土		重壤土		黏土	
样本数	占比（%）	样本数	占比（%）	样本数	占比（%）	样本数	占比（%）	样本数	占比（%）	样本数	占比（%）
3	100.00	0	0.00	0	0.00	0	0.00	0	0.00	0	0.00

土壤 pH

≤4.5		(4.5～5.5]		(5.5～6.5]		(6.5～7.5]		(7.5～8.5]		>8.5	
样本数	占比（%）	样本数	占比（%）	样本数	占比（%）	样本数	占比（%）	样本数	占比（%）	样本数	占比（%）
0	0.00	1	33.33	0	0.00	2	66.67	0	0.00	0	0.00

石灰（岩）土耕地土壤主要理化性状

项目名称	样本数（个）	平均值	标准差	变异系数（%）	范　围
有效土层厚（cm）	341	78.6	22.32	28.40	21.0～150.0
耕层厚度（cm）	341	19.2	4.83	25.08	10.0～40.0
耕层容重（g/cm^3）	340	1.23	0.15	12.03	0.81～1.62
有机质（g/kg）	341	24.9	8.46	34.01	8.0～53.7
全氮（g/kg）	341	1.455	0.54	37.21	0.200～3.210
有效磷（mg/kg）	341	28.4	30.05	105.71	0.4～292.0
速效钾（mg/kg）	319	121	71.96	59.62	24～463
缓效钾（mg/kg）	325	302	256.79	84.89	38～1 383
有效铜（mg/kg）	325	3.52	5.53	157.37	0.22～76.03
有效锌（mg/kg）	326	2.68	2.20	82.07	0.19～12.72
有效铁（mg/kg）	326	82.09	72.72	88.59	3.89～372.00
有效锰（mg/kg）	326	51.37	49.34	96.05	1.06～280.18
有效硼（mg/kg）	327	0.51	0.55	108.19	0.02～3.83
有效钼（mg/kg）	327	0.316	0.36	113.21	0.020～2.750
有效硫（mg/kg）	320	46.07	45.69	99.17	3.88～293.75
有效硅（mg/kg）	313	166.92	125.23	75.02	11.97～532.56

耕层质地

砂土		砂壤土		轻壤土		中壤土		重壤土		黏土	
样本数	占比（%）	样本数	占比（%）	样本数	占比（%）	样本数	占比（%）	样本数	占比（%）	样本数	占比（%）
1	0.29	15	4.40	152	44.57	45	13.20	60	17.60	68	19.94

土壤 pH

≤4.5		(4.5～5.5]		(5.5～6.5]		(6.5～7.5]		(7.5～8.5]		>8.5	
样本数	占比（%）	样本数	占比（%）	样本数	占比（%）	样本数	占比（%）	样本数	占比（%）	样本数	占比（%）
11	3.23	62	18.18	107	31.38	94	27.57	66	19.35	1	0.29

火山灰土耕地土壤主要理化性状

项目名称	样本数（个）	平均值	标准差	变异系数（%）	范　围
有效土层厚（cm）	50	46.2	31.16	67.50	20.0～100.0
耕层厚度（cm）	50	16.7	2.61	15.62	12.0～21.0
耕层容重（g/cm^3）	50	1.33	0.09	7.06	1.20～1.51
有机质（g/kg）	50	21.2	6.01	28.32	11.0～35.8
全氮（g/kg）	50	1.290	0.39	30.19	0.440～2.220
有效磷（mg/kg）	50	22.1	18.24	82.68	3.0～79.6
速效钾（mg/kg）	50	164	46.77	28.60	82～276
缓效钾（mg/kg）	50	353	115.84	32.84	104～612
有效铜（mg/kg）	50	2.24	1.23	54.87	0.22～6.31
有效锌（mg/kg）	47	1.40	1.19	85.08	0.22～6.17
有效铁（mg/kg）	50	95.93	69.49	72.43	8.71～377.29
有效锰（mg/kg）	49	47.96	38.48	80.23	6.11～162.00
有效硼（mg/kg）	50	0.49	0.39	79.65	0.12～1.99
有效钼（mg/kg）	50	0.198	0.23	115.21	0.040～0.930
有效硫（mg/kg）	50	42.34	35.83	84.62	6.23～217.80
有效硅（mg/kg）	48	212.18	119.35	56.25	37.45～514.00

耕层质地

砂土		砂壤土		轻壤土		中壤土		重壤土		黏土	
样本数	占比（%）	样本数	占比（%）	样本数	占比（%）	样本数	占比（%）	样本数	占比（%）	样本数	占比（%）
0	0.00	0	0.00	2	4.00	15	30.00	6	12.00	27	54.00

土壤 pH

≤4.5		(4.5～5.5]		(5.5～6.5]		(6.5～7.5]		(7.5～8.5]		>8.5	
样本数	占比（%）	样本数	占比（%）	样本数	占比（%）	样本数	占比（%）	样本数	占比（%）	样本数	占比（%）
0	0.00	15	30.00	26	52.00	2	4.00	7	14.00	0	0.00

紫色土耕地土壤主要理化性状

项目名称	样本数（个）	平均值	标准差	变异系数（%）	范围
有效土层厚（cm）	320	76.2	23.01	30.22	20.0～150.0
耕层厚度（cm）	318	19.5	4.78	24.45	10.0～40.0
耕层容重（g/cm^3）	319	1.23	0.17	13.75	0.81～1.67
有机质（g/kg）	320	24.5	10.35	42.14	5.6～79.0
全氮（g/kg）	320	1.386	0.56	40.62	0.077～4.220
有效磷（mg/kg）	318	39.6	54.07	136.55	0.6～489.0
速效钾（mg/kg）	318	122	62.32	51.08	23～358
缓效钾（mg/kg）	318	354	248.27	70.16	55～1 466
有效铜（mg/kg）	291	2.75	2.66	96.75	0.24～28.83
有效锌（mg/kg）	296	3.58	3.87	108.15	0.22～27.87
有效铁（mg/kg）	296	117.12	102.29	87.33	4.60～534.00
有效锰（mg/kg）	301	31.04	28.77	92.69	0.80～196.00
有效硼（mg/kg）	295	0.61	0.67	110.32	0.04～3.85
有效钼（mg/kg）	296	0.377	0.80	213.20	0.020～8.830
有效硫（mg/kg）	300	31.13	23.79	76.41	3.84～177.00
有效硅（mg/kg）	293	170.52	106.40	62.40	16.07～499.12

耕层质地

砂土		砂壤土		轻壤土		中壤土		重壤土		黏土	
样本数	占比（%）	样本数	占比（%）	样本数	占比（%）	样本数	占比（%）	样本数	占比（%）	样本数	占比（%）
4	1.25	49	15.31	56	17.50	89	27.81	68	21.25	54	16.88

土壤 pH

≤4.5		(4.5～5.5]		(5.5～6.5]		(6.5～7.5]		(7.5～8.5]		>8.5	
样本数	占比（%）	样本数	占比（%）	样本数	占比（%）	样本数	占比（%）	样本数	占比（%）	样本数	占比（%）
14	4.38	113	35.31	102	31.88	59	18.44	32	10.00	0	0.00

粗骨土耕地土壤主要理化性状

项目名称	样本数（个）	平均值	标准差	变异系数（%）	范　围
有效土层厚（cm）	139	65.3	22.17	33.93	15.0～120.0
耕层厚度（cm）	139	19.0	4.69	24.63	10.0～40.0
耕层容重（g/cm³）	139	1.17	0.18	15.66	0.81～1.69
有机质（g/kg）	139	25.2	12.96	51.37	3.1～65.4
全氮（g/kg）	139	1.406	0.76	54.12	0.125～4.240
有效磷（mg/kg）	139	64.6	87.44	135.34	0.1～498.5
速效钾（mg/kg）	136	121	73.70	60.99	28～443
缓效钾（mg/kg）	131	378	240.64	63.71	41～1 138
有效铜（mg/kg）	133	3.62	5.98	165.39	0.37～64.06
有效锌（mg/kg）	137	3.89	5.17	133.16	0.22～47.08
有效铁（mg/kg）	133	129.59	92.98	71.75	4.90～416.00
有效锰（mg/kg）	133	25.71	18.96	73.75	1.27～86.70
有效硼（mg/kg）	135	0.47	0.55	116.24	0.05～3.88
有效钼（mg/kg）	134	0.426	0.65	153.60	0.030～4.300
有效硫（mg/kg）	132	30.28	20.90	69.01	4.54～109.86
有效硅（mg/kg）	126	153.57	108.80	70.85	26.49～539.00

耕层质地

砂土		砂壤土		轻壤土		中壤土		重壤土		黏土	
样本数	占比（%）	样本数	占比（%）	样本数	占比（%）	样本数	占比（%）	样本数	占比（%）	样本数	占比（%）
20	14.39	24	17.27	35	25.18	28	20.14	10	7.19	22	15.83

土壤 pH

≤4.5		(4.5～5.5]		(5.5～6.5]		(6.5～7.5]		(7.5～8.5]		>8.5	
样本数	占比（%）	样本数	占比（%）	样本数	占比（%）	样本数	占比（%）	样本数	占比（%）	样本数	占比（%）
12	8.63	46	33.09	58	41.73	13	9.35	10	7.19	0	0.00

草甸土耕地土壤主要理化性状

项目名称	样本数（个）	平均值	标准差	变异系数（%）	范　围
有效土层厚（cm）	4	100.0	0.00	0.00	100.0～100.0
耕层厚度（cm）	4	18.0	0.00	0.00	18.0～18.0
耕层容重（g/cm^3）	4	1.06	0.06	5.43	1.01～1.14
有机质（g/kg）	4	29.0	7.62	26.25	22.4～36.4
全氮（g/kg）	4	1.259	0.23	18.16	1.060～1.586
有效磷（mg/kg）	4	22.7	9.09	40.04	12.2～34.4
速效钾（mg/kg）	4	150	26.06	17.38	127～175
缓效钾（mg/kg）	4	291	54.56	18.77	243～338
有效铜（mg/kg）	4	2.35	1.48	63.09	0.78～4.20
有效锌（mg/kg）	4	4.00	1.94	48.54	1.24～5.75
有效铁（mg/kg）	4	27.74	8.68	31.31	22.20～40.54
有效锰（mg/kg）	4	17.93	2.03	11.32	15.20～20.00
有效硼（mg/kg）	4	0.25	0.03	11.78	0.21～0.28
有效钼（mg/kg）	4	0.160	0.03	21.65	0.130～0.210
有效硫（mg/kg）	4	38.00	17.53	46.14	20.80～55.50
有效硅（mg/kg）	4	68.30	9.90	14.50	54.22～75.22

耕层质地

砂土		砂壤土		轻壤土		中壤土		重壤土		黏土	
样本数	占比（%）	样本数	占比（%）	样本数	占比（%）	样本数	占比（%）	样本数	占比（%）	样本数	占比（%）
0	0.00	0	0.00	0	0.00	0	0.00	1	25.00	3	75.00

土壤 pH

≤4.5		(4.5～5.5]		(5.5～6.5]		(6.5～7.5]		(7.5～8.5]		>8.5	
样本数	占比（%）	样本数	占比（%）	样本数	占比（%）	样本数	占比（%）	样本数	占比（%）	样本数	占比（%）
0	0.00	4	100.00	0	0.00	0	0.00	0	0.00	0	0.00

潮土耕地土壤主要理化性状

项目名称	样本数（个）	平均值	标准差	变异系数（%）	范　围
有效土层厚（cm）	5 956	89.1	20.22	22.69	17.0～155.0
耕层厚度（cm）	5 956	18.8	4.26	22.70	9.5～40.0
耕层容重（g/cm^3）	5 839	1.28	0.14	10.71	0.71～1.93
有机质（g/kg）	5 953	21.9	9.10	41.58	2.0～67.7
全氮（g/kg）	5 949	1.333	0.51	38.31	0.120～4.200
有效磷（mg/kg）	5 949	31.1	35.43	114.05	0.7～495.5
速效钾（mg/kg）	5 882	150	85.17	56.81	21～485
缓效钾（mg/kg）	5 383	625	278.00	44.47	38～1 600
有效铜（mg/kg）	5 396	3.88	6.31	162.47	0.20～86.56
有效锌（mg/kg）	5 477	2.27	2.85	125.58	0.20～61.72
有效铁（mg/kg）	5 346	72.36	65.09	89.96	3.80～532.00
有效锰（mg/kg）	5 370	24.95	25.28	101.34	0.71～275.00
有效硼（mg/kg）	5 391	0.63	0.44	69.62	0.02～3.92
有效钼（mg/kg）	5 149	0.182	0.25	138.51	0.015～8.720
有效硫（mg/kg）	5 123	42.45	32.92	77.55	3.33～325.82
有效硅（mg/kg）	5 275	166.12	94.07	56.63	11.90～539.00

耕层质地

砂土		砂壤土		轻壤土		中壤土		重壤土		黏土	
样本数	占比（%）	样本数	占比（%）	样本数	占比（%）	样本数	占比（%）	样本数	占比（%）	样本数	占比（%）
560	9.40	1 014	17.02	1 104	18.54	1 758	29.52	867	14.56	653	10.96

土壤 pH

≤4.5		(4.5～5.5]		(5.5～6.5]		(6.5～7.5]		(7.5～8.5]		>8.5	
样本数	占比（%）	样本数	占比（%）	样本数	占比（%）	样本数	占比（%）	样本数	占比（%）	样本数	占比（%）
28	0.47	409	6.87	698	11.72	1 067	17.92	3 574	60.02	179	3.01

砂姜黑土耕地土壤主要理化性状

项目名称	样本数（个）	平均值	标准差	变异系数（%）	范围
有效土层厚（cm）	746	81.0	26.46	32.67	22.0～150.0
耕层厚度（cm）	746	18.9	3.51	18.53	11.0～30.0
耕层容重（g/cm^3）	695	1.34	0.13	9.73	0.92～1.63
有机质（g/kg）	746	23.3	8.05	34.62	6.0～50.0
全氮（g/kg）	745	1.465	0.52	35.33	0.320～3.530
有效磷（mg/kg）	746	38.3	32.66	85.19	2.0～200.0
速效钾（mg/kg）	734	183	68.88	37.74	34～470
缓效钾（mg/kg）	663	555	187.42	33.80	154～1 190
有效铜（mg/kg）	659	2.07	1.00	48.11	0.20～12.36
有效锌（mg/kg）	665	1.35	1.36	100.69	0.20～15.40
有效铁（mg/kg）	665	75.16	66.63	88.65	3.90～458.50
有效锰（mg/kg）	659	62.77	54.61	87.00	1.04～293.81
有效硼（mg/kg）	671	0.59	0.41	69.57	0.04～3.66
有效钼（mg/kg）	593	0.205	0.20	95.79	0.020～0.970
有效硫（mg/kg）	657	32.41	20.40	62.93	3.59～176.83
有效硅（mg/kg）	552	217.99	94.88	43.53	31.44～526.00

耕层质地

砂土		砂壤土		轻壤土		中壤土		重壤土		黏土	
样本数	占比（%）	样本数	占比（%）	样本数	占比（%）	样本数	占比（%）	样本数	占比（%）	样本数	占比（%）
14	1.88	16	2.14	22	2.95	133	17.83	258	34.58	303	40.62

土壤 pH

≤4.5		(4.5～5.5]		(5.5～6.5]		(6.5～7.5]		(7.5～8.5]		>8.5	
样本数	占比（%）	样本数	占比（%）	样本数	占比（%）	样本数	占比（%）	样本数	占比（%）	样本数	占比（%）
7	0.94	136	18.23	299	40.08	219	29.36	85	11.39	0	0.00

沼泽土耕地土壤主要理化性状

项目名称	样本数（个）	平均值	标准差	变异系数（%）	范　围
有效土层厚（cm）	19	93.3	13.33	14.28	66.0～100.0
耕层厚度（cm）	19	15.3	3.65	23.85	10.0～24.0
耕层容重（g/cm³）	19	1.21	0.12	10.31	1.03～1.50
有机质（g/kg）	19	35.9	10.45	29.08	15.4～50.0
全氮（g/kg）	19	2.068	0.71	34.53	1.060～3.690
有效磷（mg/kg）	19	29.9	36.57	122.49	2.8～173.2
速效钾（mg/kg）	19	183	75.61	41.31	95～363
缓效钾（mg/kg）	10	630	113.19	17.97	485～853
有效铜（mg/kg）	10	4.37	1.63	37.29	1.67～7.14
有效锌（mg/kg）	10	2.70	3.43	126.83	0.81～12.32
有效铁（mg/kg）	10	150.42	89.42	59.45	63.20～339.00
有效锰（mg/kg）	10	33.09	12.51	37.82	13.00～50.24
有效硼（mg/kg）	10	0.84	0.51	61.12	0.22～1.47
有效钼（mg/kg）	10	0.152	0.05	34.46	0.070～0.240
有效硫（mg/kg）	10	51.08	23.03	45.10	23.00～95.90
有效硅（mg/kg）	10	219.59	126.06	57.41	15.79～391.03

耕层质地

砂土		砂壤土		轻壤土		中壤土		重壤土		黏土	
样本数	占比（%）	样本数	占比（%）	样本数	占比（%）	样本数	占比（%）	样本数	占比（%）	样本数	占比（%）
0	0.00	0	0.00	0	0.00	5	26.32	7	36.84	7	36.84

土壤 pH

≤4.5		(4.5～5.5]		(5.5～6.5]		(6.5～7.5]		(7.5～8.5]		>8.5	
样本数	占比（%）	样本数	占比（%）	样本数	占比（%）	样本数	占比（%）	样本数	占比（%）	样本数	占比（%）
0	0.00	1	5.26	5	26.32	8	42.11	5	26.32	0	0.00

草甸盐土耕地土壤主要理化性状

项目名称	样本数（个）	平均值	标准差	变异系数（%）	范围
有效土层厚（cm）	4	100.0	0.00	0.00	100.0～100.0
耕层厚度（cm）	4	14.3	1.50	10.53	12.0～15.0
耕层容重（g/cm^3）	4	1.35	0.00	0.00	1.35～1.35
有机质（g/kg）	4	15.7	2.04	12.97	13.2～18.2
全氮（g/kg）	4	1.099	0.11	9.99	0.963～1.196
有效磷（mg/kg）	4	21.9	12.11	55.27	8.6～34.2
速效钾（mg/kg）	4	146	38.32	26.29	99～180
缓效钾（mg/kg）	4	1020	258.47	25.35	844～1 393
有效铜（mg/kg）	4	2.60	0.41	15.85	2.05～3.04
有效锌（mg/kg）	4	1.18	0.17	14.15	0.98～1.33
有效铁（mg/kg）	4	79.58	35.73	44.90	26.30～101.00
有效锰（mg/kg）	4	13.63	3.62	26.53	8.50～17.00
有效硼（mg/kg）	4	1.06	0.56	52.93	0.51～1.78
有效钼（mg/kg）	4	0.115	0.06	51.44	0.050～0.170
有效硫（mg/kg）	4	141.68	112.06	79.10	13.80～250.00
有效硅（mg/kg）	4	68.25	29.13	42.68	42.93～110.07

耕层质地

砂土		砂壤土		轻壤土		中壤土		重壤土		黏土	
样本数	占比（%）	样本数	占比（%）	样本数	占比（%）	样本数	占比（%）	样本数	占比（%）	样本数	占比（%）
0	0.00	4	100.00	0	0.00	0	0.00	0	0.00	0	0.00

土壤 pH

≤4.5		(4.5～5.5]		(5.5～6.5]		(6.5～7.5]		(7.5～8.5]		>8.5	
样本数	占比（%）	样本数	占比（%）	样本数	占比（%）	样本数	占比（%）	样本数	占比（%）	样本数	占比（%）
0	0.00	0	0.00	0	0.00	0	0.00	4	100.00	0	0.00

滨海盐土耕地土壤主要理化性状

项目名称	样本数（个）	平均值	标准差	变异系数（%）	范　围
有效土层厚（cm）	689	99.0	7.11	7.18	45.0～120.0
耕层厚度（cm）	689	15.5	2.76	17.86	9.0～22.0
耕层容重（g/cm³）	689	1.26	0.10	8.18	0.81～1.65
有机质（g/kg）	689	19.8	9.36	47.22	4.6～50.5
全氮（g/kg）	689	1.196	0.49	40.75	0.248～3.550
有效磷（mg/kg）	688	35.3	41.34	117.10	2.0～314.0
速效钾（mg/kg）	673	144	85.58	59.26	24～484
缓效钾（mg/kg）	655	761	268.88	35.32	97～1 505
有效铜（mg/kg）	689	2.59	1.75	67.30	0.25～14.54
有效锌（mg/kg）	682	1.89	2.64	140.07	0.23～43.80
有效铁（mg/kg）	671	54.38	59.49	109.41	4.00～489.38
有效锰（mg/kg）	688	25.55	43.41	169.94	1.11～266.00
有效硼（mg/kg）	687	0.84	0.51	61.14	0.02～3.47
有效钼（mg/kg）	653	0.104	0.13	120.40	0.018～2.240
有效硫（mg/kg）	647	46.58	38.78	83.25	4.04～284.00
有效硅（mg/kg）	653	89.48	43.75	48.89	19.39～372.26

耕层质地

砂土		砂壤土		轻壤土		中壤土		重壤土		黏土	
样本数	占比（%）	样本数	占比（%）	样本数	占比（%）	样本数	占比（%）	样本数	占比（%）	样本数	占比（%）
33	4.79	221	32.08	80	11.61	212	30.77	85	12.34	58	8.42

土壤 pH

≤4.5		(4.5～5.5]		(5.5～6.5]		(6.5～7.5]		(7.5～8.5]		>8.5	
样本数	占比（%）	样本数	占比（%）	样本数	占比（%）	样本数	占比（%）	样本数	占比（%）	样本数	占比（%）
4	0.58	14	2.03	21	3.05	38	5.52	586	85.05	26	3.77

水稻土耕地土壤主要理化性状

项目名称	样本数（个）	平均值	标准差	变异系数（%）	范　围
有效土层厚（cm）	32 939	85.9	20.98	24.43	10.0～188.0
耕层厚度（cm）	32 931	18.5	3.83	20.71	8.0～50.0
耕层容重（g/cm^3）	32 420	1.21	0.16	12.86	0.71～1.95
有机质（g/kg）	32 922	29.6	11.05	37.31	1.3～84.4
全氮（g/kg）	32 883	1.669	0.65	38.67	0.027～4.497
有效磷（mg/kg）	32 886	31.3	42.65	136.42	0.1～493.0
速效钾（mg/kg）	32 570	118	67.49	57.03	21～485
缓效钾（mg/kg）	32 394	394	259.15	65.85	38～1 610
有效铜（mg/kg）	31 103	4.78	8.50	177.68	0.19～87.08
有效锌（mg/kg）	31 055	3.79	6.95	183.17	0.19～72.15
有效铁（mg/kg）	31 221	129.62	99.23	76.56	3.80～537.24
有效锰（mg/kg）	31 135	33.44	34.32	102.65	0.74～299.48
有效硼（mg/kg）	30 928	0.57	0.59	103.00	0.02～4.05
有效钼（mg/kg）	30 817	0.324	0.58	177.83	0.015～9.210
有效硫（mg/kg）	30 823	43.56	38.39	88.14	3.33～331.80
有效硅（mg/kg）	30 624	164.88	108.26	65.66	11.52～540.00

耕层质地

砂土		砂壤土		轻壤土		中壤土		重壤土		黏土	
样本数	占比（%）	样本数	占比（%）	样本数	占比（%）	样本数	占比（%）	样本数	占比（%）	样本数	占比（%）
246	0.75	3 530	10.72	4 224	12.82	11 466	34.81	8 747	26.56	4 726	14.35

土壤 pH

≤4.5		(4.5～5.5]		(5.5～6.5]		(6.5～7.5]		(7.5～8.5]		>8.5	
样本数	占比（%）	样本数	占比（%）	样本数	占比（%）	样本数	占比（%）	样本数	占比（%）	样本数	占比（%）
617	1.87	12 254	37.20	11 953	36.29	4 959	15.06	3 136	9.52	20	0.06

二、亚类

赤红壤—典型赤红壤耕地土壤主要理化性状

项目名称	样本数（个）	平均值	标准差	变异系数（%）	范　围
有效土层厚（cm）	45	95.4	10.36	10.86	54.0～100.0
耕层厚度（cm）	45	20.9	7.61	36.45	13.0～50.0
耕层容重（g/cm^3）	45	1.21	0.12	9.69	1.00～1.57
有机质（g/kg）	45	24.1	10.02	41.68	7.9～54.6
全氮（g/kg）	45	1.378	0.66	47.57	0.336～3.180
有效磷（mg/kg）	45	25.7	21.32	83.05	3.4～90.0
速效钾（mg/kg）	44	104	67.46	64.91	27～250
缓效钾（mg/kg）	39	269	260.76	97.11	38～810
有效铜（mg/kg）	44	18.21	26.05	143.08	0.29～73.75
有效锌（mg/kg）	44	10.11	12.50	123.60	0.28～39.66
有效铁（mg/kg）	44	102.49	93.99	91.71	8.51～329.60
有效锰（mg/kg）	45	48.89	53.43	109.28	2.16～254.51
有效硼（mg/kg）	45	0.87	0.62	71.88	0.08～2.08
有效钼（mg/kg）	45	0.586	0.66	112.99	0.030～1.990
有效硫（mg/kg）	42	79.11	84.93	107.35	10.00～295.04
有效硅（mg/kg）	45	63.61	59.77	93.96	12.16～285.00

耕层质地

砂土		砂壤土		轻壤土		中壤土		重壤土		黏土	
样本数	占比（%）	样本数	占比（%）	样本数	占比（%）	样本数	占比（%）	样本数	占比（%）	样本数	占比（%）
0	0.00	11	24.44	7	15.56	7	15.56	18	40.00	2	4.44

土壤 pH

≤4.5		(4.5～5.5]		(5.5～6.5]		(6.5～7.5]		(7.5～8.5]		>8.5	
样本数	占比（%）	样本数	占比（%）	样本数	占比（%）	样本数	占比（%）	样本数	占比（%）	样本数	占比（%）
4	8.89	16	35.56	18	40.00	6	13.33	1	2.22	0	0.00

红壤—典型红壤耕地土壤主要理化性状

项目名称	样本数（个）	平均值	标准差	变异系数（%）	范　围
有效土层厚（cm）	1 225	85.0	18.92	22.25	30.0～150.0
耕层厚度（cm）	1 225	18.6	4.30	23.08	10.0～40.0
耕层容重（g/cm³）	1 217	1.23	0.15	12.11	0.81～1.73
有机质（g/kg）	1 225	25.8	10.53	40.81	4.0～79.2
全氮（g/kg）	1 225	1.405	0.59	41.74	0.198～4.072
有效磷（mg/kg）	1 225	41.1	45.68	111.07	0.1～299.9
速效钾（mg/kg）	1 185	118	69.82	59.22	23～461
缓效钾（mg/kg）	1 155	201	153.53	76.27	38～1 434
有效铜（mg/kg）	1 085	2.84	6.51	229.42	0.19～84.98
有效锌（mg/kg）	1 113	3.03	3.43	113.40	0.20～42.01
有效铁（mg/kg）	1 122	84.45	81.88	96.96	3.89～493.30
有效锰（mg/kg）	1 111	36.12	41.28	114.27	0.90～269.58
有效硼（mg/kg）	1 122	0.45	0.50	111.84	0.02～3.82
有效钼（mg/kg）	1 110	0.287	0.54	188.85	0.016～8.410
有效硫（mg/kg）	1 110	38.82	25.54	65.78	3.51～218.40
有效硅（mg/kg）	1 087	126.27	99.51	78.81	11.76～523.69

耕层质地

砂土		砂壤土		轻壤土		中壤土		重壤土		黏土	
样本数	占比（%）	样本数	占比（%）	样本数	占比（%）	样本数	占比（%）	样本数	占比（%）	样本数	占比（%）
169	13.80	244	19.92	53	4.33	72	5.88	357	29.14	330	26.94

土壤 pH

≤4.5		(4.5～5.5]		(5.5～6.5]		(6.5～7.5]		(7.5～8.5]		>8.5	
样本数	占比（%）	样本数	占比（%）	样本数	占比（%）	样本数	占比（%）	样本数	占比（%）	样本数	占比（%）
107	8.73	587	47.92	352	28.73	120	9.80	59	4.82	0	0.00

红壤—黄红壤耕地土壤主要理化性状

项目名称	样本数（个）	平均值	标准差	变异系数（%）	范　围
有效土层厚（cm）	630	76.7	21.91	28.56	15.0～145.0
耕层厚度（cm）	630	19.3	5.34	27.63	10.0～48.0
耕层容重（g/cm^3）	630	1.15	0.16	13.97	0.81～1.60
有机质（g/kg）	629	28.9	10.74	37.22	4.7～71.2
全氮（g/kg）	629	1.677	0.64	38.41	0.157～4.180
有效磷（mg/kg）	623	69.8	85.28	122.12	0.1～480.6
速效钾（mg/kg）	626	106	72.88	68.49	21～461
缓效钾（mg/kg）	622	278	175.79	63.28	41～1 510
有效铜（mg/kg）	616	4.87	9.05	185.71	0.19～84.72
有效锌（mg/kg）	625	4.27	4.06	94.99	0.29～47.10
有效铁（mg/kg）	625	164.86	93.11	56.48	6.27～510.00
有效锰（mg/kg）	625	26.68	28.64	107.32	0.93～297.00
有效硼（mg/kg）	608	0.48	0.45	93.21	0.02～3.80
有效钼（mg/kg）	602	0.460	0.80	173.53	0.020～8.990
有效硫（mg/kg）	624	31.27	21.00	67.17	3.93～165.00
有效硅（mg/kg）	621	158.05	99.30	62.83	16.94～528.00

耕层质地

砂土		砂壤土		轻壤土		中壤土		重壤土		黏土	
样本数	占比（%）	样本数	占比（%）	样本数	占比（%）	样本数	占比（%）	样本数	占比（%）	样本数	占比（%）
2	0.32	48	7.62	77	12.22	146	23.17	210	33.33	147	23.33

土壤 pH

≤4.5		(4.5～5.5]		(5.5～6.5]		(6.5～7.5]		(7.5～8.5]		>8.5	
样本数	占比（%）	样本数	占比（%）	样本数	占比（%）	样本数	占比（%）	样本数	占比（%）	样本数	占比（%）
48	7.62	337	53.49	180	28.57	53	8.41	12	1.90	0	0.00

红壤—棕红壤耕地土壤主要理化性状

项目名称	样本数（个）	平均值	标准差	变异系数（%）	范　围
有效土层厚（cm）	256	79.0	22.90	29.00	22.0～150.0
耕层厚度（cm）	256	21.3	6.38	30.00	10.0～37.0
耕层容重（g/cm^3）	256	1.24	0.17	13.57	0.76～1.80
有机质（g/kg）	256	21.4	9.96	46.63	6.3～69.5
全氮（g/kg）	256	1.234	0.54	43.69	0.180～3.220
有效磷（mg/kg）	256	19.8	19.69	99.45	0.7～200.0
速效钾（mg/kg）	255	123	59.91	48.82	26～319
缓效钾（mg/kg）	252	426	254.67	59.81	88～1 520
有效铜（mg/kg）	256	4.25	2.26	53.10	0.26～9.69
有效锌（mg/kg）	253	2.48	1.48	59.71	0.81～20.10
有效铁（mg/kg）	256	115.22	69.43	60.25	6.90～330.00
有效锰（mg/kg）	256	35.59	20.59	57.87	4.20～108.27
有效硼（mg/kg）	256	0.55	0.47	84.28	0.06～3.63
有效钼（mg/kg）	256	0.319	0.15	46.66	0.020～0.990
有效硫（mg/kg）	256	56.06	32.18	57.41	14.50～157.10
有效硅（mg/kg）	256	172.27	96.85	56.22	17.32～484.45

耕层质地

砂土		砂壤土		轻壤土		中壤土		重壤土		黏土	
样本数	占比（%）	样本数	占比（%）	样本数	占比（%）	样本数	占比（%）	样本数	占比（%）	样本数	占比（%）
4	1.56	44	17.19	25	9.77	78	30.47	62	24.22	43	16.80

土壤 pH

≤4.5		(4.5～5.5]		(5.5～6.5]		(6.5～7.5]		(7.5～8.5]		>8.5	
样本数	占比（%）	样本数	占比（%）	样本数	占比（%）	样本数	占比（%）	样本数	占比（%）	样本数	占比（%）
7	2.73	92	35.94	105	41.02	33	12.89	19	7.42	0	0.00

红壤—红壤性土耕地土壤主要理化性状

项目名称	样本数（个）	平均值	标准差	变异系数（%）	范　围
有效土层厚（cm）	134	70.0	25.18	35.94	15.0～125.0
耕层厚度（cm）	134	20.0	5.44	27.23	12.0～30.0
耕层容重（g/cm^3）	134	1.21	0.13	10.61	0.81～1.47
有机质（g/kg）	134	24.5	10.88	44.36	4.6～63.1
全氮（g/kg）	133	1.491	0.59	39.45	0.240～3.690
有效磷（mg/kg）	134	36.5	52.17	142.75	0.3～420.0
速效钾（mg/kg）	133	116	78.12	67.51	23～483
缓效钾（mg/kg）	130	349	259.78	74.46	54～1 518
有效铜（mg/kg）	123	4.92	8.00	162.55	0.30～61.39
有效锌（mg/kg）	127	3.48	4.77	137.00	0.53～42.40
有效铁（mg/kg）	127	118.87	85.99	72.34	14.80～488.23
有效锰（mg/kg）	125	35.69	43.72	122.49	1.25～269.00
有效硼（mg/kg）	122	0.68	0.77	112.31	0.06～4.04
有效钼（mg/kg）	119	0.492	0.98	198.96	0.050～8.020
有效硫（mg/kg）	126	37.46	25.28	67.48	5.35～143.03
有效硅（mg/kg）	125	138.96	114.79	82.61	13.78～530.00

耕层质地

砂土		砂壤土		轻壤土		中壤土		重壤土		黏土	
样本数	占比（%）	样本数	占比（%）	样本数	占比（%）	样本数	占比（%）	样本数	占比（%）	样本数	占比（%）
12	8.96	26	19.40	29	21.64	45	33.58	19	14.18	3	2.24

土壤 pH

≤4.5		(4.5～5.5]		(5.5～6.5]		(6.5～7.5]		(7.5～8.5]		>8.5	
样本数	占比（%）	样本数	占比（%）	样本数	占比（%）	样本数	占比（%）	样本数	占比（%）	样本数	占比（%）
12	8.96	60	44.78	34	25.37	20	14.93	8	5.97	0	0.00

黄壤—典型黄壤耕地土壤主要理化性状

项目名称	样本数（个）	平均值	标准差	变异系数（%）	范　围
有效土层厚（cm）	121	76.8	18.15	23.64	45.0～120.0
耕层厚度（cm）	121	18.9	3.42	18.14	14.0～35.0
耕层容重（g/cm^3）	121	1.11	0.15	13.61	0.81～1.54
有机质（g/kg）	121	31.9	12.92	40.46	12.6～79.7
全氮（g/kg）	121	1.666	0.71	42.38	0.110～3.910
有效磷（mg/kg）	118	80.5	80.51	100.00	1.1～400.3
速效钾（mg/kg）	120	106	68.57	64.50	23～332
缓效钾（mg/kg）	120	240	162.99	68.00	49～1 140
有效铜（mg/kg）	118	3.94	9.20	233.31	0.34～82.93
有效锌（mg/kg）	119	3.44	2.86	83.17	0.86～21.98
有效铁（mg/kg）	116	139.01	90.77	65.30	28.30～468.00
有效锰（mg/kg）	119	24.10	35.20	146.04	2.29～283.47
有效硼（mg/kg）	118	0.44	0.56	125.07	0.05～3.37
有效钼（mg/kg）	115	0.528	1.37	259.43	0.020～9.010
有效硫（mg/kg）	118	28.18	19.16	68.01	4.84～120.00
有效硅（mg/kg）	118	136.51	103.14	75.55	16.33～524.00

耕层质地

砂土		砂壤土		轻壤土		中壤土		重壤土		黏土	
样本数	占比（%）	样本数	占比（%）	样本数	占比（%）	样本数	占比（%）	样本数	占比（%）	样本数	占比（%）
0	0.00	17	14.05	9	7.44	44	36.36	27	22.31	24	19.83

土壤 pH

≤4.5		(4.5～5.5]		(5.5～6.5]		(6.5～7.5]		(7.5～8.5]		>8.5	
样本数	占比（%）	样本数	占比（%）	样本数	占比（%）	样本数	占比（%）	样本数	占比（%）	样本数	占比（%）
20	16.53	72	59.50	22	18.18	6	4.96	1	0.83	0	0.00

黄棕壤—典型黄棕壤耕地土壤主要理化性状

项目名称	样本数（个）	平均值	标准差	变异系数（%）	范围
有效土层厚（cm）	808	80.1	23.88	29.81	25.0～150.0
耕层厚度（cm）	804	20.6	5.77	28.04	3.0～50.0
耕层容重（g/cm³）	808	1.28	0.17	13.23	0.71～1.73
有机质（g/kg）	808	19.1	7.10	37.22	2.5～50.0
全氮（g/kg）	808	1.209	0.40	33.06	0.160～3.070
有效磷（mg/kg）	808	18.8	16.72	88.78	0.6～134.0
速效钾（mg/kg）	802	115	63.05	54.64	21～431
缓效钾（mg/kg）	803	566	301.28	53.20	57～1 610
有效铜（mg/kg）	802	2.83	1.44	50.92	0.20～8.26
有效锌（mg/kg）	807	1.85	1.07	57.64	0.20～11.20
有效铁（mg/kg）	805	84.85	68.35	80.55	3.80～489.00
有效锰（mg/kg）	803	32.37	20.89	64.54	0.74～214.90
有效硼（mg/kg）	786	0.46	0.35	75.86	0.03～3.23
有效钼（mg/kg）	789	0.202	0.17	83.94	0.030～0.980
有效硫（mg/kg）	785	42.73	28.06	65.67	5.30～183.62
有效硅（mg/kg）	735	199.56	109.22	54.73	12.80～498.30

耕层质地

砂土		砂壤土		轻壤土		中壤土		重壤土		黏土	
样本数	占比（%）	样本数	占比（%）	样本数	占比（%）	样本数	占比（%）	样本数	占比（%）	样本数	占比（%）
51	6.31	134	16.58	86	10.64	342	42.33	143	17.70	52	6.44

土壤 pH

≤4.5		(4.5～5.5]		(5.5～6.5]		(6.5～7.5]		(7.5～8.5]		>8.5	
样本数	占比（%）	样本数	占比（%）	样本数	占比（%）	样本数	占比（%）	样本数	占比（%）	样本数	占比（%）
9	1.11	309	38.24	355	43.94	121	14.98	14	1.73	0	0.00

黄棕壤—暗黄棕壤耕地土壤主要理化性状

项目名称	样本数（个）	平均值	标准差	变异系数（%）	范　围
有效土层厚（cm）	2	69.0	8.49	12.30	63.0～75.0
耕层厚度（cm）	2	20.0	0.00	0.00	20.0～20.0
耕层容重（g/cm³）	2	1.29	0.01	0.55	1.29～1.30
有机质（g/kg）	2	14.8	0.64	4.31	14.3～15.2
全氮（g/kg）	2	1.600	1.53	95.46	0.520～2.680
有效磷（mg/kg）	2	12.4	1.06	8.52	11.7～13.2
速效钾（mg/kg）	2	163	114.55	70.28	82～244
缓效钾（mg/kg）	2	221	57.98	26.24	180～262
有效铜（mg/kg）	2	1.27	0.33	25.61	1.04～1.50
有效锌（mg/kg）	2	1.01	0.00	0.00	1.01～1.01
有效铁（mg/kg）	2	150.75	129.05	85.60	59.50～242.00
有效锰（mg/kg）	2	25.95	14.35	55.32	15.80～36.10
有效硼（mg/kg）	2	0.14	0.02	14.63	0.13～0.16
有效钼（mg/kg）	2	0.315	0.29	92.04	0.110～0.520
有效硫（mg/kg）	2	46.00	2.26	4.92	44.40～47.60
有效硅（mg/kg）	2	294.50	12.02	4.08	286.00～303.00

耕层质地

砂土		砂壤土		轻壤土		中壤土		重壤土		黏土	
样本数	占比（%）	样本数	占比（%）	样本数	占比（%）	样本数	占比（%）	样本数	占比（%）	样本数	占比（%）
0	0.00	2	100.00	0	0.00	0	0.00	0	0.00	0	0.00

土壤 pH

≤4.5		(4.5～5.5]		(5.5～6.5]		(6.5～7.5]		(7.5～8.5]		>8.5	
样本数	占比（%）	样本数	占比（%）	样本数	占比（%）	样本数	占比（%）	样本数	占比（%）	样本数	占比（%）
0	0.00	0	0.00	0	0.00	2	100.00	0	0.00	0	0.00

黄棕壤—黄棕壤性土耕地土壤主要理化性状

项目名称	样本数（个）	平均值	标准差	变异系数（%）	范　围
有效土层厚（cm）	376	63.8	25.30	39.63	17.0～120.0
耕层厚度（cm）	364	23.5	7.16	30.46	10.0～50.0
耕层容重（g/cm^3）	376	1.28	0.12	9.05	0.92～1.71
有机质（g/kg）	376	19.5	7.46	38.24	4.3～50.0
全氮（g/kg）	376	1.137	0.41	36.36	0.270～3.100
有效磷（mg/kg）	376	23.3	19.84	85.07	1.5～137.2
速效钾（mg/kg）	373	116	63.42	54.64	22～441
缓效钾（mg/kg）	373	588	281.63	47.88	75～1 589
有效铜（mg/kg）	364	2.65	1.88	70.80	0.19～9.64
有效锌（mg/kg）	370	1.70	1.03	60.40	0.19～8.12
有效铁（mg/kg）	374	57.56	54.22	94.20	4.30～274.60
有效锰（mg/kg）	366	35.63	28.25	79.29	0.77～129.50
有效硼（mg/kg）	360	0.67	0.52	77.93	0.08～3.73
有效钼（mg/kg）	359	0.309	0.26	83.43	0.040～1.000
有效硫（mg/kg）	358	31.36	24.57	78.34	3.50～135.40
有效硅（mg/kg）	302	180.74	120.68	66.77	11.60～500.30

耕层质地

砂土		砂壤土		轻壤土		中壤土		重壤土		黏土	
样本数	占比（%）	样本数	占比（%）	样本数	占比（%）	样本数	占比（%）	样本数	占比（%）	样本数	占比（%）
10	2.66	102	27.13	56	14.89	139	36.97	39	10.37	30	7.98

土壤 pH

≤4.5		(4.5～5.5]		(5.5～6.5]		(6.5～7.5]		(7.5～8.5]		>8.5	
样本数	占比（%）	样本数	占比（%）	样本数	占比（%）	样本数	占比（%）	样本数	占比（%）	样本数	占比（%）
0	0.00	83	22.07	172	45.74	101	26.86	20	5.32	0	0.00

黄褐土—典型黄褐土耕地土壤主要理化性状

项目名称	样本数（个）	平均值	标准差	变异系数（%）	范　围
有效土层厚（cm）	721	89.0	18.23	20.47	25.0～150.0
耕层厚度（cm）	721	19.8	3.41	17.21	12.0～30.0
耕层容重（g/cm^3）	721	1.43	0.15	10.40	1.01～1.75
有机质（g/kg）	721	19.9	7.26	36.48	6.1～52.5
全氮（g/kg）	721	1.129	0.31	27.45	0.170～2.570
有效磷（mg/kg）	721	21.4	17.44	81.45	1.5～294.4
速效钾（mg/kg）	721	150	51.75	34.59	29～398
缓效钾（mg/kg）	716	731	219.06	29.96	259～1 596
有效铜（mg/kg）	717	1.91	0.76	40.02	0.45～7.39
有效锌（mg/kg）	717	1.71	1.50	87.79	0.36～9.85
有效铁（mg/kg）	717	52.91	37.59	71.06	4.30～218.30
有效锰（mg/kg）	717	40.84	27.52	67.40	1.05～266.00
有效硼（mg/kg）	711	0.52	0.51	99.17	0.03～3.93
有效钼（mg/kg）	630	0.233	0.15	64.88	0.030～0.770
有效硫（mg/kg）	717	35.79	26.74	74.73	6.48～175.34
有效硅（mg/kg）	573	248.62	93.99	37.80	38.50～532.00

耕层质地

砂土		砂壤土		轻壤土		中壤土		重壤土		黏土	
样本数	占比（%）	样本数	占比（%）	样本数	占比（%）	样本数	占比（%）	样本数	占比（%）	样本数	占比（%）
1	0.14	26	3.61	20	2.77	230	31.90	365	50.62	79	10.96

土壤 pH

≤4.5		(4.5～5.5]		(5.5～6.5]		(6.5～7.5]		(7.5～8.5]		>8.5	
样本数	占比（%）	样本数	占比（%）	样本数	占比（%）	样本数	占比（%）	样本数	占比（%）	样本数	占比（%）
1	0.14	215	29.82	349	48.40	149	20.67	7	0.97	0	0.00

黄褐土—黏盘黄褐土耕地土壤主要理化性状

项目名称	样本数（个）	平均值	标准差	变异系数（%）	范　围
有效土层厚（cm）	635	73.7	28.72	38.99	20.0～150.0
耕层厚度（cm）	635	17.6	3.34	18.94	10.0～28.0
耕层容重（g/cm^3）	635	1.30	0.12	9.53	0.90～1.77
有机质（g/kg）	635	20.3	6.71	33.04	4.7～50.0
全氮（g/kg）	634	1.237	0.39	31.93	0.120～4.420
有效磷（mg/kg）	635	23.3	22.78	97.77	0.8～200.0
速效钾（mg/kg）	632	132	59.63	45.29	23～447
缓效钾（mg/kg）	633	479	220.62	46.08	110～1 600
有效铜（mg/kg）	618	2.41	1.47	61.04	0.20～14.83
有效锌（mg/kg）	624	1.57	1.26	79.70	0.19～13.38
有效铁（mg/kg）	627	84.64	76.90	90.86	4.29～437.00
有效锰（mg/kg）	627	54.01	41.70	77.21	1.90～284.00
有效硼（mg/kg）	631	0.51	0.42	82.61	0.04～2.32
有效钼（mg/kg）	629	0.261	0.29	112.27	0.020～2.338
有效硫（mg/kg）	614	28.54	24.14	84.56	3.41～327.75
有效硅（mg/kg）	497	205.86	112.80	54.80	19.32～521.79

耕层质地

砂土		砂壤土		轻壤土		中壤土		重壤土		黏土	
样本数	占比（%）	样本数	占比（%）	样本数	占比（%）	样本数	占比（%）	样本数	占比（%）	样本数	占比（%）
6	0.94	56	8.82	17	2.68	194	30.55	240	37.80	122	19.21

土壤 pH

≤4.5		(4.5～5.5]		(5.5～6.5]		(6.5～7.5]		(7.5～8.5]		>8.5	
样本数	占比（%）	样本数	占比（%）	样本数	占比（%）	样本数	占比（%）	样本数	占比（%）	样本数	占比（%）
8	1.26	186	29.29	307	48.35	114	17.95	20	3.15	0	0.00

黄褐土—白浆化黄褐土耕地土壤主要理化性状

项目名称	样本数（个）	平均值	标准差	变异系数（%）	范　围
有效土层厚（cm）	306	75.7	23.49	31.04	30.0～150.0
耕层厚度（cm）	306	16.6	2.38	14.40	12.0～25.0
耕层容重（g/cm^3）	306	1.25	0.12	9.92	1.01～1.55
有机质（g/kg）	306	20.2	5.33	26.40	9.0～53.0
全氮（g/kg）	306	1.138	0.32	28.34	0.330～2.030
有效磷（mg/kg）	306	20.1	21.31	106.15	0.9～265.0
速效钾（mg/kg）	306	143	56.06	39.25	51～314
缓效钾（mg/kg）	306	443	165.89	37.46	102～1 297
有效铜（mg/kg）	293	2.36	1.50	63.45	0.19～12.80
有效锌（mg/kg）	302	1.76	1.15	65.05	0.23～8.79
有效铁（mg/kg）	306	61.71	48.95	79.33	4.33～283.00
有效锰（mg/kg）	304	44.30	29.90	67.49	3.50～292.00
有效硼（mg/kg）	306	0.61	0.43	71.19	0.04～1.98
有效钼（mg/kg）	304	0.391	0.29	75.27	0.020～1.000
有效硫（mg/kg）	303	22.69	10.34	45.56	3.54～56.70
有效硅（mg/kg）	301	204.18	95.14	46.60	30.72～523.90

耕层质地

砂土		砂壤土		轻壤土		中壤土		重壤土		黏土	
样本数	占比（%）	样本数	占比（%）	样本数	占比（%）	样本数	占比（%）	样本数	占比（%）	样本数	占比（%）
0	0.00	10	3.27	47	15.36	209	68.30	6	1.96	34	11.11

土壤 pH

≤4.5		(4.5～5.5]		(5.5～6.5]		(6.5～7.5]		(7.5～8.5]		>8.5	
样本数	占比（%）	样本数	占比（%）	样本数	占比（%）	样本数	占比（%）	样本数	占比（%）	样本数	占比（%）
1	0.33	68	22.22	198	64.71	33	10.78	6	1.96	0	0.00

黄褐土—黄褐土性土耕地土壤主要理化性状

项目名称	样本数（个）	平均值	标准差	变异系数（%）	范 围
有效土层厚（cm）	33	76.8	18.31	23.85	50.0～101.0
耕层厚度（cm）	33	19.6	2.81	14.31	15.0～25.0
耕层容重（g/cm^3）	33	1.33	0.11	7.95	1.15～1.62
有机质（g/kg）	33	17.0	5.03	29.52	9.6～28.6
全氮（g/kg）	33	1.122	0.17	14.83	0.690～1.490
有效磷（mg/kg）	33	35.2	45.54	129.34	1.1～216.9
速效钾（mg/kg）	33	113	38.78	34.20	41～188
缓效钾（mg/kg）	33	519	255.80	49.33	207～1 600
有效铜（mg/kg）	32	2.23	1.08	48.53	1.05～6.90
有效锌（mg/kg）	32	1.00	0.61	60.48	0.42～4.04
有效铁（mg/kg）	32	90.45	64.44	71.25	16.40～320.10
有效锰（mg/kg）	32	67.90	45.51	67.03	19.10～133.60
有效硼（mg/kg）	31	0.29	0.08	26.16	0.20～0.59
有效钼（mg/kg）	31	0.254	0.27	104.64	0.020～0.680
有效硫（mg/kg）	30	29.88	11.57	38.74	11.30～46.70
有效硅（mg/kg）	18	259.41	81.75	31.51	109.15～345.00

耕层质地

砂土		砂壤土		轻壤土		中壤土		重壤土		黏土	
样本数	占比（%）	样本数	占比（%）	样本数	占比（%）	样本数	占比（%）	样本数	占比（%）	样本数	占比（%）
0	0.00	6	18.18	4	12.12	17	51.52	6	18.18	0	0.00

土壤 pH

≤4.5		(4.5～5.5]		(5.5～6.5]		(6.5～7.5]		(7.5～8.5]		>8.5	
样本数	占比（%）	样本数	占比（%）	样本数	占比（%）	样本数	占比（%）	样本数	占比（%）	样本数	占比（%）
0	0.00	8	24.24	15	45.45	9	27.27	1	3.03	0	0.00

棕壤—典型棕壤耕地土壤主要理化性状

项目名称	样本数（个）	平均值	标准差	变异系数（%）	范　围
有效土层厚（cm）	30	56.0	21.09	37.69	35.0～97.0
耕层厚度（cm）	30	18.2	2.46	13.49	12.0～20.0
耕层容重（g/cm^3）	30	1.44	0.12	8.41	1.22～1.57
有机质（g/kg）	30	18.8	6.94	37.02	8.3～35.4
全氮（g/kg）	30	1.213	0.39	32.40	0.640～2.220
有效磷（mg/kg）	30	59.3	46.40	78.22	9.6～200.0
速效钾（mg/kg）	30	134	46.96	35.04	56～286
缓效钾（mg/kg）	27	338	153.43	45.33	115～837
有效铜（mg/kg）	27	1.92	0.98	51.00	0.62～4.74
有效锌（mg/kg）	27	1.83	2.18	118.97	0.25～8.34
有效铁（mg/kg）	28	102.00	104.40	102.35	11.20～468.38
有效锰（mg/kg）	23	116.31	53.72	46.18	17.70～216.73
有效硼（mg/kg）	28	0.35	0.22	61.85	0.05～0.97
有效钼（mg/kg）	27	0.120	0.08	64.93	0.040～0.452
有效硫（mg/kg）	27	20.30	10.33	50.89	9.74～56.47
有效硅（mg/kg）	27	129.80	77.50	59.71	61.13～417.00

耕层质地

砂土		砂壤土		轻壤土		中壤土		重壤土		黏土	
样本数	占比（%）	样本数	占比（%）	样本数	占比（%）	样本数	占比（%）	样本数	占比（%）	样本数	占比（%）
13	43.33	12	40.00	1	3.33	3	10.00	1	3.33	0	0.00

土壤 pH

≤4.5		(4.5～5.5]		(5.5～6.5]		(6.5～7.5]		(7.5～8.5]		>8.5	
样本数	占比（%）	样本数	占比（%）	样本数	占比（%）	样本数	占比（%）	样本数	占比（%）	样本数	占比（%）
1	3.33	18	60.00	6	20.00	3	10.00	2	6.67	0	0.00

棕壤—白浆化棕壤耕地土壤主要理化性状

项目名称	样本数（个）	平均值	标准差	变异系数（%）	范　围
有效土层厚（cm）	119	79.7	21.75	27.30	40.0～110.0
耕层厚度（cm）	119	18.3	1.78	9.71	14.0～20.0
耕层容重（g/cm^3）	119	1.38	0.08	5.95	1.17～1.66
有机质（g/kg）	119	20.1	7.39	36.69	8.0～50.0
全氮（g/kg）	119	1.337	0.49	36.31	0.470～3.390
有效磷（mg/kg）	119	56.0	48.77	87.11	3.5～200.0
速效钾（mg/kg）	119	139	62.53	44.90	29～303
缓效钾（mg/kg）	119	411	190.15	46.22	168～894
有效铜（mg/kg）	119	2.24	1.27	56.64	0.45～7.14
有效锌（mg/kg）	118	2.09	2.15	102.92	0.23～11.30
有效铁（mg/kg）	112	118.45	71.61	60.45	6.09～399.25
有效锰（mg/kg）	108	136.86	69.85	51.04	10.30～294.00
有效硼（mg/kg）	119	0.40	0.21	51.27	0.05～0.93
有效钼（mg/kg）	119	0.131	0.06	44.59	0.050～0.360
有效硫（mg/kg）	119	28.56	19.80	69.32	4.23～147.76
有效硅（mg/kg）	119	118.05	61.10	51.76	44.44～429.50

耕层质地

砂土		砂壤土		轻壤土		中壤土		重壤土		黏土	
样本数	占比（%）	样本数	占比（%）	样本数	占比（%）	样本数	占比（%）	样本数	占比（%）	样本数	占比（%）
0	0.00	52	43.70	42	35.29	17	14.29	8	6.72	0	0.00

土壤 pH

≤4.5		(4.5～5.5]		(5.5～6.5]		(6.5～7.5]		(7.5～8.5]		>8.5	
样本数	占比（%）	样本数	占比（%）	样本数	占比（%）	样本数	占比（%）	样本数	占比（%）	样本数	占比（%）
7	5.88	64	53.78	32	26.89	9	7.56	6	5.04	1	0.84

棕壤—潮棕壤耕地土壤主要理化性状

项目名称	样本数（个）	平均值	标准差	变异系数（%）	范　围
有效土层厚（cm）	66	94.9	25.55	26.91	40.0～127.0
耕层厚度（cm）	66	18.4	2.47	13.39	10.0～21.0
耕层容重（g/cm^3）	66	1.36	0.10	7.47	1.13～1.58
有机质（g/kg）	66	24.4	8.85	36.25	9.1～47.5
全氮（g/kg）	66	1.666	0.59	35.17	0.640～3.591
有效磷（mg/kg）	66	48.0	36.71	76.56	9.3～200.0
速效钾（mg/kg）	66	159	74.68	46.95	45～347
缓效钾（mg/kg）	58	399	158.17	39.68	183～850
有效铜（mg/kg）	58	3.13	2.27	72.72	0.74～12.41
有效锌（mg/kg）	59	1.86	2.20	118.01	0.19～13.50
有效铁（mg/kg）	59	136.23	101.30	74.36	6.60～497.13
有效锰（mg/kg）	55	132.30	71.75	54.23	19.20～298.61
有效硼（mg/kg）	61	0.45	0.23	49.78	0.05～1.05
有效钼（mg/kg）	61	0.126	0.09	73.65	0.020～0.640
有效硫（mg/kg）	58	33.58	17.76	52.90	9.09～88.54
有效硅（mg/kg）	58	154.70	72.86	47.10	68.23～501.60

耕层质地

砂土		砂壤土		轻壤土		中壤土		重壤土		黏土	
样本数	占比（%）	样本数	占比（%）	样本数	占比（%）	样本数	占比（%）	样本数	占比（%）	样本数	占比（%）
1	1.52	6	9.09	42	63.64	3	4.55	14	21.21	0	0.00

土壤 pH

≤4.5		(4.5～5.5]		(5.5～6.5]		(6.5～7.5]		(7.5～8.5]		>8.5	
样本数	占比（%）	样本数	占比（%）	样本数	占比（%）	样本数	占比（%）	样本数	占比（%）	样本数	占比（%）
1	1.52	19	28.79	30	45.45	11	16.67	5	7.58	0	0.00

褐土—淋溶褐土耕地土壤主要理化性状

项目名称	样本数（个）	平均值	标准差	变异系数（%）	范　围
有效土层厚（cm）	50	53.6	11.74	21.90	30.0～100.0
耕层厚度（cm）	50	19.2	2.45	12.76	10.0～20.0
耕层容重（g/cm^3）	28	1.24	0.18	14.70	0.95～1.78
有机质（g/kg）	50	19.7	8.02	40.65	6.2～36.3
全氮（g/kg）	50	1.289	0.43	33.40	0.350～2.640
有效磷（mg/kg）	50	25.4	18.66	73.41	7.7～90.0
速效钾（mg/kg）	50	178	63.04	35.49	80～348
缓效钾（mg/kg）	12	529	206.79	39.13	313～988
有效铜（mg/kg）	12	2.85	2.76	96.67	1.20～11.28
有效锌（mg/kg）	12	1.55	1.69	109.04	0.59～5.46
有效铁（mg/kg）	11	57.60	35.82	62.18	13.10～100.65
有效锰（mg/kg）	12	42.00	62.63	149.13	1.63～238.00
有效硼（mg/kg）	12	0.63	0.13	20.30	0.42～0.82
有效钼（mg/kg）	11	0.120	0.08	63.67	0.020～0.240
有效硫（mg/kg）	12	32.26	15.69	48.62	9.96～64.20
有效硅（mg/kg）	11	215.87	168.79	78.19	54.13～438.00

耕层质地

砂土		砂壤土		轻壤土		中壤土		重壤土		黏土	
样本数	占比（%）	样本数	占比（%）	样本数	占比（%）	样本数	占比（%）	样本数	占比（%）	样本数	占比（%）
1	2.00	0	0.00	1	2.00	2	4.00	7	14.00	39	78.00

土壤 pH

≤4.5		(4.5～5.5]		(5.5～6.5]		(6.5～7.5]		(7.5～8.5]		>8.5	
样本数	占比（%）	样本数	占比（%）	样本数	占比（%）	样本数	占比（%）	样本数	占比（%）	样本数	占比（%）
0	0.00	1	2.00	10	20.00	17	34.00	21	42.00	1	2.00

褐土—潮褐土耕地土壤主要理化性状

项目名称	样本数（个）	平均值	标准差	变异系数（%）	范　围
有效土层厚（cm）	44	62.5	19.99	31.99	24.0～100.0
耕层厚度（cm）	44	18.8	3.16	16.87	10.0～25.0
耕层容重（g/cm^3）	44	1.27	0.07	5.51	1.08～1.47
有机质（g/kg）	44	24.6	6.05	24.60	9.6～37.1
全氮（g/kg）	44	1.493	0.44	29.70	0.720～2.866
有效磷（mg/kg）	44	31.6	20.45	64.66	5.9～98.2
速效钾（mg/kg）	44	195	69.00	35.40	82～348
缓效钾（mg/kg）	40	414	160.56	38.83	183～801
有效铜（mg/kg）	40	2.56	1.30	50.72	0.55～8.58
有效锌（mg/kg）	41	1.22	1.22	99.94	0.32～7.72
有效铁（mg/kg）	41	73.45	53.11	72.31	4.60～258.30
有效锰（mg/kg）	40	35.60	25.63	71.98	0.86～113.17
有效硼（mg/kg）	42	0.66	0.16	24.78	0.17～0.94
有效钼（mg/kg）	41	0.152	0.10	64.22	0.020～0.354
有效硫（mg/kg）	40	32.42	25.84	79.68	12.40～154.00
有效硅（mg/kg）	40	148.68	133.70	89.92	45.65～539.00

耕层质地

砂土		砂壤土		轻壤土		中壤土		重壤土		黏土	
样本数	占比（%）	样本数	占比（%）	样本数	占比（%）	样本数	占比（%）	样本数	占比（%）	样本数	占比（%）
0	0.00	0	0.00	1	2.27	8	18.18	24	54.55	11	25.00

土壤 pH

≤4.5		(4.5～5.5]		(5.5～6.5]		(6.5～7.5]		(7.5～8.5]		>8.5	
样本数	占比（%）	样本数	占比（%）	样本数	占比（%）	样本数	占比（%）	样本数	占比（%）	样本数	占比（%）
0	0.00	3	6.82	12	27.27	12	27.27	17	38.64	0	0.00

红黏土—典型红黏土耕地土壤主要理化性状

项目名称	样本数（个）	平均值	标准差	变异系数（%）	范　围
有效土层厚（cm）	3	76.7	36.09	47.07	35.0～98.0
耕层厚度（cm）	3	20.3	5.03	24.75	15.0～25.0
耕层容重（g/cm^3）	3	1.36	0.08	5.70	1.30～1.45
有机质（g/kg）	3	17.5	3.46	19.80	13.7～20.5
全氮（g/kg）	3	1.203	0.41	33.78	0.740～1.500
有效磷（mg/kg）	3	18.9	13.47	71.14	5.9～32.8
速效钾（mg/kg）	3	68	17.21	25.44	54～87
缓效钾（mg/kg）	3	409	212.85	52.08	211～634
有效铜（mg/kg）	3	2.53	0.88	34.91	1.51～3.04
有效锌（mg/kg）	3	1.06	0.40	37.27	0.81～1.52
有效铁（mg/kg）	3	71.63	53.18	74.24	11.40～112.10
有效锰（mg/kg）	3	77.43	48.71	62.91	21.20～106.60
有效硼（mg/kg）	3	0.39	0.23	57.96	0.14～0.58
有效钼（mg/kg）	3	0.218	0.06	29.49	0.144～0.260
有效硫（mg/kg）	3	24.03	5.36	22.31	19.20～29.80
有效硅（mg/kg）	3	200.47	79.78	39.80	136.90～290.00

耕层质地

砂土		砂壤土		轻壤土		中壤土		重壤土		黏土	
样本数	占比（%）	样本数	占比（%）	样本数	占比（%）	样本数	占比（%）	样本数	占比（%）	样本数	占比（%）
0	0.00	0	0.00	0	0.00	0	0.00	2	66.67	1	33.33

土壤 pH

≤4.5		(4.5～5.5]		(5.5～6.5]		(6.5～7.5]		(7.5～8.5]		>8.5	
样本数	占比（%）	样本数	占比（%）	样本数	占比（%）	样本数	占比（%）	样本数	占比（%）	样本数	占比（%）
0	0.00	0	0.00	3	100.00	0	0.00	0	0.00	0	0.00

红黏土—复盐基红黏土耕地土壤主要理化性状

项目名称	样本数（个）	平均值	标准差	变异系数（%）	范围
有效土层厚（cm）	3	61.7	12.58	20.40	50.0～75.0
耕层厚度（cm）	3	17.7	3.21	18.20	14.0～20.0
耕层容重（g/cm^3）	3	1.31	0.09	6.94	1.21～1.39
有机质（g/kg）	3	33.7	4.68	13.88	28.3～36.5
全氮（g/kg）	3	1.400	0.10	7.14	1.300～1.500
有效磷（mg/kg）	3	193.6	126.30	65.24	67.9～320.5
速效钾（mg/kg）	3	110	48.88	44.57	67～163
缓效钾（mg/kg）	3	344	147.22	42.80	233～511
有效铜（mg/kg）	3	1.91	0.90	46.88	1.00～2.79
有效锌（mg/kg）	3	2.56	0.39	15.35	2.12～2.88
有效铁（mg/kg）	3	95.35	49.99	52.43	49.20～148.46
有效锰（mg/kg）	3	17.77	4.43	24.94	14.80～22.86
有效硼（mg/kg）	3	0.30	0.09	28.04	0.22～0.39
有效钼（mg/kg）	3	0.483	0.21	43.71	0.260～0.680
有效硫（mg/kg）	3	23.84	16.68	69.96	10.37～42.49
有效硅（mg/kg）	3	118.96	71.58	60.18	39.00～177.08

耕层质地

砂土		砂壤土		轻壤土		中壤土		重壤土		黏土	
样本数	占比（%）	样本数	占比（%）	样本数	占比（%）	样本数	占比（%）	样本数	占比（%）	样本数	占比（%）
0	0.00	0	0.00	0	0.00	0	0.00	1	33.33	2	66.67

土壤 pH

≤4.5		(4.5～5.5]		(5.5～6.5]		(6.5～7.5]		(7.5～8.5]		>8.5	
样本数	占比（%）	样本数	占比（%）	样本数	占比（%）	样本数	占比（%）	样本数	占比（%）	样本数	占比（%）
0	0.00	2	66.67	1	33.33	0	0.00	0	0.00	0	0.00

新积土—典型新积土耕地土壤主要理化性状

项目名称	样本数（个）	平均值	标准差	变异系数（%）	范　围
有效土层厚（cm）	51	94.0	10.25	10.90	60.0～100.0
耕层厚度（cm）	51	17.8	4.28	24.08	10.0～30.0
耕层容重（g/cm^3）	51	1.26	0.15	11.89	0.98～1.59
有机质（g/kg）	51	23.3	5.98	25.71	11.3～40.1
全氮（g/kg）	51	1.158	0.28	24.52	0.690～1.760
有效磷（mg/kg）	51	43.7	32.05	73.39	0.6～90.0
速效钾（mg/kg）	49	105	55.64	52.79	21～250
缓效钾（mg/kg）	41	102	72.04	70.78	39～340
有效铜（mg/kg）	48	1.22	0.92	75.21	0.24～4.27
有效锌（mg/kg）	48	1.79	1.40	78.37	0.20～7.52
有效铁（mg/kg）	47	64.66	58.40	90.32	4.78～269.20
有效锰（mg/kg）	49	51.24	51.04	99.62	2.20～229.42
有效硼（mg/kg）	50	0.52	0.58	111.33	0.02～3.30
有效钼（mg/kg）	50	0.222	0.19	85.14	0.030～0.870
有效硫（mg/kg）	50	39.12	24.38	62.30	6.17～95.85
有效硅（mg/kg）	48	84.77	91.76	108.25	18.10～469.78

耕层质地

砂土		砂壤土		轻壤土		中壤土		重壤土		黏土	
样本数	占比（%）	样本数	占比（%）	样本数	占比（%）	样本数	占比（%）	样本数	占比（%）	样本数	占比（%）
0	0.00	0	0.00	0	0.00	51	100.00	0	0.00	0	0.00

土壤 pH

≤4.5		(4.5～5.5]		(5.5～6.5]		(6.5～7.5]		(7.5～8.5]		>8.5	
样本数	占比（%）	样本数	占比（%）	样本数	占比（%）	样本数	占比（%）	样本数	占比（%）	样本数	占比（%）
9	17.65	24	47.06	10	19.61	7	13.73	1	1.96	0	0.00

风沙土—滨海风沙土耕地土壤主要理化性状

项目名称	样本数（个）	平均值	标准差	变异系数（%）	范　围
有效土层厚（cm）	3	15.0	0.00	0.00	15.0～15.0
耕层厚度（cm）	3	15.0	0.00	0.00	15.0～15.0
耕层容重（g/cm^3）	3	1.37	0.04	3.19	1.35～1.42
有机质（g/kg）	3	4.3	1.53	35.28	3.4～6.1
全氮（g/kg）	3	0.193	0.06	31.62	0.157～0.263
有效磷（mg/kg）	3	7.4	8.58	115.24	2.0～17.3
速效钾（mg/kg）	3	132	117.56	88.80	30～261
缓效钾（mg/kg）	3	157	75.89	48.38	74～223
有效铜（mg/kg）	3	0.32	0.02	6.44	0.30～0.34
有效锌（mg/kg）	3	3.57	0.84	23.50	2.62～4.21
有效铁（mg/kg）	3	21.40	0.00	0.00	21.40～21.40
有效锰（mg/kg）	3	10.50	0.00	0.00	10.50～10.50
有效硼（mg/kg）	3	0.42	0.15	35.71	0.27～0.57
有效钼（mg/kg）	3	0.090	0.00	0.00	0.090～0.090
有效硫（mg/kg）	3	38.03	9.87	25.94	26.70～44.70
有效硅（mg/kg）	3	51.80	0.00	0.00	51.80～51.80

耕层质地

砂土		砂壤土		轻壤土		中壤土		重壤土		黏土	
样本数	占比（%）	样本数	占比（%）	样本数	占比（%）	样本数	占比（%）	样本数	占比（%）	样本数	占比（%）
3	100.00	0	0.00	0	0.00	0	0.00	0	0.00	0	0.00

土壤 pH

≤4.5		(4.5～5.5]		(5.5～6.5]		(6.5～7.5]		(7.5～8.5]		>8.5	
样本数	占比（%）	样本数	占比（%）	样本数	占比（%）	样本数	占比（%）	样本数	占比（%）	样本数	占比（%）
0	0.00	1	33.33	0	0.00	2	66.67	0	0.00	0	0.00

石灰（岩）土—红色石灰土耕地土壤主要理化性状

项目名称	样本数（个）	平均值	标准差	变异系数（%）	范　围
有效土层厚（cm）	67	80.6	19.68	24.42	41.0～100.0
耕层厚度（cm）	67	20.6	4.93	23.99	13.0～30.0
耕层容重（g/cm³）	67	1.22	0.14	11.31	1.00～1.51
有机质（g/kg）	67	26.0	7.12	27.40	13.5～47.3
全氮（g/kg）	67	1.677	0.53	31.54	0.890～3.210
有效磷（mg/kg）	67	27.1	15.24	56.26	3.7～83.4
速效钾（mg/kg）	67	113	68.41	60.60	30～463
缓效钾（mg/kg）	66	350	309.93	88.54	54～1 383
有效铜（mg/kg）	61	6.34	6.70	105.70	0.46～26.36
有效锌（mg/kg）	61	3.85	3.25	84.39	0.53～12.72
有效铁（mg/kg）	61	107.15	81.55	76.11	6.00～372.00
有效锰（mg/kg）	61	71.22	65.58	92.08	2.97～251.50
有效硼（mg/kg）	60	0.49	0.43	87.79	0.07～2.95
有效钼（mg/kg）	61	0.358	0.26	71.17	0.044～0.990
有效硫（mg/kg）	54	69.94	79.02	112.99	3.88～293.75
有效硅（mg/kg）	53	225.27	160.42	71.21	11.97～532.56

耕层质地

砂土		砂壤土		轻壤土		中壤土		重壤土		黏土	
样本数	占比（%）	样本数	占比（%）	样本数	占比（%）	样本数	占比（%）	样本数	占比（%）	样本数	占比（%）
1	1.49	9	13.43	2	2.99	11	16.42	20	29.85	24	35.82

土壤 pH

≤4.5		(4.5～5.5]		(5.5～6.5]		(6.5～7.5]		(7.5～8.5]		>8.5	
样本数	占比（%）	样本数	占比（%）	样本数	占比（%）	样本数	占比（%）	样本数	占比（%）	样本数	占比（%）
0	0.00	2	2.99	25	37.31	28	41.79	12	17.91	0	0.00

石灰（岩）土一黑色石灰土耕地土壤主要理化性状

项目名称	样本数（个）	平均值	标准差	变异系数（%）	范　围
有效土层厚（cm）	27	47.9	23.62	49.27	30.0～120.0
耕层厚度（cm）	27	19.0	4.94	25.96	14.0～30.0
耕层容重（g/cm^3）	27	1.21	0.14	11.14	0.92～1.59
有机质（g/kg）	27	28.2	9.62	34.08	10.9～53.7
全氮（g/kg）	27	1.549	0.62	39.71	0.240～2.900
有效磷（mg/kg）	27	30.7	41.39	134.84	1.1～187.9
速效钾（mg/kg）	27	117	65.97	56.37	36～314
缓效钾（mg/kg）	27	296	178.12	60.11	103～745
有效铜（mg/kg）	23	7.14	15.23	213.32	0.91～76.03
有效锌（mg/kg）	23	2.72	2.65	97.16	0.74～12.22
有效铁（mg/kg）	23	102.73	69.80	67.94	9.50～233.80
有效锰（mg/kg）	23	47.37	34.19	72.17	11.67～121.00
有效硼（mg/kg）	23	0.48	0.50	104.87	0.12～2.61
有效钼（mg/kg）	23	0.290	0.17	58.30	0.043～0.700
有效硫（mg/kg）	22	43.09	30.58	70.96	8.77～119.16
有效硅（mg/kg）	23	283.82	126.28	44.49	93.75～511.00

耕层质地

砂土		砂壤土		轻壤土		中壤土		重壤土		黏土	
样本数	占比（%）	样本数	占比（%）	样本数	占比（%）	样本数	占比（%）	样本数	占比（%）	样本数	占比（%）
0	0.00	2	7.41	3	11.11	3	11.11	11	40.74	8	29.63

土壤 pH

≤4.5		(4.5～5.5]		(5.5～6.5]		(6.5～7.5]		(7.5～8.5]		>8.5	
样本数	占比（%）	样本数	占比（%）	样本数	占比（%）	样本数	占比（%）	样本数	占比（%）	样本数	占比（%）
1	3.70	0	0.00	4	14.81	3	11.11	18	66.67	1	3.70

石灰（岩）土—棕色石灰土耕地土壤主要理化性状

项目名称	样本数（个）	平均值	标准差	变异系数（%）	范　围
有效土层厚（cm）	246	81.5	20.33	24.95	21.0～150.0
耕层厚度（cm）	246	18.9	4.75	25.13	10.0～40.0
耕层容重（g/cm^3）	245	1.23	0.15	12.27	0.81～1.62
有机质（g/kg）	246	24.2	8.58	35.44	8.0～48.0
全氮（g/kg）	246	1.381	0.52	37.55	0.200～3.060
有效磷（mg/kg）	246	28.6	31.74	111.02	0.4～292.0
速效钾（mg/kg）	224	122	72.42	59.14	24～415
缓效钾（mg/kg）	231	290	247.60	85.36	38～1 333
有效铜（mg/kg）	241	2.45	2.10	85.39	0.22～13.92
有效锌（mg/kg）	242	2.38	1.68	70.59	0.19～10.50
有效铁（mg/kg）	242	73.81	69.01	93.50	3.89～350.00
有效锰（mg/kg）	242	46.74	44.53	95.27	1.06～280.18
有效硼（mg/kg）	244	0.51	0.58	112.64	0.02～3.83
有效钼（mg/kg）	243	0.308	0.39	127.08	0.020～2.750
有效硫（mg/kg）	244	41.06	33.84	82.42	8.83～265.91
有效硅（mg/kg）	237	142.52	104.31	73.19	12.75～513.00

耕层质地

砂土		砂壤土		轻壤土		中壤土		重壤土		黏土	
样本数	占比（%）	样本数	占比（%）	样本数	占比（%）	样本数	占比（%）	样本数	占比（%）	样本数	占比（%）
0	0.00	4	1.63	147	59.76	31	12.60	28	11.38	36	14.63

土壤 pH

≤4.5		(4.5～5.5]		(5.5～6.5]		(6.5～7.5]		(7.5～8.5]		>8.5	
样本数	占比（%）	样本数	占比（%）	样本数	占比（%）	样本数	占比（%）	样本数	占比（%）	样本数	占比（%）
10	4.07	60	24.39	78	31.71	62	25.20	36	14.63	0	0.00

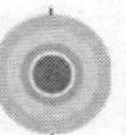

石灰（岩）土—黄色石灰土耕地土壤主要理化性状

项目名称	样本数（个）	平均值	标准差	变异系数（%）	范　围
有效土层厚（cm）	1	60.0	—	—	—
耕层厚度（cm）	1	18.0	—	—	—
耕层容重（g/cm^3）	1	0.97	—	—	—
有机质（g/kg）	1	19.7	—	—	—
全氮（g/kg）	1	2.240	—	—	—
有效磷（mg/kg）	1	17.5	—	—	—
速效钾（mg/kg）	1	344	—	—	—
缓效钾（mg/kg）	1	203	—	—	—
有效铜（mg/kg）	0	—	—	—	—
有效锌（mg/kg）	0	—	—	—	—
有效铁（mg/kg）	0	—	—	—	—
有效锰（mg/kg）	0	—	—	—	—
有效硼（mg/kg）	0	—	—	—	—
有效钼（mg/kg）	0	—	—	—	—
有效硫（mg/kg）	0	—	—	—	—
有效硅（mg/kg）	0	—	—	—	—

耕层质地

砂土		砂壤土		轻壤土		中壤土		重壤土		黏土	
样本数	占比（%）	样本数	占比（%）	样本数	占比（%）	样本数	占比（%）	样本数	占比（%）	样本数	占比（%）
0	0.00	0	0.00	0	0.00	0	0.00	1	100.00	0	0.00

土壤 pH

≤4.5		(4.5～5.5]		(5.5～6.5]		(6.5～7.5]		(7.5～8.5]		>8.5	
样本数	占比（%）	样本数	占比（%）	样本数	占比（%）	样本数	占比（%）	样本数	占比（%）	样本数	占比（%）
0	0.00	0	0.00	0	0.00	1	100.00	0	0.00	0	0.00

火山灰土—基性岩火山灰土耕地土壤主要理化性状

项目名称	样本数（个）	平均值	标准差	变异系数（%）	范　围
有效土层厚（cm）	50	46.2	31.16	67.50	20.0～100.0
耕层厚度（cm）	50	16.7	2.61	15.62	12.0～21.0
耕层容重（g/cm^3）	50	1.33	0.09	7.06	1.20～1.51
有机质（g/kg）	50	21.2	6.01	28.32	11.0～35.8
全氮（g/kg）	50	1.290	0.39	30.19	0.440～2.220
有效磷（mg/kg）	50	22.1	18.24	82.68	3.0～79.6
速效钾（mg/kg）	50	164	46.77	28.60	82～276
缓效钾（mg/kg）	50	353	115.84	32.84	104～612
有效铜（mg/kg）	50	2.24	1.23	54.87	0.22～6.31
有效锌（mg/kg）	47	1.40	1.19	85.08	0.22～6.17
有效铁（mg/kg）	50	95.93	69.49	72.43	8.71～377.29
有效锰（mg/kg）	49	47.96	38.48	80.23	6.11～162.00
有效硼（mg/kg）	50	0.49	0.39	79.65	0.12～1.99
有效钼（mg/kg）	50	0.198	0.23	115.21	0.040～0.930
有效硫（mg/kg）	50	42.34	35.83	84.62	6.23～217.80
有效硅（mg/kg）	48	212.18	119.35	56.25	37.45～514.00

耕层质地

砂土		砂壤土		轻壤土		中壤土		重壤土		黏土	
样本数	占比（%）	样本数	占比（%）	样本数	占比（%）	样本数	占比（%）	样本数	占比（%）	样本数	占比（%）
0	0.00	0	0.00	2	4.00	15	30.00	6	12.00	27	54.00

土壤 pH

≤4.5		(4.5～5.5]		(5.5～6.5]		(6.5～7.5]		(7.5～8.5]		>8.5	
样本数	占比（%）	样本数	占比（%）	样本数	占比（%）	样本数	占比（%）	样本数	占比（%）	样本数	占比（%）
0	0.00	15	30.00	26	52.00	2	4.00	7	14.00	0	0.00

紫色土—酸性紫色土耕地土壤主要理化性状

项目名称	样本数（个）	平均值	标准差	变异系数（%）	范　围
有效土层厚（cm）	181	80.9	21.10	26.10	38.0～150.0
耕层厚度（cm）	180	20.0	5.06	25.33	12.0～40.0
耕层容重（g/cm³）	181	1.20	0.17	14.35	0.81～1.67
有机质（g/kg）	181	25.3	9.78	38.73	5.6～52.4
全氮（g/kg）	181	1.423	0.57	39.75	0.178～3.200
有效磷（mg/kg）	179	45.4	61.71	135.91	0.6～489.0
速效钾（mg/kg）	180	116	67.36	57.89	23～358
缓效钾（mg/kg）	180	266	140.58	52.88	55～770
有效铜（mg/kg）	170	2.94	3.14	106.80	0.24～28.83
有效锌（mg/kg）	174	4.05	3.62	89.35	0.26～20.46
有效铁（mg/kg）	171	147.67	105.55	71.47	4.65～534.00
有效锰（mg/kg）	175	29.10	22.58	77.60	0.80～128.72
有效硼（mg/kg）	171	0.47	0.49	104.68	0.04～3.77
有效钼（mg/kg）	173	0.442	1.02	230.79	0.020～8.830
有效硫（mg/kg）	176	30.29	23.97	79.14	5.58～177.00
有效硅（mg/kg）	173	152.81	103.57	67.78	17.60～499.12

耕层质地

砂土		砂壤土		轻壤土		中壤土		重壤土		黏土	
样本数	占比（%）	样本数	占比（%）	样本数	占比（%）	样本数	占比（%）	样本数	占比（%）	样本数	占比（%）
1	0.55	23	12.71	23	12.71	57	31.49	38	20.99	39	21.55

土壤 pH

≤4.5		(4.5～5.5]		(5.5～6.5]		(6.5～7.5]		(7.5～8.5]		>8.5	
样本数	占比（%）	样本数	占比（%）	样本数	占比（%）	样本数	占比（%）	样本数	占比（%）	样本数	占比（%）
12	6.63	92	50.83	53	29.28	19	10.50	5	2.76	0	0.00

紫色土—中性紫色土耕地土壤主要理化性状

项目名称	样本数（个）	平均值	标准差	变异系数（%）	范 围
有效土层厚（cm）	55	69.5	25.46	36.63	20.0～100.0
耕层厚度（cm）	54	18.9	4.95	26.28	10.0～35.0
耕层容重（g/cm^3）	55	1.30	0.12	9.46	0.97～1.62
有机质（g/kg）	55	19.4	7.02	36.12	8.5～42.4
全氮（g/kg）	55	1.148	0.35	30.47	0.500～2.011
有效磷（mg/kg）	55	33.4	40.76	121.96	2.2～258.1
速效钾（mg/kg）	55	128	55.78	43.50	43～268
缓效钾（mg/kg）	54	560	343.64	61.38	78～1 402
有效铜（mg/kg）	50	2.04	1.43	70.05	0.40～6.10
有效锌（mg/kg）	50	1.34	0.78	58.41	0.22～4.99
有效铁（mg/kg）	50	53.06	50.29	94.77	6.82～269.20
有效锰（mg/kg）	50	37.75	33.99	90.06	1.43～160.00
有效硼（mg/kg）	50	0.68	0.55	81.67	0.12～3.49
有效钼（mg/kg）	50	0.238	0.21	89.79	0.021～0.870
有效硫（mg/kg）	50	30.44	21.58	70.89	9.99～116.56
有效硅（mg/kg）	47	212.59	95.01	44.69	34.98～437.81

耕层质地

砂土		砂壤土		轻壤土		中壤土		重壤土		黏土	
样本数	占比（%）	样本数	占比（%）	样本数	占比（%）	样本数	占比（%）	样本数	占比（%）	样本数	占比（%）
0	0.00	12	21.82	19	34.55	12	21.82	10	18.18	2	3.64

土壤 pH

≤4.5		(4.5～5.5]		(5.5～6.5]		(6.5～7.5]		(7.5～8.5]		>8.5	
样本数	占比（%）	样本数	占比（%）	样本数	占比（%）	样本数	占比（%）	样本数	占比（%）	样本数	占比（%）
0	0.00	7	12.73	25	45.45	17	30.91	6	10.91	0	0.00

紫色土—石灰性紫色土耕地土壤主要理化性状

项目名称	样本数（个）	平均值	标准差	变异系数（%）	范　围
有效土层厚（cm）	84	70.4	23.17	32.92	25.0～118.0
耕层厚度（cm）	84	19.1	3.94	20.62	11.0～35.0
耕层容重（g/cm^3）	83	1.24	0.17	13.88	0.81～1.56
有机质（g/kg）	84	26.4	12.25	46.45	5.6～79.0
全氮（g/kg）	84	1.464	0.63	43.14	0.077～4.220
有效磷（mg/kg）	84	31.3	41.84	133.80	2.1～268.2
速效钾（mg/kg）	83	130	53.82	41.35	28～282
缓效钾（mg/kg）	84	410	264.19	64.44	90～1 466
有效铜（mg/kg）	71	2.78	1.88	67.75	0.38～10.15
有效锌（mg/kg）	72	4.01	5.08	126.74	0.23～27.87
有效铁（mg/kg）	75	90.19	93.68	103.88	4.60～355.00
有效锰（mg/kg）	76	31.09	36.53	117.49	0.95～196.00
有效硼（mg/kg）	74	0.88	0.95	108.85	0.06～3.85
有效钼（mg/kg）	73	0.317	0.32	100.09	0.020～1.690
有效硫（mg/kg）	74	33.62	24.90	74.08	3.84～123.00
有效硅（mg/kg）	73	185.41	111.28	60.02	16.07～483.00

耕层质地

砂土		砂壤土		轻壤土		中壤土		重壤土		黏土	
样本数	占比（%）	样本数	占比（%）	样本数	占比（%）	样本数	占比（%）	样本数	占比（%）	样本数	占比（%）
3	3.57	14	16.67	14	16.67	20	23.81	20	23.81	13	15.48

土壤 pH

≤4.5		(4.5～5.5]		(5.5～6.5]		(6.5～7.5]		(7.5～8.5]		>8.5	
样本数	占比（%）	样本数	占比（%）	样本数	占比（%）	样本数	占比（%）	样本数	占比（%）	样本数	占比（%）
2	2.38	14	16.67	24	28.57	23	27.38	21	25.00	0	0.00

粗骨土—酸性粗骨土耕地土壤主要理化性状

项目名称	样本数（个）	平均值	标准差	变异系数（%）	范　围
有效土层厚（cm）	85	65.9	21.99	33.37	15.0～120.0
耕层厚度（cm）	85	19.1	3.85	20.15	10.0～30.0
耕层容重（g/cm^3）	85	1.16	0.17	14.81	0.81～1.60
有机质（g/kg）	85	28.5	12.06	42.33	3.1～60.3
全氮（g/kg）	85	1.551	0.78	50.57	0.125～4.240
有效磷（mg/kg）	85	86.3	102.54	118.76	1.5～498.5
速效钾（mg/kg）	83	122	82.10	67.32	28～443
缓效钾（mg/kg）	85	288	149.09	51.70	41～1 032
有效铜（mg/kg）	85	4.23	7.22	170.65	0.37～64.06
有效锌（mg/kg）	85	4.59	6.22	135.63	0.22～47.08
有效铁（mg/kg）	83	162.89	81.56	50.07	10.00～416.00
有效锰（mg/kg）	85	23.18	18.66	80.52	1.27～82.50
有效硼（mg/kg）	85	0.43	0.45	106.35	0.05～3.70
有效钼（mg/kg）	83	0.476	0.74	154.95	0.030～4.300
有效硫（mg/kg）	84	24.98	15.51	62.10	4.54～81.60
有效硅（mg/kg）	85	139.40	90.91	65.21	38.69～492.38

耕层质地

砂土		砂壤土		轻壤土		中壤土		重壤土		黏土	
样本数	占比（%）	样本数	占比（%）	样本数	占比（%）	样本数	占比（%）	样本数	占比（%）	样本数	占比（%）
7	8.24	8	9.41	34	40.00	21	24.71	7	8.24	8	9.41

土壤 pH

≤4.5		(4.5～5.5]		(5.5～6.5]		(6.5～7.5]		(7.5～8.5]		>8.5	
样本数	占比（%）	样本数	占比（%）	样本数	占比（%）	样本数	占比（%）	样本数	占比（%）	样本数	占比（%）
11	12.94	41	48.24	25	29.41	5	5.88	3	3.53	0	0.00

粗骨土—中性粗骨土耕地土壤主要理化性状

项目名称	样本数（个）	平均值	标准差	变异系数（%）	范　围
有效土层厚（cm）	45	59.2	19.99	33.77	30.0～100.0
耕层厚度（cm）	45	19.7	5.85	29.75	12.0～40.0
耕层容重（g/cm^3）	45	1.17	0.20	17.30	0.87～1.69
有机质（g/kg）	45	20.4	13.62	66.87	3.6～65.4
全氮（g/kg）	45	1.132	0.67	59.05	0.188～2.950
有效磷（mg/kg）	45	23.7	31.80	134.30	0.1～219.8
速效钾（mg/kg）	44	109	56.49	51.69	29～348
缓效钾（mg/kg）	43	524	284.86	54.34	67～1 138
有效铜（mg/kg）	45	2.54	2.42	95.37	0.50～15.20
有效锌（mg/kg）	45	2.87	2.46	85.63	0.36～12.00
有效铁（mg/kg）	44	82.35	87.10	105.77	4.90～313.00
有效锰（mg/kg）	45	30.22	19.41	64.23	8.81～86.70
有效硼（mg/kg）	43	0.54	0.72	135.23	0.15～3.88
有效钼（mg/kg）	45	0.353	0.52	146.22	0.040～2.880
有效硫（mg/kg）	45	40.47	26.05	64.38	12.83～109.86
有效硅（mg/kg）	40	179.08	134.77	75.26	26.49～539.00

耕层质地

砂土		砂壤土		轻壤土		中壤土		重壤土		黏土	
样本数	占比（%）	样本数	占比（%）	样本数	占比（%）	样本数	占比（%）	样本数	占比（%）	样本数	占比（%）
10	22.22	12	26.67	0	0.00	7	15.56	2	4.44	14	31.11

土壤 pH

≤4.5		(4.5～5.5]		(5.5～6.5]		(6.5～7.5]		(7.5～8.5]		>8.5	
样本数	占比（%）	样本数	占比（%）	样本数	占比（%）	样本数	占比（%）	样本数	占比（%）	样本数	占比（%）
1	2.22	5	11.11	31	68.89	6	13.33	2	4.44	0	0.00

粗骨土—钙质粗骨土耕地土壤主要理化性状

项目名称	样本数（个）	平均值	标准差	变异系数（%）	范　围
有效土层厚（cm）	9	90.8	16.18	17.82	55.0～100.0
耕层厚度（cm）	9	15.0	3.77	25.17	11.0～22.0
耕层容重（g/cm³）	9	1.29	0.17	13.08	1.09～1.54
有机质（g/kg）	9	18.8	7.58	40.42	9.1～32.3
全氮（g/kg）	9	1.408	0.65	46.27	0.890～2.849
有效磷（mg/kg）	9	64.0	38.47	60.13	7.4～103.0
速效钾（mg/kg）	9	167	47.59	28.50	86～221
缓效钾（mg/kg）	3	809	216.11	26.72	569～989
有效铜（mg/kg）	3	2.45	0.71	29.13	1.67～3.07
有效锌（mg/kg）	7	1.91	1.20	62.80	0.73～3.51
有效铁（mg/kg）	6	15.24	13.44	88.17	5.92～41.90
有效锰（mg/kg）	3	29.79	7.54	25.31	23.94～38.30
有效硼（mg/kg）	7	0.62	0.26	42.64	0.26～0.98
有效钼（mg/kg）	6	0.284	0.12	41.95	0.111～0.407
有效硫（mg/kg）	3	25.99	11.95	45.97	12.20～33.15
有效硅（mg/kg）	1	338.00			338.00～338.00

耕层质地

砂土		砂壤土		轻壤土		中壤土		重壤土		黏土	
样本数	占比（%）	样本数	占比（%）	样本数	占比（%）	样本数	占比（%）	样本数	占比（%）	样本数	占比（%）
3	33.33	4	44.44	1	11.11	0	0.00	1	11.11	0	0.00

土壤 pH

≤4.5		(4.5～5.5]		(5.5～6.5]		(6.5～7.5]		(7.5～8.5]		>8.5	
样本数	占比（%）	样本数	占比（%）	样本数	占比（%）	样本数	占比（%）	样本数	占比（%）	样本数	占比（%）
0	0.00	0	0.00	2	22.22	2	22.22	5	55.56	0	0.00

草甸土—典型草甸土耕地土壤主要理化性状

项目名称	样本数（个）	平均值	标准差	变异系数（%）	范　围
有效土层厚（cm）	4	100.0	0.00	0.00	100.0～100.0
耕层厚度（cm）	4	18.0	0.00	0.00	18.0～18.0
耕层容重（g/cm^3）	4	1.06	0.06	5.43	1.01～1.14
有机质（g/kg）	4	29.0	7.62	26.25	22.4～36.4
全氮（g/kg）	4	1.259	0.23	18.16	1.060～1.586
有效磷（mg/kg）	4	22.7	9.09	40.04	12.2～34.4
速效钾（mg/kg）	4	150	26.06	17.38	127～175
缓效钾（mg/kg）	4	291	54.56	18.77	243～338
有效铜（mg/kg）	4	2.35	1.48	63.09	0.78～4.20
有效锌（mg/kg）	4	4.00	1.94	48.54	1.24～5.75
有效铁（mg/kg）	4	27.74	8.68	31.31	22.20～40.54
有效锰（mg/kg）	4	17.93	2.03	11.32	15.20～20.00
有效硼（mg/kg）	4	0.25	0.03	11.78	0.21～0.28
有效钼（mg/kg）	4	0.160	0.03	21.65	0.130～0.210
有效硫（mg/kg）	4	38.00	17.53	46.14	20.80～55.50
有效硅（mg/kg）	4	68.30	9.90	14.50	54.22～75.22

耕层质地

砂土		砂壤土		轻壤土		中壤土		重壤土		黏土	
样本数	占比（%）	样本数	占比（%）	样本数	占比（%）	样本数	占比（%）	样本数	占比（%）	样本数	占比（%）
0	0.00	0	0.00	0	0.00	0	0.00	1	25.00	3	75.00

土壤 pH

≤4.5		(4.5～5.5]		(5.5～6.5]		(6.5～7.5]		(7.5～8.5]		>8.5	
样本数	占比（%）	样本数	占比（%）	样本数	占比（%）	样本数	占比（%）	样本数	占比（%）	样本数	占比（%）
0	0.00	4	100.00	0	0.00	0	0.00	0	0.00	0	0.00

潮土—典型潮土耕地土壤主要理化性状

项目名称	样本数（个）	平均值	标准差	变异系数（%）	范 围
有效土层厚（cm）	2 472	88.0	21.37	24.28	17.0～135.0
耕层厚度（cm）	2 472	18.4	3.35	18.21	9.5～40.0
耕层容重（g/cm^3）	2 452	1.28	0.13	10.37	0.80～1.93
有机质（g/kg）	2 471	23.9	9.57	40.03	6.0～65.1
全氮（g/kg）	2 470	1.456	0.54	36.99	0.211～3.888
有效磷（mg/kg）	2 470	34.6	34.26	98.99	0.8～485.1
速效钾（mg/kg）	2 426	175	96.52	55.11	21～483
缓效钾（mg/kg）	2 230	635	267.75	42.17	45～1 600
有效铜（mg/kg）	2 187	4.89	9.01	184.23	0.21～86.56
有效锌（mg/kg）	2 243	2.47	3.38	137.08	0.21～53.60
有效铁（mg/kg）	2 127	78.25	71.15	90.93	3.80～532.00
有效锰（mg/kg）	2 167	26.24	27.86	106.17	0.71～257.37
有效硼（mg/kg）	2 223	0.65	0.46	71.05	0.02～3.92
有效钼（mg/kg）	2 003	0.171	0.24	143.03	0.016～3.900
有效硫（mg/kg）	1 972	44.53	37.09	83.29	3.34～312.98
有效硅（mg/kg）	2 108	157.49	100.70	63.94	11.90～539.00

耕层质地

砂土		砂壤土		轻壤土		中壤土		重壤土		黏土	
样本数	占比（%）	样本数	占比（%）	样本数	占比（%）	样本数	占比（%）	样本数	占比（%）	样本数	占比（%）
389	15.74	395	15.98	156	6.31	638	25.81	476	19.26	418	16.91

土壤 pH

≤4.5		(4.5～5.5]		(5.5～6.5]		(6.5～7.5]		(7.5～8.5]		>8.5	
样本数	占比（%）	样本数	占比（%）	样本数	占比（%）	样本数	占比（%）	样本数	占比（%）	样本数	占比（%）
9	0.36	177	7.16	286	11.57	327	13.23	1 612	65.21	61	2.47

潮土—灰潮土耕地土壤主要理化性状

项目名称	样本数（个）	平均值	标准差	变异系数（%）	范　围
有效土层厚（cm）	3 241	90.2	19.32	21.42	20.0～155.0
耕层厚度（cm）	3 241	19.1	4.90	25.61	10.0～40.0
耕层容重（g/cm^3）	3 146	1.27	0.14	11.10	0.71～1.82
有机质（g/kg）	3 239	20.6	8.43	40.89	3.8～67.7
全氮（g/kg）	3 236	1.258	0.47	37.29	0.120～4.200
有效磷（mg/kg）	3 236	27.3	35.05	128.23	0.7～495.5
速效钾（mg/kg）	3 224	130	69.41	53.37	21～485
缓效钾（mg/kg）	2 929	619	288.83	46.70	38～1 590
有效铜（mg/kg）	2 985	3.19	3.21	100.61	0.20～74.94
有效锌（mg/kg）	3 001	2.10	2.44	115.97	0.20～61.72
有效铁（mg/kg）	2 987	68.35	60.63	88.71	3.96～480.00
有效锰（mg/kg）	2 979	24.65	23.91	97.01	0.71～275.00
有效硼（mg/kg）	2 934	0.60	0.42	70.33	0.02～3.91
有效钼（mg/kg）	2 917	0.193	0.26	136.42	0.015～8.720
有效硫（mg/kg）	2 928	41.61	29.79	71.61	3.33～325.82
有效硅（mg/kg）	2 943	174.90	89.95	51.43	13.54～534.00

耕层质地

砂土		砂壤土		轻壤土		中壤土		重壤土		黏土	
样本数	占比（%）	样本数	占比（%）	样本数	占比（%）	样本数	占比（%）	样本数	占比（%）	样本数	占比（%）
138	4.26	561	17.31	885	27.31	1078	33.26	372	11.48	207	6.39

土壤 pH

≤4.5		(4.5～5.5]		(5.5～6.5]		(6.5～7.5]		(7.5～8.5]		>8.5	
样本数	占比（%）	样本数	占比（%）	样本数	占比（%）	样本数	占比（%）	样本数	占比（%）	样本数	占比（%）
18	0.56	227	7.01	405	12.50	719	22.19	1775	54.78	96	2.96

潮土—湿潮土耕地土壤主要理化性状

项目名称	样本数（个）	平均值	标准差	变异系数（%）	范 围
有效土层厚（cm）	4	83.5	19.21	23.01	64.0～100.0
耕层厚度（cm）	4	18.5	3.00	16.22	14.0～20.0
耕层容重（g/cm^3）	2	1.31	0.17	12.95	1.19～1.43
有机质（g/kg）	4	20.4	7.01	34.39	11.5～28.5
全氮（g/kg）	4	1.583	0.44	27.88	1.210～2.130
有效磷（mg/kg）	4	18.5	5.51	29.85	12.0～23.7
速效钾（mg/kg）	4	115	55.79	48.73	46～160
缓效钾（mg/kg）	4	619	466.96	75.42	324～1 305
有效铜（mg/kg）	4	3.49	1.72	49.26	2.01～5.76
有效锌（mg/kg）	4	3.23	1.48	45.79	2.01～5.02
有效铁（mg/kg）	4	51.05	31.04	60.80	30.20～96.70
有效锰（mg/kg）	4	19.75	7.71	39.04	13.40～30.90
有效硼（mg/kg）	4	0.26	0.06	22.62	0.21～0.34
有效钼（mg/kg）	4	0.180	0.03	15.67	0.154～0.220
有效硫（mg/kg）	4	35.00	21.01	60.02	10.00～54.30
有效硅（mg/kg）	4	88.72	26.29	29.64	63.20～123.97

耕层质地

砂土		砂壤土		轻壤土		中壤土		重壤土		黏土	
样本数	占比（%）	样本数	占比（%）	样本数	占比（%）	样本数	占比（%）	样本数	占比（%）	样本数	占比（%）
0	0.00	2	50.00	1	25.00	1	25.00	0	0.00	0	0.00

土壤 pH

≤4.5		(4.5～5.5]		(5.5～6.5]		(6.5～7.5]		(7.5～8.5]		>8.5	
样本数	占比（%）	样本数	占比（%）	样本数	占比（%）	样本数	占比（%）	样本数	占比（%）	样本数	占比（%）
0	0.00	2	50.00	1	25.00	1	25.00	0	0.00	0	0.00

潮土—盐化潮土耕地土壤主要理化性状

项目名称	样本数（个）	平均值	标准差	变异系数（%）	范　围
有效土层厚（cm）	239	85.2	18.81	22.09	40.0～120.0
耕层厚度（cm）	239	17.8	2.66	14.93	12.0～30.0
耕层容重（g/cm^3）	239	1.26	0.11	8.52	0.88～1.62
有机质（g/kg）	239	18.0	8.41	46.87	2.0～48.9
全氮（g/kg）	239	1.084	0.47	43.33	0.180～3.230
有效磷（mg/kg）	239	45.2	44.41	98.29	1.9～359.0
速效钾（mg/kg）	228	163	85.80	52.71	32～417
缓效钾（mg/kg）	220	615	222.51	36.19	97～1 376
有效铜（mg/kg）	220	3.26	3.61	110.81	0.36～34.30
有效锌（mg/kg）	229	2.51	1.88	75.13	0.29～13.63
有效铁（mg/kg）	228	70.40	58.61	83.26	3.80～295.84
有效锰（mg/kg）	220	16.32	10.99	67.35	2.02～64.65
有效硼（mg/kg）	230	0.80	0.34	42.98	0.12～1.93
有效钼（mg/kg）	225	0.131	0.12	88.94	0.020～0.890
有效硫（mg/kg）	219	35.28	31.75	89.99	3.33～216.00
有效硅（mg/kg）	220	132.71	62.23	46.89	35.65～425.00

耕层质地

砂土		砂壤土		轻壤土		中壤土		重壤土		黏土	
样本数	占比（%）	样本数	占比（%）	样本数	占比（%）	样本数	占比（%）	样本数	占比（%）	样本数	占比（%）
33	13.81	56	23.43	62	25.94	41	17.15	19	7.95	28	11.72

土壤 pH

≤4.5		(4.5～5.5]		(5.5～6.5]		(6.5～7.5]		(7.5～8.5]		>8.5	
样本数	占比（%）	样本数	占比（%）	样本数	占比（%）	样本数	占比（%）	样本数	占比（%）	样本数	占比（%）
1	0.42	3	1.26	6	2.51	20	8.37	187	78.24	22	9.21

砂姜黑土—典型砂姜黑土耕地土壤主要理化性状

项目名称	样本数（个）	平均值	标准差	变异系数（%）	范　围
有效土层厚（cm）	722	80.8	25.77	31.91	22.0～150.0
耕层厚度（cm）	722	18.9	3.52	18.63	11.0～30.0
耕层容重（g/cm^3）	671	1.34	0.13	9.52	1.00～1.63
有机质（g/kg）	722	23.1	8.01	34.72	6.0～50.0
全氮（g/kg）	721	1.453	0.51	35.29	0.320～3.530
有效磷（mg/kg）	722	38.4	32.97	85.93	2.0～200.0
速效钾（mg/kg）	711	183	68.59	37.47	34～461
缓效钾（mg/kg）	639	556	186.74	33.56	154～1 190
有效铜（mg/kg）	635	2.08	1.00	48.07	0.20～12.36
有效锌（mg/kg）	641	1.38	1.38	100.43	0.20～15.40
有效铁（mg/kg）	647	74.31	66.43	89.40	3.90～458.50
有效锰（mg/kg）	635	62.42	54.66	87.58	1.05～293.81
有效硼（mg/kg）	647	0.58	0.40	69.34	0.04～3.66
有效钼（mg/kg）	569	0.211	0.20	94.16	0.020～0.970
有效硫（mg/kg）	633	32.98	20.47	62.07	3.59～176.83
有效硅（mg/kg）	536	217.66	94.35	43.35	31.44～526.00

耕层质地

砂土		砂壤土		轻壤土		中壤土		重壤土		黏土	
样本数	占比（%）	样本数	占比（%）	样本数	占比（%）	样本数	占比（%）	样本数	占比（%）	样本数	占比（%）
1	0.14	16	2.22	22	3.05	128	17.73	255	35.32	300	41.55

土壤 pH

≤4.5		(4.5～5.5]		(5.5～6.5]		(6.5～7.5]		(7.5～8.5]		>8.5	
样本数	占比（%）	样本数	占比（%）	样本数	占比（%）	样本数	占比（%）	样本数	占比（%）	样本数	占比（%）
5	0.69	126	17.45	294	40.72	219	30.33	78	10.80	0	0.00

砂姜黑土—石灰性砂姜黑土耕地土壤主要理化性状

项目名称	样本数（个）	平均值	标准差	变异系数（%）	范　围
有效土层厚（cm）	8	142.5	13.89	9.75	120.0～150.0
耕层厚度（cm）	8	23.8	2.31	9.75	20.0～25.0
耕层容重（g/cm^3）	8	1.28	0.02	1.76	1.26～1.31
有机质（g/kg）	8	24.9	6.89	27.66	16.7～36.6
全氮（g/kg）	8	1.409	0.29	20.55	1.070～1.890
有效磷（mg/kg）	8	54.7	23.54	43.03	20.5～87.6
速效钾（mg/kg）	8	144	12.84	8.93	128～162
缓效钾（mg/kg）	8	573	151.85	26.52	409～830
有效铜（mg/kg）	8	2.21	0.01	0.64	2.20～2.23
有效锌（mg/kg）	8	0.78	0.02	2.62	0.74～0.80
有效铁（mg/kg）	8	108.05	5.10	4.72	99.80～111.20
有效锰（mg/kg）	8	117.55	8.74	7.43	111.20～133.00
有效硼（mg/kg）	8	0.28	0.05	17.81	0.21～0.35
有效钼（mg/kg）	8	0.039	0.00	11.68	0.031～0.044
有效硫（mg/kg）	8	22.84	1.36	5.94	21.34～25.26
有效硅（mg/kg）	0				～

耕层质地

砂土		砂壤土		轻壤土		中壤土		重壤土		黏土	
样本数	占比（%）	样本数	占比（%）	样本数	占比（%）	样本数	占比（%）	样本数	占比（%）	样本数	占比（%）
0	0.00	0	0.00	0	0.00	5	62.50	3	37.50	0	0.00

土壤 pH

≤4.5		(4.5～5.5]		(5.5～6.5]		(6.5～7.5]		(7.5～8.5]		>8.5	
样本数	占比（%）	样本数	占比（%）	样本数	占比（%）	样本数	占比（%）	样本数	占比（%）	样本数	占比（%）
0	0.00	5	62.50	3	37.50	0	0.00	0	0.00	0	0.00

砂姜黑土—盐化砂姜黑土耕地土壤主要理化性状

项目名称	样本数（个）	平均值	标准差	变异系数（%）	范　围
有效土层厚（cm）	16	59.1	14.52	24.58	50.0～85.0
耕层厚度（cm）	16	18.0	0.13	0.69	18.0～18.5
耕层容重（g/cm^3）	16	1.18	0.17	14.26	0.92～1.52
有机质（g/kg）	16	30.7	7.14	23.29	15.2～41.8
全氮（g/kg）	16	2.044	0.51	25.00	1.150～2.875
有效磷（mg/kg）	16	28.7	14.87	51.87	8.6～59.2
速效钾（mg/kg）	15	178	94.24	52.94	82～470
缓效钾（mg/kg）	16	468	218.86	46.73	206～1 020
有效铜（mg/kg）	16	1.76	1.14	64.97	0.26～4.66
有效锌（mg/kg）	16	0.75	0.45	59.80	0.30～1.94
有效铁（mg/kg）	10	103.76	94.07	90.66	9.78～225.60
有效锰（mg/kg）	16	49.31	51.70	104.86	1.04～128.32
有效硼（mg/kg）	16	1.16	0.40	34.19	0.53～1.86
有效钼（mg/kg）	16	0.087	0.03	36.33	0.050～0.150
有效硫（mg/kg）	16	14.93	12.44	83.31	4.62～40.00
有效硅（mg/kg）	16	229.14	114.38	49.92	83.28～430.61

耕层质地

砂土		砂壤土		轻壤土		中壤土		重壤土		黏土	
样本数	占比（%）	样本数	占比（%）	样本数	占比（%）	样本数	占比（%）	样本数	占比（%）	样本数	占比（%）
13	81.25	0	0.00	0	0.00	0	0.00	0	0.00	3	18.75

土壤 pH

≤4.5		(4.5～5.5]		(5.5～6.5]		(6.5～7.5]		(7.5～8.5]		>8.5	
样本数	占比（%）	样本数	占比（%）	样本数	占比（%）	样本数	占比（%）	样本数	占比（%）	样本数	占比（%）
2	12.50	5	31.25	2	12.50	0	0.00	7	43.75	0	0.00

沼泽土—典型沼泽土耕地土壤主要理化性状

项目名称	样本数（个）	平均值	标准差	变异系数（%）	范　围
有效土层厚（cm）	15	95.5	11.79	12.34	66.0～100.0
耕层厚度（cm）	15	15.8	3.91	24.77	10.0～24.0
耕层容重（g/cm^3）	15	1.18	0.12	10.10	1.03～1.50
有机质（g/kg）	15	35.7	11.50	32.18	15.4～50.0
全氮（g/kg）	15	2.108	0.80	37.91	1.060～3.690
有效磷（mg/kg）	15	32.9	40.82	123.90	2.8～173.2
速效钾（mg/kg）	15	195	80.07	41.16	101～363
缓效钾（mg/kg）	7	682	91.65	13.44	585～853
有效铜（mg/kg）	7	4.43	1.97	44.54	1.67～7.14
有效锌（mg/kg）	7	3.07	4.13	134.37	0.81～12.32
有效铁（mg/kg）	7	148.57	104.19	70.13	63.20～339.00
有效锰（mg/kg）	7	34.28	13.89	40.51	13.00～50.24
有效硼（mg/kg）	7	0.87	0.51	58.16	0.27～1.43
有效钼（mg/kg）	7	0.150	0.05	32.66	0.070～0.220
有效硫（mg/kg）	7	46.19	17.73	38.39	23.00～80.16
有效硅（mg/kg）	7	163.27	104.63	64.08	15.79～245.40

耕层质地

砂土		砂壤土		轻壤土		中壤土		重壤土		黏土	
样本数	占比（%）	样本数	占比（%）	样本数	占比（%）	样本数	占比（%）	样本数	占比（%）	样本数	占比（%）
0	0.00	0	0.00	0	0.00	5	33.33	5	33.33	5	33.33

土壤 pH

≤4.5		(4.5～5.5]		(5.5～6.5]		(6.5～7.5]		(7.5～8.5]		>8.5	
样本数	占比（%）	样本数	占比（%）	样本数	占比（%）	样本数	占比（%）	样本数	占比（%）	样本数	占比（%）
0	0.00	1	6.67	4	26.67	5	33.33	5	33.33	0	0.00

沼泽土—腐泥沼泽土耕地土壤主要理化性状

项目名称	样本数（个）	平均值	标准差	变异系数（%）	范 围
有效土层厚（cm）	4	85.0	17.32	20.38	70.0～100.0
耕层厚度（cm）	4	13.5	1.73	12.83	12.0～15.0
耕层容重（g/cm^3）	4	1.32	0.07	5.58	1.27～1.43
有机质（g/kg）	4	36.6	6.06	16.55	29.6～43.8
全氮（g/kg）	4	1.917	0.20	10.24	1.680～2.113
有效磷（mg/kg）	4	18.3	4.65	25.47	11.4～21.2
速效钾（mg/kg）	4	140	35.42	25.30	95～173
缓效钾（mg/kg）	3	509	33.29	6.54	485～547
有效铜（mg/kg）	3	4.25	0.52	12.26	3.71～4.75
有效锌（mg/kg）	3	1.85	0.52	28.09	1.41～2.42
有效铁（mg/kg）	3	154.73	58.08	37.54	94.20～210.00
有效锰（mg/kg）	3	30.30	10.46	34.51	21.60～41.90
有效硼（mg/kg）	3	0.77	0.64	82.90	0.22～1.47
有效钼（mg/kg）	3	0.158	0.07	45.39	0.107～0.240
有效硫（mg/kg）	3	62.49	34.14	54.64	27.66～95.90
有效硅（mg/kg）	3	350.99	40.81	11.63	309.45～391.03

耕层质地

砂土		砂壤土		轻壤土		中壤土		重壤土		黏土	
样本数	占比（%）	样本数	占比（%）	样本数	占比（%）	样本数	占比（%）	样本数	占比（%）	样本数	占比（%）
0	0.00	0	0.00	0	0.00	0	0.00	2	50.00	2	50.00

土壤 pH

≤4.5		(4.5～5.5]		(5.5～6.5]		(6.5～7.5]		(7.5～8.5]		>8.5	
样本数	占比（%）	样本数	占比（%）	样本数	占比（%）	样本数	占比（%）	样本数	占比（%）	样本数	占比（%）
0	0.00	0	0.00	1	25.00	3	75.00	0	0.00	0	0.00

草甸盐土—典型草甸盐土耕地土壤主要理化性状

项目名称	样本数（个）	平均值	标准差	变异系数（%）	范　围
有效土层厚（cm）	4	100.0	0.00	0.00	100.0～100.0
耕层厚度（cm）	4	14.3	1.50	10.53	12.0～15.0
耕层容重（g/cm³）	4	1.35	0.00	0.00	1.35～1.35
有机质（g/kg）	4	15.7	2.04	12.97	13.2～18.2
全氮（g/kg）	4	1.099	0.11	9.99	0.963～1.196
有效磷（mg/kg）	4	21.9	12.11	55.27	8.6～34.2
速效钾（mg/kg）	4	146	38.32	26.29	99～180
缓效钾（mg/kg）	4	1 020	258.47	25.35	844～1 393
有效铜（mg/kg）	4	2.60	0.41	15.85	2.05～3.04
有效锌（mg/kg）	4	1.18	0.17	14.15	0.98～1.33
有效铁（mg/kg）	4	79.58	35.73	44.90	26.30～101.00
有效锰（mg/kg）	4	13.63	3.62	26.53	8.50～17.00
有效硼（mg/kg）	4	1.06	0.56	52.93	0.51～1.78
有效钼（mg/kg）	4	0.115	0.06	51.44	0.050～0.170
有效硫（mg/kg）	4	141.68	112.06	79.10	13.80～250.00
有效硅（mg/kg）	4	68.25	29.13	42.68	42.93～110.07

耕层质地

砂土		砂壤土		轻壤土		中壤土		重壤土		黏土	
样本数	占比（%）	样本数	占比（%）	样本数	占比（%）	样本数	占比（%）	样本数	占比（%）	样本数	占比（%）
0	0.00	4	100.00	0	0.00	0	0.00	0	0.00	0	0.00

土壤 pH

≤4.5		(4.5～5.5]		(5.5～6.5]		(6.5～7.5]		(7.5～8.5]		>8.5	
样本数	占比（%）	样本数	占比（%）	样本数	占比（%）	样本数	占比（%）	样本数	占比（%）	样本数	占比（%）
0	0.00	0	0.00	0	0.00	0	0.00	4	100.00	0	0.00

滨海盐土—典型滨海盐土耕地土壤主要理化性状

项目名称	样本数（个）	平均值	标准差	变异系数（%）	范　围
有效土层厚（cm）	589	99.2	5.31	5.35	45.0～120.0
耕层厚度（cm）	589	15.1	2.70	17.88	9.0～21.0
耕层容重（g/cm³）	589	1.25	0.10	7.95	0.81～1.65
有机质（g/kg）	589	17.9	7.10	39.75	4.6～50.5
全氮（g/kg）	589	1.121	0.44	39.46	0.248～3.550
有效磷（mg/kg）	589	26.7	26.62	99.77	2.0～314.0
速效钾（mg/kg）	587	130	66.65	51.20	35～476
缓效钾（mg/kg）	555	733	236.74	32.31	144～1 500
有效铜（mg/kg）	589	2.32	1.55	66.82	0.25～14.54
有效锌（mg/kg）	582	1.71	1.99	116.11	0.23～33.18
有效铁（mg/kg）	571	47.92	55.31	115.43	4.00～489.38
有效锰（mg/kg）	588	13.69	16.12	117.81	1.11～176.58
有效硼（mg/kg）	587	0.82	0.53	63.83	0.02～3.47
有效钼（mg/kg）	554	0.102	0.13	130.73	0.018～2.240
有效硫（mg/kg）	550	41.69	35.55	85.26	4.04～284.00
有效硅（mg/kg）	553	83.62	38.26	45.76	19.39～372.26

耕层质地

砂土		砂壤土		轻壤土		中壤土		重壤土		黏土	
样本数	占比（%）	样本数	占比（%）	样本数	占比（%）	样本数	占比（%）	样本数	占比（%）	样本数	占比（%）
33	5.60	220	37.35	77	13.07	198	33.62	57	9.68	4	0.68

土壤 pH

≤4.5		(4.5～5.5]		(5.5～6.5]		(6.5～7.5]		(7.5～8.5]		>8.5	
样本数	占比（%）	样本数	占比（%）	样本数	占比（%）	样本数	占比（%）	样本数	占比（%）	样本数	占比（%）
3	0.51	10	1.70	16	2.72	25	4.24	513	87.10	22	3.74

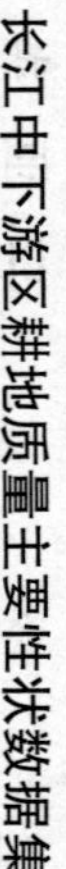

滨海盐土—滨海潮滩盐土耕地土壤主要理化性状

项目名称	样本数（个）	平均值	标准差	变异系数（%）	范　围
有效土层厚（cm）	100	97.6	13.47	13.80	50.0～116.0
耕层厚度（cm）	100	17.4	2.27	13.08	10.0～22.0
耕层容重（g/cm^3）	100	1.30	0.11	8.63	0.91～1.50
有机质（g/kg）	100	31.4	12.28	39.12	8.9～50.0
全氮（g/kg）	100	1.642	0.51	30.79	0.605～2.862
有效磷（mg/kg）	99	86.6	67.99	78.52	4.6～200.0
速效钾（mg/kg）	86	242	127.81	52.92	24～484
缓效钾（mg/kg）	100	920	366.08	39.80	97～1 505
有效铜（mg/kg）	100	4.23	1.95	45.99	1.12～11.33
有效锌（mg/kg）	100	2.90	4.86	167.77	0.30～43.80
有效铁（mg/kg）	100	91.25	68.74	75.33	7.70～363.40
有效锰（mg/kg）	100	95.29	76.09	79.84	3.40～266.00
有效硼（mg/kg）	100	0.91	0.41	45.12	0.04～2.48
有效钼（mg/kg）	99	0.116	0.06	55.08	0.020～0.350
有效硫（mg/kg）	97	74.34	44.49	59.85	11.40～275.55
有效硅（mg/kg）	100	121.90	56.46	46.32	44.36～364.92

耕层质地

砂土		砂壤土		轻壤土		中壤土		重壤土		黏土	
样本数	占比（%）	样本数	占比（%）	样本数	占比（%）	样本数	占比（%）	样本数	占比（%）	样本数	占比（%）
0	0.00	1	1.00	3	3.00	14	14.00	28	28.00	54	54.00

土壤 pH

≤4.5		(4.5～5.5]		(5.5～6.5]		(6.5～7.5]		(7.5～8.5]		>8.5	
样本数	占比（%）	样本数	占比（%）	样本数	占比（%）	样本数	占比（%）	样本数	占比（%）	样本数	占比（%）
1	1.00	4	4.00	5	5.00	13	13.00	73	73.00	4	4.00

水稻土—潴育水稻土耕地土壤主要理化性状

项目名称	样本数（个）	平均值	标准差	变异系数（%）	范　围
有效土层厚（cm）	21 334	85.9	19.34	22.52	17.0～188.0
耕层厚度（cm）	21 326	18.8	3.72	19.83	9.0～50.0
耕层容重（g/cm^3）	20 884	1.21	0.15	12.71	0.71～1.80
有机质（g/kg）	21 331	29.2	10.74	36.77	1.3～84.4
全氮（g/kg）	21 321	1.640	0.62	37.64	0.050～4.497
有效磷（mg/kg）	21 303	29.2	39.49	135.32	0.1～490.0
速效钾（mg/kg）	21 120	116	64.82	55.81	21～482
缓效钾（mg/kg）	21 039	398	253.45	63.66	38～1 610
有效铜（mg/kg）	20 201	4.48	7.58	169.15	0.19～87.08
有效锌（mg/kg）	20 159	3.40	6.16	181.53	0.19～72.15
有效铁（mg/kg）	20 337	117.72	95.37	81.01	3.80～537.24
有效锰（mg/kg）	20 282	33.22	33.80	101.74	0.74～299.48
有效硼（mg/kg）	20 114	0.56	0.59	104.24	0.02～4.05
有效钼（mg/kg）	20 088	0.346	0.62	180.40	0.015～9.210
有效硫（mg/kg）	20 103	41.84	36.81	87.96	3.37～331.80
有效硅（mg/kg）	19 928	167.41	111.06	66.34	11.52～540.00

耕层质地

砂土		砂壤土		轻壤土		中壤土		重壤土		黏土	
样本数	占比（%）	样本数	占比（%）	样本数	占比（%）	样本数	占比（%）	样本数	占比（%）	样本数	占比（%）
115	0.54	2 465	11.55	2 636	12.36	8 283	38.83	5 445	25.52	2 390	11.20

土壤 pH

≤4.5		(4.5～5.5]		(5.5～6.5]		(6.5～7.5]		(7.5～8.5]		>8.5	
样本数	占比（%）	样本数	占比（%）	样本数	占比（%）	样本数	占比（%）	样本数	占比（%）	样本数	占比（%）
345	1.62	8 249	38.67	8 101	37.97	2 981	13.97	1 655	7.76	3	0.01

水稻土—淹育水稻土耕地土壤主要理化性状

项目名称	样本数（个）	平均值	标准差	变异系数（%）	范　围
有效土层厚（cm）	2 618	81.3	22.56	27.74	20.0～180.0
耕层厚度（cm）	2 618	18.5	4.57	24.71	10.0～50.0
耕层容重（g/cm^3）	2 609	1.22	0.17	13.90	0.79～1.70
有机质（g/kg）	2 613	29.0	11.79	40.66	1.5～82.0
全氮（g/kg）	2 612	1.685	0.65	38.73	0.027～4.420
有效磷（mg/kg）	2 611	38.3	56.77	148.05	0.1～473.0
速效钾（mg/kg）	2 569	107	62.08	58.23	21～480
缓效钾（mg/kg）	2 598	370	272.54	73.68	38～1 608
有效铜（mg/kg）	2 507	3.67	5.84	159.21	0.19～85.75
有效锌（mg/kg）	2 507	3.40	5.46	160.85	0.19～69.50
有效铁（mg/kg）	2 519	120.37	87.11	72.37	3.96～534.00
有效锰（mg/kg）	2 508	27.05	26.39	97.57	0.77～291.00
有效硼（mg/kg）	2 467	0.45	0.48	105.32	0.02～3.92
有效钼（mg/kg）	2 451	0.306	0.62	202.07	0.020～8.610
有效硫（mg/kg）	2 475	39.33	31.88	81.04	3.65～318.69
有效硅（mg/kg）	2 447	168.84	104.48	61.88	12.00～534.80

耕层质地

砂土		砂壤土		轻壤土		中壤土		重壤土		黏土	
样本数	占比（%）	样本数	占比（%）	样本数	占比（%）	样本数	占比（%）	样本数	占比（%）	样本数	占比（%）
91	3.48	274	10.47	380	14.51	759	28.99	774	29.56	340	12.99

土壤 pH

≤4.5		(4.5～5.5]		(5.5～6.5]		(6.5～7.5]		(7.5～8.5]		>8.5	
样本数	占比（%）	样本数	占比（%）	样本数	占比（%）	样本数	占比（%）	样本数	占比（%）	样本数	占比（%）
77	2.94	995	38.01	842	32.16	355	13.56	346	13.22	3	0.11

水稻土—渗育水稻土耕地土壤主要理化性状

项目名称	样本数（个）	平均值	标准差	变异系数（%）	范 围
有效土层厚（cm）	4 504	92.6	18.87	20.37	22.0～150.0
耕层厚度（cm）	4 504	17.8	3.55	19.86	8.0～50.0
耕层容重（g/cm^3）	4 495	1.21	0.15	12.35	0.80～1.88
有机质（g/kg）	4 501	28.5	9.48	33.22	3.8～79.2
全氮（g/kg）	4 498	1.580	0.60	38.26	0.112～4.460
有效磷（mg/kg）	4 497	39.4	46.67	118.57	0.1～493.0
速效钾（mg/kg）	4 447	123	75.87	61.83	21～485
缓效钾（mg/kg）	4 444	388	282.64	72.84	38～1 609
有效铜（mg/kg）	4 231	6.78	13.68	201.88	0.19～86.83
有效锌（mg/kg）	4 218	6.06	11.13	183.60	0.19～71.69
有效铁（mg/kg）	4 241	160.50	94.59	58.94	4.22～537.21
有效锰（mg/kg）	4 179	36.51	43.16	118.21	0.86～298.43
有效硼（mg/kg）	4 245	0.64	0.70	108.94	0.02～4.01
有效钼（mg/kg）	4 166	0.291	0.39	133.21	0.020～9.200
有效硫（mg/kg）	4 117	47.14	49.27	104.52	3.33～331.26
有效硅（mg/kg）	4 153	146.35	101.83	69.58	12.08～539.07

耕层质地

砂土		砂壤土		轻壤土		中壤土		重壤土		黏土	
样本数	占比（%）	样本数	占比（%）	样本数	占比（%）	样本数	占比（%）	样本数	占比（%）	样本数	占比（%）
22	0.49	503	11.17	737	16.36	1395	30.97	992	22.02	855	18.98

土壤 pH

≤4.5		(4.5～5.5]		(5.5～6.5]		(6.5～7.5]		(7.5～8.5]		>8.5	
样本数	占比（%）	样本数	占比（%）	样本数	占比（%）	样本数	占比（%）	样本数	占比（%）	样本数	占比（%）
106	2.35	1783	39.59	1315	29.20	704	15.63	584	12.97	12	0.27

水稻土—潜育水稻土耕地土壤主要理化性状

项目名称	样本数（个）	平均值	标准差	变异系数（%）	范　围
有效土层厚（cm）	2 336	78.5	28.45	36.23	10.0～173.0
耕层厚度（cm）	2 336	18.3	4.01	21.93	10.0～40.0
耕层容重（g/cm^3）	2 316	1.21	0.16	13.47	0.75～1.95
有机质（g/kg）	2 333	32.0	12.86	40.16	6.0～84.2
全氮（g/kg）	2 330	1.768	0.72	40.53	0.240～4.314
有效磷（mg/kg）	2 336	24.8	31.17	125.47	0.3～368.5
速效钾（mg/kg）	2 318	113	63.57	56.18	21～473
缓效钾（mg/kg）	2 262	382	285.99	74.91	38～1 610
有效铜（mg/kg）	2 142	4.41	7.29	165.39	0.21～85.36
有效锌（mg/kg）	2 144	3.06	5.09	166.40	0.19～60.59
有效铁（mg/kg）	2 141	129.28	104.99	81.21	4.10～520.26
有效锰（mg/kg）	2 140	35.64	31.79	89.20	1.09～291.25
有效硼（mg/kg）	2 125	0.47	0.47	100.52	0.02～3.88
有效钼（mg/kg）	2 120	0.259	0.40	155.57	0.019～7.956
有效硫（mg/kg）	2 114	49.89	38.26	76.68	3.44～315.87
有效硅（mg/kg）	2 105	165.68	111.74	67.44	11.98～540.00

耕层质地

砂土		砂壤土		轻壤土		中壤土		重壤土		黏土	
样本数	占比（%）	样本数	占比（%）	样本数	占比（%）	样本数	占比（%）	样本数	占比（%）	样本数	占比（%）
13	0.56	234	10.02	290	12.41	742	31.76	687	29.41	370	15.84

土壤 pH

≤4.5		(4.5～5.5]		(5.5～6.5]		(6.5～7.5]		(7.5～8.5]		>8.5	
样本数	占比（%）	样本数	占比（%）	样本数	占比（%）	样本数	占比（%）	样本数	占比（%）	样本数	占比（%）
64	2.74	748	32.02	730	31.25	433	18.54	361	15.45	0	0.00

水稻土—脱潜水稻土耕地土壤主要理化性状

项目名称	样本数（个）	平均值	标准差	变异系数（%）	范　围
有效土层厚（cm）	1 609	90.8	20.47	22.53	30.0～120.0
耕层厚度（cm）	1 609	17.9	4.45	24.84	11.0～40.0
耕层容重（g/cm^3）	1 598	1.16	0.15	13.29	0.81～1.69
有机质（g/kg）	1 606	36.9	12.32	33.43	3.3～81.8
全氮（g/kg）	1 587	2.209	0.75	34.02	0.231～4.372
有效磷（mg/kg）	1 601	35.8	55.02	153.77	0.6～486.0
速效钾（mg/kg）	1 590	161	73.97	46.01	35～480
缓效钾（mg/kg）	1 567	424	202.62	47.73	40～1 340
有效铜（mg/kg）	1 554	5.90	6.08	103.02	0.30～86.50
有效锌（mg/kg）	1 561	4.47	4.56	101.92	0.23～71.40
有效铁（mg/kg）	1 514	219.85	110.93	50.46	4.45～534.08
有效锰（mg/kg）	1 562	31.00	20.71	66.80	0.86～211.48
有效硼（mg/kg）	1 514	0.78	0.46	58.89	0.04～3.66
有效钼（mg/kg）	1 531	0.267	0.55	205.57	0.016～7.870
有效硫（mg/kg）	1 558	56.17	32.76	58.33	3.33～309.60
有效硅（mg/kg）	1 541	172.83	80.81	46.76	12.34～538.77

耕层质地

砂土		砂壤土		轻壤土		中壤土		重壤土		黏土	
样本数	占比（%）	样本数	占比（%）	样本数	占比（%）	样本数	占比（%）	样本数	占比（%）	样本数	占比（%）
4	0.25	7	0.44	20	1.24	165	10.25	681	42.32	732	45.49

土壤 pH

≤4.5		(4.5～5.5]		(5.5～6.5]		(6.5～7.5]		(7.5～8.5]		>8.5	
样本数	占比（%）	样本数	占比（%）	样本数	占比（%）	样本数	占比（%）	样本数	占比（%）	样本数	占比（%）
17	1.06	283	17.59	741	46.05	414	25.73	154	9.57	0	0.00

水稻土—漂洗水稻土耕地土壤主要理化性状

项目名称	样本数（个）	平均值	标准差	变异系数（%）	范　围
有效土层厚（cm）	521	68.7	27.24	39.64	15.0～140.0
耕层厚度（cm）	521	17.5	2.50	14.31	10.0～25.0
耕层容重（g/cm^3）	501	1.24	0.14	11.00	0.81～1.66
有机质（g/kg）	521	26.8	10.19	38.01	6.0～82.2
全氮（g/kg）	518	1.480	0.55	37.45	0.308～3.500
有效磷（mg/kg）	521	26.2	34.56	132.12	0.7～200.0
速效钾（mg/kg）	511	121	68.07	56.40	21～463
缓效钾（mg/kg）	469	327	206.34	63.16	45～1 474
有效铜（mg/kg）	451	3.91	5.42	138.51	0.29～56.54
有效锌（mg/kg）	449	3.75	6.91	184.48	0.19～71.68
有效铁（mg/kg）	452	124.22	90.40	72.77	4.70～437.00
有效锰（mg/kg）	447	48.40	44.44	91.83	0.80～290.13
有效硼（mg/kg）	446	0.57	0.52	92.63	0.02～3.46
有效钼（mg/kg）	444	0.280	0.30	106.03	0.030～1.950
有效硫（mg/kg）	439	37.67	30.97	82.22	4.10～280.22
有效硅（mg/kg）	433	175.11	109.36	62.45	14.98～523.59

耕层质地

砂土		砂壤土		轻壤土		中壤土		重壤土		黏土	
样本数	占比（%）	样本数	占比（%）	样本数	占比（%）	样本数	占比（%）	样本数	占比（%）	样本数	占比（%）
1	0.19	44	8.45	161	30.90	117	22.46	160	30.71	38	7.29

土壤 pH

≤4.5		(4.5～5.5]		(5.5～6.5]		(6.5～7.5]		(7.5～8.5]		>8.5	
样本数	占比（%）	样本数	占比（%）	样本数	占比（%）	样本数	占比（%）	样本数	占比（%）	样本数	占比（%）
8	1.54	191	36.66	222	42.61	72	13.82	27	5.18	1	0.19

水稻土—盐渍水稻土耕地土壤主要理化性状

项目名称	样本数（个）	平均值	标准差	变异系数（%）	范围
有效土层厚（cm）	17	34.7	29.02	83.61	10.0～100.0
耕层厚度（cm）	17	13.1	3.47	26.59	10.0～20.0
耕层容重（g/cm^3）	17	1.23	0.11	9.23	1.06～1.50
有机质（g/kg）	17	26.2	10.34	39.40	11.5～42.3
全氮（g/kg）	17	1.123	0.52	46.46	0.480～2.440
有效磷（mg/kg）	17	23.9	15.42	64.55	11.4～62.2
速效钾（mg/kg）	15	146	119.81	82.26	33～376
缓效钾（mg/kg）	15	326	276.15	84.82	47～976
有效铜（mg/kg）	17	1.11	0.16	14.30	0.98～1.56
有效锌（mg/kg）	17	3.87	1.15	29.83	2.07～6.05
有效铁（mg/kg）	17	186.01	6.50	3.50	161.10～191.60
有效锰（mg/kg）	17	29.37	12.54	42.70	26.20～78.00
有效硼（mg/kg）	17	0.31	0.10	33.81	0.13～0.55
有效钼（mg/kg）	17	0.268	0.06	21.03	0.050～0.300
有效硫（mg/kg）	17	27.34	8.79	32.13	4.79～41.20
有效硅（mg/kg）	17	78.21	8.67	11.09	44.60～81.90

耕层质地

砂土		砂壤土		轻壤土		中壤土		重壤土		黏土	
样本数	占比（%）	样本数	占比（%）	样本数	占比（%）	样本数	占比（%）	样本数	占比（%）	样本数	占比（%）
0	0.00	3	17.65	0	0.00	5	29.41	8	47.06	1	5.88

土壤 pH

≤4.5		(4.5～5.5]		(5.5～6.5]		(6.5～7.5]		(7.5～8.5]		>8.5	
样本数	占比（%）	样本数	占比（%）	样本数	占比（%）	样本数	占比（%）	样本数	占比（%）	样本数	占比（%）
0	0.00	5	29.41	2	11.76	0	0.00	9	52.94	1	5.88

三、土属

赤红壤—典型赤红壤—红泥质赤红壤耕地土壤主要理化性状

项目名称	样本数（个）	平均值	标准差	变异系数（%）	范围
有效土层厚（cm）	17	93.2	10.15	10.89	72.0～100.0
耕层厚度（cm）	17	18.3	4.78	26.13	13.0～30.0
耕层容重（g/cm^3）	17	1.17	0.12	10.17	1.00～1.37
有机质（g/kg）	17	23.7	12.02	50.70	8.2～54.6
全氮（g/kg）	17	1.388	0.73	52.63	0.600～3.180
有效磷（mg/kg）	17	23.9	23.34	97.55	3.4～90.0
速效钾（mg/kg）	17	129	81.49	63.00	27～250
缓效钾（mg/kg）	13	92	48.44	52.87	49～194
有效铜（mg/kg）	17	1.44	1.50	104.48	0.58～6.82
有效锌（mg/kg）	16	2.75	1.96	71.02	0.53～7.77
有效铁（mg/kg）	17	58.49	69.77	119.27	8.51～300.00
有效锰（mg/kg）	17	58.72	71.21	121.29	4.78～254.51
有效硼（mg/kg）	17	0.48	0.46	96.71	0.08～2.08
有效钼（mg/kg）	17	0.120	0.06	49.48	0.030～0.240
有效硫（mg/kg）	17	31.70	13.56	42.77	10.00～57.64
有效硅（mg/kg）	17	87.22	67.18	77.03	15.48～210.00

耕层质地

砂土		砂壤土		轻壤土		中壤土		重壤土		黏土	
样本数	占比（%）	样本数	占比（%）	样本数	占比（%）	样本数	占比（%）	样本数	占比（%）	样本数	占比（%）
0	0.00	0	0.00	0	0.00	0	0.00	17	100.00	0	0.00

土壤 pH

≤4.5		(4.5～5.5]		(5.5～6.5]		(6.5～7.5]		(7.5～8.5]		>8.5	
样本数	占比（%）	样本数	占比（%）	样本数	占比（%）	样本数	占比（%）	样本数	占比（%）	样本数	占比（%）
2	11.76	8	47.06	3	17.65	3	17.65	1	5.88	0	0.00

赤红壤—典型赤红壤—麻砂质赤红壤耕地土壤主要理化性状

项目名称	样本数（个）	平均值	标准差	变异系数（%）	范　围
有效土层厚（cm）	4	100.0	0.00	0.00	100.0～100.0
耕层厚度（cm）	4	36.3	17.02	46.94	15.0～50.0
耕层容重（g/cm^3）	4	1.30	0.19	14.88	1.13～1.57
有机质（g/kg）	4	21.6	10.26	47.62	7.9～32.4
全氮（g/kg）	4	0.894	0.74	83.33	0.336～1.980
有效磷（mg/kg）	4	51.9	18.41	35.46	34.9～75.5
速效钾（mg/kg）	3	136	46.91	34.53	82～168
缓效钾（mg/kg）	4	407	280.81	68.94	76～657
有效铜（mg/kg）	4	31.65	30.14	95.23	0.35～72.64
有效锌（mg/kg）	4	19.28	12.56	65.14	3.26～33.78
有效铁（mg/kg）	4	87.11	63.44	72.83	22.30～173.20
有效锰（mg/kg）	4	22.89	14.31	62.53	3.74～35.32
有效硼（mg/kg）	4	1.27	0.56	44.26	0.46～1.76
有效钼（mg/kg）	4	1.113	0.74	66.21	0.200～1.990
有效硫（mg/kg）	3	200.90	138.39	68.88	41.30～287.57
有效硅（mg/kg）	4	39.73	31.84	80.13	12.66～83.90

耕层质地

砂土		砂壤土		轻壤土		中壤土		重壤土		黏土	
样本数	占比（%）	样本数	占比（%）	样本数	占比（%）	样本数	占比（%）	样本数	占比（%）	样本数	占比（%）
0	0.00	2	50.00	1	25.00	1	25.00	0	0.00	0	0.00

土壤 pH

≤4.5		(4.5～5.5]		(5.5～6.5]		(6.5～7.5]		(7.5～8.5]		>8.5	
样本数	占比（%）	样本数	占比（%）	样本数	占比（%）	样本数	占比（%）	样本数	占比（%）	样本数	占比（%）
0	0.00	1	25.00	3	75.00	0	0.00	0	0.00	0	0.00

赤红壤—典型赤红壤—硅质赤红壤耕地土壤主要理化性状

项目名称	样本数（个）	平均值	标准差	变异系数（%）	范　围
有效土层厚（cm）	2	62.0	11.31	18.25	54.0～70.0
耕层厚度（cm）	2	23.0	4.24	18.45	20.0～26.0
耕层容重（g/cm^3）	2	1.25	0.05	3.94	1.22～1.29
有机质（g/kg）	2	32.7	24.04	73.52	15.7～49.7
全氮（g/kg）	2	1.630	1.19	72.88	0.790～2.470
有效磷（mg/kg）	2	56.5	47.38	83.85	23.0～90.0
速效钾（mg/kg）	2	145	103.24	71.20	72～218
缓效钾（mg/kg）	1	38	—	—	—
有效铜（mg/kg）	2	1.09	0.76	69.73	0.55～1.62
有效锌（mg/kg）	2	0.45	0.23	52.44	0.28～0.61
有效铁（mg/kg）	2	102.27	80.41	78.63	45.41～159.13
有效锰（mg/kg）	2	3.23	1.51	46.70	2.16～4.29
有效硼（mg/kg）	2	0.91	0.28	30.47	0.71～1.10
有效钼（mg/kg）	2	0.230	0.23	98.38	0.070～0.390
有效硫（mg/kg）	2	117.83	99.77	84.68	47.28～188.38
有效硅（mg/kg）	2	184.06	142.76	77.56	83.11～285.00

耕层质地

砂土		砂壤土		轻壤土		中壤土		重壤土		黏土	
样本数	占比（%）	样本数	占比（%）	样本数	占比（%）	样本数	占比（%）	样本数	占比（%）	样本数	占比（%）
0	0.00	0	0.00	0	0.00	0	0.00	0	0.00	2	100.00

土壤 pH

≤4.5		(4.5～5.5]		(5.5～6.5]		(6.5～7.5]		(7.5～8.5]		>8.5	
样本数	占比（%）	样本数	占比（%）	样本数	占比（%）	样本数	占比（%）	样本数	占比（%）	样本数	占比（%）
1	50.00	0	0.00	1	50.00	0	0.00	0	0.00	0	0.00

赤红壤—典型赤红壤—砂泥质赤红壤耕地土壤主要理化性状

项目名称	样本数（个）	平均值	标准差	变异系数（%）	范　围
有效土层厚（cm）	22	99.3	3.20	3.22	85.0～100.0
耕层厚度（cm）	22	19.9	3.11	15.64	15.0～30.0
耕层容重（g/cm^3）	22	1.21	0.10	8.12	1.00～1.36
有机质（g/kg）	22	24.0	7.03	29.31	9.5～35.6
全氮（g/kg）	22	1.435	0.54	37.71	0.550～2.490
有效磷（mg/kg）	22	19.5	10.85	55.75	3.8～54.2
速效钾（mg/kg）	22	76	43.68	57.33	32～217
缓效钾（mg/kg）	21	363	282.53	77.92	44～810
有效铜（mg/kg）	21	30.85	29.13	94.42	0.29～73.75
有效锌（mg/kg）	22	14.68	14.38	97.93	0.35～39.66
有效铁（mg/kg）	21	141.06	104.49	74.08	10.47～329.60
有效锰（mg/kg）	22	50.18	40.99	81.69	6.32～149.40
有效硼（mg/kg）	22	1.09	0.63	57.66	0.08～1.99
有效钼（mg/kg）	22	0.883	0.71	80.34	0.030～1.900
有效硫（mg/kg）	20	97.27	89.51	92.02	13.21～295.04
有效硅（mg/kg）	22	38.77	18.54	47.82	12.16～77.80

耕层质地

砂土		砂壤土		轻壤土		中壤土		重壤土		黏土	
样本数	占比（%）	样本数	占比（%）	样本数	占比（%）	样本数	占比（%）	样本数	占比（%）	样本数	占比（%）
0	0.00	9	40.91	6	27.27	6	27.27	1	4.55	0	0.00

土壤 pH

≤4.5		(4.5～5.5]		(5.5～6.5]		(6.5～7.5]		(7.5～8.5]		>8.5	
样本数	占比（%）	样本数	占比（%）	样本数	占比（%）	样本数	占比（%）	样本数	占比（%）	样本数	占比（%）
1	4.55	7	31.82	11	50.00	3	13.64	0	0.00	0	0.00

红壤—典型红壤—红泥质红壤耕地土壤主要理化性状

项目名称	样本数（个）	平均值	标准差	变异系数（%）	范　围
有效土层厚（cm）	335	89.1	16.79	18.85	41.0～115.2
耕层厚度（cm）	335	18.3	4.19	22.85	10.0～30.0
耕层容重（g/cm³）	334	1.23	0.15	12.15	0.86～1.64
有机质（g/kg）	335	25.8	9.93	38.52	7.8～74.8
全氮（g/kg）	335	1.451	0.59	40.53	0.400～4.072
有效磷（mg/kg）	335	32.8	36.86	112.43	0.1～277.3
速效钾（mg/kg）	321	135	76.29	56.58	23～461
缓效钾（mg/kg）	320	208	146.50	70.53	38～1 050
有效铜（mg/kg）	307	2.53	3.11	122.79	0.19～43.72
有效锌（mg/kg）	315	2.66	3.34	125.90	0.26～42.01
有效铁（mg/kg）	314	79.94	75.72	94.72	4.00～469.12
有效锰（mg/kg）	314	40.18	41.31	102.81	1.05～269.58
有效硼（mg/kg）	314	0.43	0.45	104.60	0.02～3.51
有效钼（mg/kg）	317	0.235	0.34	142.66	0.020～4.908
有效硫（mg/kg）	316	44.23	28.41	64.23	6.20～218.40
有效硅（mg/kg）	305	138.59	104.84	75.65	16.87～506.00

耕层质地

砂土		砂壤土		轻壤土		中壤土		重壤土		黏土	
样本数	占比（%）	样本数	占比（%）	样本数	占比（%）	样本数	占比（%）	样本数	占比（%）	样本数	占比（%）
4	1.19	1	0.30	4	1.19	11	3.28	191	57.01	124	37.01

土壤 pH

≤4.5		(4.5～5.5]		(5.5～6.5]		(6.5～7.5]		(7.5～8.5]		>8.5	
样本数	占比（%）	样本数	占比（%）	样本数	占比（%）	样本数	占比（%）	样本数	占比（%）	样本数	占比（%）
30	8.96	163	48.66	86	25.67	39	11.64	17	5.07	0	0.00

红壤—典型红壤—暗泥质红壤耕地土壤主要理化性状

项目名称	样本数（个）	平均值	标准差	变异系数（%）	范围
有效土层厚（cm）	39	76.0	19.57	25.75	40.0～120.0
耕层厚度（cm）	39	24.8	7.39	29.79	15.0～40.0
耕层容重（g/cm³）	39	1.16	0.17	14.79	0.85～1.53
有机质（g/kg）	39	30.7	13.61	44.36	9.7～73.5
全氮（g/kg）	39	1.615	0.62	38.49	0.637～3.320
有效磷（mg/kg）	39	29.5	27.40	93.03	0.1～105.0
速效钾（mg/kg）	39	117	77.47	66.32	25～361
缓效钾（mg/kg）	39	191	153.21	80.11	56～946
有效铜（mg/kg）	37	9.60	10.34	107.71	1.06～40.60
有效锌（mg/kg）	39	4.97	3.21	64.64	1.31～14.26
有效铁（mg/kg）	39	151.84	58.84	38.75	8.50～274.00
有效锰（mg/kg）	39	24.30	15.98	65.76	1.85～67.00
有效硼（mg/kg）	37	0.80	0.73	91.21	0.11～3.60
有效钼（mg/kg）	28	1.601	2.10	131.50	0.106～8.410
有效硫（mg/kg）	38	30.95	14.95	48.33	7.61～70.19
有效硅（mg/kg）	39	126.86	51.32	40.45	11.76～236.89

耕层质地

砂土		砂壤土		轻壤土		中壤土		重壤土		黏土	
样本数	占比（%）	样本数	占比（%）	样本数	占比（%）	样本数	占比（%）	样本数	占比（%）	样本数	占比（%）
0	0.00	0	0.00	0	0.00	0	0.00	0	0.00	39	100.00

土壤 pH

≤4.5		(4.5～5.5]		(5.5～6.5]		(6.5～7.5]		(7.5～8.5]		>8.5	
样本数	占比（%）	样本数	占比（%）	样本数	占比（%）	样本数	占比（%）	样本数	占比（%）	样本数	占比（%）
6	15.38	25	64.10	8	20.51	0	0.00	0	0.00	0	0.00

红壤—典型红壤—麻砂质红壤耕地土壤主要理化性状

项目名称	样本数（个）	平均值	标准差	变异系数（%）	范　围
有效土层厚（cm）	151	87.2	20.44	23.43	30.0～120.0
耕层厚度（cm）	151	17.2	4.01	23.27	12.0～35.0
耕层容重（g/cm^3）	151	1.20	0.17	13.79	0.81～1.61
有机质（g/kg）	151	25.8	10.16	39.31	4.0～56.1
全氮（g/kg）	151	1.393	0.64	45.89	0.198～3.280
有效磷（mg/kg）	151	58.7	68.34	116.34	0.1～299.9
速效钾（mg/kg）	148	117	72.11	61.62	24～395
缓效钾（mg/kg）	150	292	205.63	70.51	44～1434
有效铜（mg/kg）	146	2.98	6.04	202.35	0.32～67.72
有效锌（mg/kg）	148	4.51	4.13	91.51	0.52～24.97
有效铁（mg/kg）	149	114.27	102.36	89.58	5.90～483.69
有效锰（mg/kg）	149	21.88	26.06	119.09	3.60～183.90
有效硼（mg/kg）	148	0.38	0.38	99.06	0.02～3.33
有效钼（mg/kg）	149	0.314	0.63	201.99	0.020～5.440
有效硫（mg/kg）	148	35.84	23.84	66.52	6.07～148.29
有效硅（mg/kg）	148	107.42	68.75	64.00	18.34～523.69

耕层质地

砂土		砂壤土		轻壤土		中壤土		重壤土		黏土	
样本数	占比（%）	样本数	占比（%）	样本数	占比（%）	样本数	占比（%）	样本数	占比（%）	样本数	占比（%）
2	1.32	28	18.54	33	21.85	17	11.26	27	17.88	44	29.14

土壤 pH

≤4.5		(4.5～5.5]		(5.5～6.5]		(6.5～7.5]		(7.5～8.5]		>8.5	
样本数	占比（%）	样本数	占比（%）	样本数	占比（%）	样本数	占比（%）	样本数	占比（%）	样本数	占比（%）
10	6.62	87	57.62	43	28.48	11	7.28	0	0.00	0	0.00

红壤—典型红壤—硅质红壤耕地土壤主要理化性状

项目名称	样本数（个）	平均值	标准差	变异系数（%）	范　围
有效土层厚（cm）	146	85.7	14.04	16.37	50.0～100.0
耕层厚度（cm）	146	20.0	4.43	22.14	12.0～30.0
耕层容重（g/cm^3）	143	1.25	0.11	8.78	0.98～1.73
有机质（g/kg）	146	23.2	9.66	41.66	8.0～67.7
全氮（g/kg）	146	1.212	0.54	44.42	0.600～3.500
有效磷（mg/kg）	146	48.1	30.03	62.39	2.8～90.0
速效钾（mg/kg）	146	95	57.31	60.24	30～250
缓效钾（mg/kg）	112	99	88.38	89.60	38～736
有效铜（mg/kg）	129	1.28	1.48	115.90	0.20～10.20
有效锌（mg/kg）	139	1.98	2.15	108.91	0.34～17.40
有效铁（mg/kg）	142	54.71	56.88	103.96	3.99～347.00
有效锰（mg/kg）	136	40.63	39.51	97.22	0.90～183.75
有效硼（mg/kg）	145	0.50	0.40	79.24	0.03～2.30
有效钼（mg/kg）	143	0.270	0.44	164.70	0.020～2.790
有效硫（mg/kg）	133	35.75	20.91	58.50	5.71～112.10
有效硅（mg/kg）	133	77.38	42.45	54.86	12.21～213.95

耕层质地

砂土		砂壤土		轻壤土		中壤土		重壤土		黏土	
样本数	占比（%）	样本数	占比（%）	样本数	占比（%）	样本数	占比（%）	样本数	占比（%）	样本数	占比（%）
0	0.00	143	97.95	0	0.00	0	0.00	0	0.00	3	2.05

土壤 pH

≤4.5		(4.5～5.5]		(5.5～6.5]		(6.5～7.5]		(7.5～8.5]		>8.5	
样本数	占比（%）	样本数	占比（%）	样本数	占比（%）	样本数	占比（%）	样本数	占比（%）	样本数	占比（%）
24	16.44	68	46.58	29	19.86	12	8.22	13	8.90	0	0.00

红壤—典型红壤—砂泥质红壤耕地土壤主要理化性状

项目名称	样本数（个）	平均值	标准差	变异系数（%）	范　围
有效土层厚（cm）	257	94.0	11.23	11.95	52.0～100.0
耕层厚度（cm）	257	17.7	3.57	20.23	10.0～35.0
耕层容重（g/cm^3）	257	1.25	0.14	11.27	0.98～1.70
有机质（g/kg）	257	25.6	10.54	41.16	7.5～57.3
全氮（g/kg）	257	1.289	0.58	45.14	0.319～3.500
有效磷（mg/kg）	257	39.9	37.44	93.87	0.4～204.9
速效钾（mg/kg）	235	107	64.87	60.90	24～411
缓效钾（mg/kg）	239	169	125.31	74.31	38～796
有效铜（mg/kg）	247	2.31	8.92	385.31	0.19～84.98
有效锌（mg/kg）	251	2.89	3.25	112.60	0.20～25.31
有效铁（mg/kg）	254	58.04	64.33	110.83	3.89～387.62
有效锰（mg/kg）	252	30.82	46.34	150.36	1.30～259.06
有效硼（mg/kg）	256	0.42	0.43	101.06	0.02～3.28
有效钼（mg/kg）	250	0.182	0.24	129.39	0.020～2.440
有效硫（mg/kg）	253	39.54	25.31	64.02	5.30～160.00
有效硅（mg/kg）	244	86.35	69.68	80.70	12.15～419.93

耕层质地

砂土		砂壤土		轻壤土		中壤土		重壤土		黏土	
样本数	占比（%）	样本数	占比（%）	样本数	占比（%）	样本数	占比（%）	样本数	占比（%）	样本数	占比（%）
158	61.48	1	0.39	4	1.56	26	10.12	61	23.74	7	2.72

土壤 pH

≤4.5		(4.5～5.5]		(5.5～6.5]		(6.5～7.5]		(7.5～8.5]		>8.5	
样本数	占比（%）	样本数	占比（%）	样本数	占比（%）	样本数	占比（%）	样本数	占比（%）	样本数	占比（%）
24	9.34	131	50.97	60	23.35	22	8.56	20	7.78	0	0.00

红壤—典型红壤—泥质红壤耕地土壤主要理化性状

项目名称	样本数（个）	平均值	标准差	变异系数（%）	范　围
有效土层厚（cm）	103	74.3	20.97	28.21	40.0～150.0
耕层厚度（cm）	103	19.3	3.46	17.96	14.0～32.0
耕层容重（g/cm^3）	101	1.20	0.15	12.27	0.88～1.60
有机质（g/kg）	103	27.5	11.93	43.35	13.5～79.2
全氮（g/kg）	103	1.590	0.63	39.73	0.470～3.960
有效磷（mg/kg）	103	40.0	47.53	118.73	1.3～265.4
速效钾（mg/kg）	103	125	64.36	51.52	30～397
缓效钾（mg/kg）	103	231	146.48	63.45	59～899
有效铜（mg/kg）	83	2.97	1.95	65.64	0.36～8.54
有效锌（mg/kg）	83	3.40	4.13	121.20	0.52～34.14
有效铁（mg/kg）	83	123.87	88.74	71.64	11.50～382.00
有效锰（mg/kg）	83	43.84	44.06	100.52	2.90～246.90
有效硼（mg/kg）	82	0.51	0.78	151.52	0.06～3.82
有效钼（mg/kg）	82	0.297	0.26	86.45	0.030～1.400
有效硫（mg/kg）	82	36.95	21.87	59.19	5.51～114.00
有效硅（mg/kg）	82	198.44	123.16	62.07	23.30～499.00

耕层质地

砂土		砂壤土		轻壤土		中壤土		重壤土		黏土	
样本数	占比（%）	样本数	占比（%）	样本数	占比（%）	样本数	占比（%）	样本数	占比（%）	样本数	占比（%）
0	0.00	8	7.77	5	4.85	9	8.74	19	18.45	62	60.19

土壤 pH

≤4.5		(4.5～5.5]		(5.5～6.5]		(6.5～7.5]		(7.5～8.5]		>8.5	
样本数	占比（%）	样本数	占比（%）	样本数	占比（%）	样本数	占比（%）	样本数	占比（%）	样本数	占比（%）
8	7.77	35	33.98	48	46.60	9	8.74	3	2.91	0	0.00

红壤—典型红壤—灰泥质红壤耕地土壤主要理化性状

项目名称	样本数（个）	平均值	标准差	变异系数（%）	范　围
有效土层厚（cm）	108	76.1	21.63	28.44	45.0～150.0
耕层厚度（cm）	108	19.3	3.73	19.30	10.0～31.0
耕层容重（g/cm^3）	108	1.26	0.15	11.67	0.85～1.69
有机质（g/kg）	108	25.6	10.32	40.25	6.0～60.1
全氮（g/kg）	108	1.512	0.51	33.39	0.540～3.290
有效磷（mg/kg）	108	42.2	57.74	136.93	0.2～269.1
速效钾（mg/kg）	107	125	63.37	50.55	31～352
缓效钾（mg/kg）	107	207	129.00	62.45	46～834
有效铜（mg/kg）	73	4.88	12.39	254.08	0.42～80.44
有效锌（mg/kg）	76	3.04	3.98	130.68	0.27～25.29
有效铁（mg/kg）	77	96.74	84.88	87.74	3.93～429.00
有效锰（mg/kg）	75	50.09	51.52	102.85	0.92～233.05
有效硼（mg/kg）	77	0.45	0.64	141.43	0.02～3.28
有效钼（mg/kg）	77	0.332	0.26	79.18	0.016～1.250
有效硫（mg/kg）	77	37.54	30.20	80.45	3.83～124.63
有效硅（mg/kg）	74	204.36	133.95	65.55	28.00～493.00

耕层质地

砂土		砂壤土		轻壤土		中壤土		重壤土		黏土	
样本数	占比（%）	样本数	占比（%）	样本数	占比（%）	样本数	占比（%）	样本数	占比（%）	样本数	占比（%）
0	0.00	5	4.63	1	0.93	4	3.70	53	49.07	45	41.67

土壤 pH

≤4.5		(4.5～5.5]		(5.5～6.5]		(6.5～7.5]		(7.5～8.5]		>8.5	
样本数	占比（%）	样本数	占比（%）	样本数	占比（%）	样本数	占比（%）	样本数	占比（%）	样本数	占比（%）
3	2.78	35	32.41	47	43.52	21	19.44	2	1.85	0	0.00

红壤—典型红壤—红砂质红壤耕地土壤主要理化性状

项目名称	样本数（个）	平均值	标准差	变异系数（%）	范围
有效土层厚（cm）	86	65.1	17.55	26.94	30.0～110.0
耕层厚度（cm）	86	18.6	3.52	18.95	10.0～30.0
耕层容重（g/cm^3）	84	1.25	0.17	13.90	0.83～1.59
有机质（g/kg）	86	27.0	10.94	40.52	5.6～69.6
全氮（g/kg）	86	1.471	0.44	29.91	0.560～2.710
有效磷（mg/kg）	86	39.7	49.76	125.20	0.2～247.0
速效钾（mg/kg）	86	109	67.87	62.39	23～404
缓效钾（mg/kg）	85	207	147.72	71.32	56～800
有效铜（mg/kg）	63	2.71	1.74	64.43	0.25～7.09
有效锌（mg/kg）	62	2.51	1.36	54.14	0.46～5.53
有效铁（mg/kg）	64	100.89	94.76	93.93	7.26～493.30
有效锰（mg/kg）	63	41.60	33.48	80.49	4.74～135.00
有效硼（mg/kg）	63	0.36	0.58	162.15	0.02～3.59
有效钼（mg/kg）	64	0.289	0.33	112.51	0.017～1.932
有效硫（mg/kg）	63	31.07	22.52	72.48	3.51～91.00
有效硅（mg/kg）	62	183.66	112.58	61.30	26.10～464.00

耕层质地

砂土		砂壤土		轻壤土		中壤土		重壤土		黏土	
样本数	占比（%）	样本数	占比（%）	样本数	占比（%）	样本数	占比（%）	样本数	占比（%）	样本数	占比（%）
5	5.81	58	67.44	6	6.98	5	5.81	6	6.98	6	6.98

土壤 pH

≤4.5		(4.5～5.5]		(5.5～6.5]		(6.5～7.5]		(7.5～8.5]		>8.5	
样本数	占比（%）	样本数	占比（%）	样本数	占比（%）	样本数	占比（%）	样本数	占比（%）	样本数	占比（%）
2	2.33	43	50.00	31	36.05	6	6.98	4	4.65	0	0.00

红壤—黄红壤—红泥质黄红壤耕地土壤主要理化性状

项目名称	样本数（个）	平均值	标准差	变异系数（%）	范　围
有效土层厚（cm）	5	69.8	16.95	24.28	60.0～100.0
耕层厚度（cm）	5	18.2	4.15	22.79	15.0～25.0
耕层容重（g/cm^3）	5	1.09	0.23	21.52	0.97～1.51
有机质（g/kg）	5	17.3	9.88	57.20	5.9～25.8
全氮（g/kg）	5	0.954	0.42	44.31	0.320～1.340
有效磷（mg/kg）	5	35.0	51.59	147.24	1.6～126.0
速效钾（mg/kg）	5	106	32.07	30.31	66～145
缓效钾（mg/kg）	5	732	450.90	61.57	179～1 189
有效铜（mg/kg）	5	2.87	1.44	50.27	1.30～5.22
有效锌（mg/kg）	5	4.06	2.54	62.57	2.35～8.11
有效铁（mg/kg）	5	177.27	75.87	42.80	124.40～310.87
有效锰（mg/kg）	5	28.80	7.03	24.42	21.80～39.60
有效硼（mg/kg）	5	0.50	0.47	94.06	0.18～1.32
有效钼（mg/kg）	5	0.382	0.14	37.45	0.170～0.570
有效硫（mg/kg）	5	69.38	39.76	57.31	33.95～126.92
有效硅（mg/kg）	5	71.11	65.67	92.35	19.13～168.94

耕层质地

砂土		砂壤土		轻壤土		中壤土		重壤土		黏土	
样本数	占比（%）	样本数	占比（%）	样本数	占比（%）	样本数	占比（%）	样本数	占比（%）	样本数	占比（%）
0	0.00	0	0.00	0	0.00	1	20.00	3	60.00	1	20.00

土壤 pH

≤4.5		（4.5～5.5]		（5.5～6.5]		（6.5～7.5]		（7.5～8.5]		＞8.5	
样本数	占比（%）	样本数	占比（%）	样本数	占比（%）	样本数	占比（%）	样本数	占比（%）	样本数	占比（%）
0	0.00	1	20.00	2	40.00	1	20.00	1	20.00	0	0.00

红壤—黄红壤—暗泥质黄红壤耕地土壤主要理化性状

项目名称	样本数（个）	平均值	标准差	变异系数（%）	范围
有效土层厚（cm）	4	97.0	20.31	20.94	68.0～115.0
耕层厚度（cm）	4	19.5	1.29	6.62	18.0～21.0
耕层容重（g/cm^3）	4	1.20	0.32	26.90	0.81～1.54
有机质（g/kg）	4	30.4	8.73	28.69	19.6～40.8
全氮（g/kg）	4	0.943	0.84	89.35	0.157～1.800
有效磷（mg/kg）	4	18.3	8.09	44.27	11.9～30.0
速效钾（mg/kg）	4	99	51.48	52.13	24～141
缓效钾（mg/kg）	4	295	198.45	67.27	119～521
有效铜（mg/kg）	4	1.33	0.10	7.51	1.24～1.43
有效锌（mg/kg）	4	2.05	1.46	71.13	0.74～3.40
有效铁（mg/kg）	4	95.86	22.89	23.88	63.49～114.53
有效锰（mg/kg）	4	12.23	3.57	29.22	8.06～16.15
有效硼（mg/kg）	4	0.46	0.69	151.01	0.03～1.49
有效钼（mg/kg）	4	0.388	0.28	71.81	0.220～0.800
有效硫（mg/kg）	4	15.95	7.48	46.90	8.81～23.79
有效硅（mg/kg）	4	297.26	174.51	58.71	144.74～494.73

耕层质地

砂土		砂壤土		轻壤土		中壤土		重壤土		黏土	
样本数	占比（%）	样本数	占比（%）	样本数	占比（%）	样本数	占比（%）	样本数	占比（%）	样本数	占比（%）
0	0.00	0	0.00	0	0.00	1	25.00	3	75.00	0	0.00

土壤 pH

≤4.5		(4.5～5.5]		(5.5～6.5]		(6.5～7.5]		(7.5～8.5]		>8.5	
样本数	占比（%）	样本数	占比（%）	样本数	占比（%）	样本数	占比（%）	样本数	占比（%）	样本数	占比（%）
0	0.00	2	50.00	2	50.00	0	0.00	0	0.00	0	0.00

红壤—黄红壤—麻砂质黄红壤耕地土壤主要理化性状

项目名称	样本数（个）	平均值	标准差	变异系数（%）	范　围
有效土层厚（cm）	287	78.6	23.20	29.52	15.0～122.0
耕层厚度（cm）	287	19.3	4.91	25.39	10.0～40.0
耕层容重（g/cm^3）	287	1.13	0.15	13.00	0.81～1.60
有机质（g/kg）	286	30.2	10.98	36.30	5.7～71.2
全氮（g/kg）	286	1.679	0.65	38.85	0.170～4.085
有效磷（mg/kg）	283	79.1	89.71	113.37	0.4～473.8
速效钾（mg/kg）	287	112	75.45	67.20	25～451
缓效钾（mg/kg）	281	284	177.68	62.66	41～1 510
有效铜（mg/kg）	284	4.84	8.70	179.75	0.21～66.39
有效锌（mg/kg）	286	4.50	2.93	65.01	0.63～21.34
有效铁（mg/kg）	286	163.55	82.40	50.38	6.27～509.59
有效锰（mg/kg）	285	22.10	14.80	67.00	0.93～77.70
有效硼（mg/kg）	276	0.51	0.44	87.56	0.02～3.64
有效钼（mg/kg）	270	0.403	0.84	207.21	0.020～6.090
有效硫（mg/kg）	285	31.59	22.16	70.16	3.93～120.58
有效硅（mg/kg）	284	148.53	81.90	55.14	22.52～527.47

耕层质地

砂土		砂壤土		轻壤土		中壤土		重壤土		黏土	
样本数	占比（%）	样本数	占比（%）	样本数	占比（%）	样本数	占比（%）	样本数	占比（%）	样本数	占比（%）
2	0.70	9	3.14	17	5.92	60	20.91	125	43.55	74	25.78

土壤 pH

≤4.5		(4.5～5.5]		(5.5～6.5]		(6.5～7.5]		(7.5～8.5]		>8.5	
样本数	占比（%）	样本数	占比（%）	样本数	占比（%）	样本数	占比（%）	样本数	占比（%）	样本数	占比（%）
29	10.10	178	62.02	60	20.91	18	6.27	2	0.70	0	0.00

红壤—黄红壤—硅质黄红壤耕地土壤主要理化性状

项目名称	样本数（个）	平均值	标准差	变异系数（%）	范　围
有效土层厚（cm）	4	73.5	26.56	36.14	49.0～110.0
耕层厚度（cm）	4	19.5	1.00	5.13	18.0～20.0
耕层容重（g/cm^3）	4	1.34	0.06	4.40	1.27～1.40
有机质（g/kg）	4	20.3	2.43	11.98	17.3～23.0
全氮（g/kg）	4	1.256	0.34	27.07	0.900～1.715
有效磷（mg/kg）	4	17.0	10.41	61.11	2.3～26.5
速效钾（mg/kg）	4	74	46.95	63.23	45～144
缓效钾（mg/kg）	4	206	196.57	95.31	70～496
有效铜（mg/kg）	4	4.92	3.30	66.99	1.82～8.20
有效锌（mg/kg）	4	2.37	1.16	48.83	0.98～3.35
有效铁（mg/kg）	4	209.11	41.21	19.71	174.00～257.00
有效锰（mg/kg）	3	15.26	6.83	44.78	8.09～21.70
有效硼（mg/kg）	4	0.71	0.58	82.34	0.18～1.51
有效钼（mg/kg）	4	0.468	0.17	37.31	0.260～0.670
有效硫（mg/kg）	4	37.43	25.21	67.34	23.80～75.20
有效硅（mg/kg）	4	386.44	101.53	26.27	287.00～528.00

耕层质地

砂土		砂壤土		轻壤土		中壤土		重壤土		黏土	
样本数	占比（%）	样本数	占比（%）	样本数	占比（%）	样本数	占比（%）	样本数	占比（%）	样本数	占比（%）
0	0.00	0	0.00	0	0.00	4	100.00	0	0.00	0	0.00

土壤 pH

≤4.5		(4.5～5.5]		(5.5～6.5]		(6.5～7.5]		(7.5～8.5]		>8.5	
样本数	占比（%）	样本数	占比（%）	样本数	占比（%）	样本数	占比（%）	样本数	占比（%）	样本数	占比（%）
0	0.00	1	25.00	3	75.00	0	0.00	0	0.00	0	0.00

红壤—黄红壤—砂泥质黄红壤耕地土壤主要理化性状

项目名称	样本数（个）	平均值	标准差	变异系数（%）	范围
有效土层厚（cm）	181	73.5	21.74	29.60	15.0～120.0
耕层厚度（cm）	181	18.7	4.53	24.28	12.0～40.0
耕层容重（g/cm³）	181	1.14	0.16	14.02	0.81～1.60
有机质（g/kg）	181	28.2	9.70	34.39	4.7～59.7
全氮（g/kg）	181	1.645	0.55	33.19	0.216～3.290
有效磷（mg/kg）	178	82.2	90.86	110.56	0.2～480.6
速效钾（mg/kg）	178	104	73.62	70.45	21～421
缓效钾（mg/kg）	180	260	155.90	59.89	60～1 222
有效铜（mg/kg）	174	5.62	11.45	203.66	0.34～84.72
有效锌（mg/kg）	181	4.92	6.05	123.04	1.00～47.10
有效铁（mg/kg）	179	180.45	100.12	55.48	15.09～510.00
有效锰（mg/kg）	181	22.24	19.91	89.50	1.74～130.40
有效硼（mg/kg）	172	0.47	0.51	108.52	0.04～3.80
有效钼（mg/kg）	171	0.422	0.87	205.46	0.030～8.990
有效硫（mg/kg）	178	27.42	17.40	63.45	4.19～104.74
有效硅（mg/kg）	181	132.17	67.27	50.90	17.04～447.68

耕层质地

砂土		砂壤土		轻壤土		中壤土		重壤土		黏土	
样本数	占比（%）	样本数	占比（%）	样本数	占比（%）	样本数	占比（%）	样本数	占比（%）	样本数	占比（%）
0	0.00	25	13.81	54	29.83	54	29.83	25	13.81	23	12.71

土壤 pH

≤4.5		(4.5～5.5]		(5.5～6.5]		(6.5～7.5]		(7.5～8.5]		>8.5	
样本数	占比（%）	样本数	占比（%）	样本数	占比（%）	样本数	占比（%）	样本数	占比（%）	样本数	占比（%）
14	7.73	109	60.22	41	22.65	14	7.73	3	1.66	0	0.00

红壤—黄红壤—泥质黄红壤耕地土壤主要理化性状

项目名称	样本数（个）	平均值	标准差	变异系数（%）	范　围
有效土层厚（cm）	149	76.8	19.03	24.78	18.0～145.0
耕层厚度（cm）	149	20.2	6.92	34.26	10.0～48.0
耕层容重（g/cm³）	149	1.20	0.17	14.15	0.81～1.52
有机质（g/kg）	149	27.5	11.21	40.76	5.7～63.4
全氮（g/kg）	149	1.767	0.71	40.43	0.240～4.180
有效磷（mg/kg）	149	41.4	62.71	151.50	0.1～445.2
速效钾（mg/kg）	148	98	68.48	69.55	25～461
缓效钾（mg/kg）	148	274	161.44	58.86	41～1 028
有效铜（mg/kg）	145	4.20	6.43	153.23	0.19～75.31
有效锌（mg/kg）	145	3.14	2.50	79.53	0.29～20.17
有效铁（mg/kg）	147	148.67	103.06	69.32	7.61～504.00
有效锰（mg/kg）	147	41.59	47.85	115.04	1.02～297.00
有效硼（mg/kg）	147	0.45	0.37	83.49	0.05～1.93
有效钼（mg/kg）	148	0.609	0.65	106.02	0.020～2.520
有效硫（mg/kg）	148	34.22	20.36	59.50	4.37～165.00
有效硅（mg/kg）	143	202.47	132.89	65.63	16.94～499.00

耕层质地

砂土		砂壤土		轻壤土		中壤土		重壤土		黏土	
样本数	占比（%）	样本数	占比（%）	样本数	占比（%）	样本数	占比（%）	样本数	占比（%）	样本数	占比（%）
0	0.00	14	9.40	6	4.03	26	17.45	54	36.24	49	32.89

土壤 pH

≤4.5		(4.5～5.5]		(5.5～6.5]		(6.5～7.5]		(7.5～8.5]		>8.5	
样本数	占比（%）	样本数	占比（%）	样本数	占比（%）	样本数	占比（%）	样本数	占比（%）	样本数	占比（%）
5	3.36	46	30.87	72	48.32	20	13.42	6	4.03	0	0.00

红壤—棕红壤—红泥质棕红壤耕地土壤主要理化性状

项目名称	样本数（个）	平均值	标准差	变异系数（%）	范　围
有效土层厚（cm）	120	87.6	22.03	25.14	22.0～150.0
耕层厚度（cm）	120	18.6	5.59	30.03	10.0～37.0
耕层容重（g/cm^3）	120	1.23	0.11	9.35	0.95～1.60
有机质（g/kg）	120	19.5	7.96	40.88	6.6～50.0
全氮（g/kg）	120	1.274	0.49	38.66	0.320～3.220
有效磷（mg/kg）	120	22.7	23.14	101.84	0.7～200.0
速效钾（mg/kg）	119	127	65.99	51.97	26～319
缓效钾（mg/kg）	117	438	276.51	63.12	88～1 520
有效铜（mg/kg）	120	3.72	1.66	44.59	0.26～9.55
有效锌（mg/kg）	117	2.72	1.99	73.41	0.81～20.10
有效铁（mg/kg）	120	114.25	69.66	60.97	6.90～330.00
有效锰（mg/kg）	120	36.22	20.23	55.85	4.20～108.27
有效硼（mg/kg）	120	0.71	0.62	88.24	0.06～3.63
有效钼（mg/kg）	120	0.324	0.21	64.52	0.020～0.990
有效硫（mg/kg）	120	52.45	30.69	58.51	15.73～157.10
有效硅（mg/kg）	120	176.95	104.84	59.25	20.26～484.45

耕层质地

砂土		砂壤土		轻壤土		中壤土		重壤土		黏土	
样本数	占比（%）	样本数	占比（%）	样本数	占比（%）	样本数	占比（%）	样本数	占比（%）	样本数	占比（%）
0	0.00	6	5.00	3	2.50	19	15.83	52	43.33	40	33.33

土壤 pH

≤4.5		(4.5～5.5]		(5.5～6.5]		(6.5～7.5]		(7.5～8.5]		>8.5	
样本数	占比（%）	样本数	占比（%）	样本数	占比（%）	样本数	占比（%）	样本数	占比（%）	样本数	占比（%）
4	3.33	43	35.83	54	45.00	9	7.50	10	8.33	0	0.00

红壤—棕红壤—麻砂质棕红壤耕地土壤主要理化性状

项目名称	样本数（个）	平均值	标准差	变异系数（%）	范　围
有效土层厚（cm）	70	76.9	21.58	28.05	40.0～120.0
耕层厚度（cm）	70	24.5	7.15	29.15	10.0～33.0
耕层容重（g/cm^3）	70	1.21	0.20	16.58	0.89～1.80
有机质（g/kg）	70	23.9	11.32	47.42	6.3～66.0
全氮（g/kg）	70	1.107	0.61	55.20	0.180～2.860
有效磷（mg/kg）	70	16.4	14.86	90.53	3.6～97.9
速效钾（mg/kg）	70	120	58.72	48.77	28～297
缓效钾（mg/kg）	69	453	219.34	48.44	168～1 083
有效铜（mg/kg）	70	5.08	3.18	62.52	0.54～9.69
有效锌（mg/kg）	70	2.44	0.82	33.34	1.16～4.42
有效铁（mg/kg）	70	146.37	73.92	50.50	34.10～312.10
有效锰（mg/kg）	70	40.35	24.97	61.89	14.50～89.60
有效硼（mg/kg）	70	0.46	0.17	37.09	0.22～1.06
有效钼（mg/kg）	70	0.320	0.05	16.66	0.160～0.420
有效硫（mg/kg）	70	61.26	39.77	64.93	14.50～134.78
有效硅（mg/kg）	70	180.92	100.11	55.33	17.32～400.92

耕层质地

砂土		砂壤土		轻壤土		中壤土		重壤土		黏土	
样本数	占比（%）	样本数	占比（%）	样本数	占比（%）	样本数	占比（%）	样本数	占比（%）	样本数	占比（%）
1	1.43	19	27.14	5	7.14	35	50.00	8	11.43	2	2.86

土壤 pH

≤4.5		(4.5～5.5]		(5.5～6.5]		(6.5～7.5]		(7.5～8.5]		>8.5	
样本数	占比（%）	样本数	占比（%）	样本数	占比（%）	样本数	占比（%）	样本数	占比（%）	样本数	占比（%）
1	1.43	34	48.57	16	22.86	14	20.00	5	7.14	0	0.00

红壤—棕红壤—硅质棕红壤耕地土壤主要理化性状

项目名称	样本数（个）	平均值	标准差	变异系数（%）	范　围
有效土层厚（cm）	66	65.4	18.53	28.34	30.0～115.0
耕层厚度（cm）	66	22.6	4.67	20.67	10.0～30.0
耕层容重（g/cm^3）	66	1.27	0.20	15.92	0.76～1.80
有机质（g/kg）	66	22.2	11.11	50.12	6.8～69.5
全氮（g/kg）	66	1.298	0.53	40.47	0.240～2.570
有效磷（mg/kg）	66	18.1	16.59	91.77	2.1～96.3
速效钾（mg/kg）	66	117	48.90	41.64	49～271
缓效钾（mg/kg）	66	376	245.10	65.24	135～1 467
有效铜（mg/kg）	66	4.35	1.73	39.81	0.67～9.66
有效锌（mg/kg）	66	2.12	0.70	33.26	1.11～4.15
有效铁（mg/kg）	66	83.97	46.76	55.69	24.50～235.30
有效锰（mg/kg）	66	29.39	13.74	46.74	16.10～81.10
有效硼（mg/kg）	66	0.37	0.13	35.32	0.21～0.97
有效钼（mg/kg）	66	0.307	0.06	18.96	0.190～0.490
有效硫（mg/kg）	66	57.14	24.62	43.09	15.15～120.58
有效硅（mg/kg）	66	154.62	74.83	48.40	31.34～400.55

耕层质地

砂土		砂壤土		轻壤土		中壤土		重壤土		黏土	
样本数	占比（%）	样本数	占比（%）	样本数	占比（%）	样本数	占比（%）	样本数	占比（%）	样本数	占比（%）
3	4.55	19	28.79	17	25.76	24	36.36	2	3.03	1	1.52

土壤 pH

≤4.5		(4.5～5.5]		(5.5～6.5]		(6.5～7.5]		(7.5～8.5]		>8.5	
样本数	占比（%）	样本数	占比（%）	样本数	占比（%）	样本数	占比（%）	样本数	占比（%）	样本数	占比（%）
2	3.03	15	22.73	35	53.03	10	15.15	4	6.06	0	0.00

红壤—红壤性土—红泥质红壤性土耕地土壤主要理化性状

项目名称	样本数（个）	平均值	标准差	变异系数（%）	范围
有效土层厚（cm）	33	71.7	20.26	28.25	30.0～105.0
耕层厚度（cm）	33	19.6	4.60	23.48	13.0～30.0
耕层容重（g/cm^3）	33	1.13	0.12	10.58	0.81～1.33
有机质（g/kg）	33	24.4	11.25	46.09	4.6～63.1
全氮（g/kg）	32	1.530	0.67	43.49	0.600～3.690
有效磷（mg/kg）	33	30.6	34.63	113.08	0.3～128.7
速效钾（mg/kg）	33	124	88.54	71.65	36～419
缓效钾（mg/kg）	32	427	324.28	76.00	99～1 518
有效铜（mg/kg）	32	5.27	6.91	131.25	0.72～34.76
有效锌（mg/kg）	33	4.39	7.03	160.37	1.37～42.40
有效铁（mg/kg）	33	161.13	95.84	59.48	20.82～367.00
有效锰（mg/kg）	33	17.38	9.61	55.33	2.76～41.60
有效硼（mg/kg）	30	0.52	0.47	90.15	0.08～2.26
有效钼（mg/kg）	30	1.031	1.78	172.57	0.090～8.020
有效硫（mg/kg）	33	30.93	21.32	68.92	5.35～97.82
有效硅（mg/kg）	33	110.02	69.85	63.49	19.89～399.20

耕层质地

砂土		砂壤土		轻壤土		中壤土		重壤土		黏土	
样本数	占比（%）	样本数	占比（%）	样本数	占比（%）	样本数	占比（%）	样本数	占比（%）	样本数	占比（%）
5	15.15	9	27.27	17	51.52	1	3.03	1	3.03	0	0.00

土壤 pH

≤4.5		(4.5～5.5]		(5.5～6.5]		(6.5～7.5]		(7.5～8.5]		>8.5	
样本数	占比（%）	样本数	占比（%）	样本数	占比（%）	样本数	占比（%）	样本数	占比（%）	样本数	占比（%）
4	12.12	22	66.67	4	12.12	2	6.06	1	3.03	0	0.00

红壤—红壤性土—暗泥质红壤性土耕地土壤主要理化性状

项目名称	样本数（个）	平均值	标准差	变异系数（%）	范　围
有效土层厚（cm）	19	53.6	22.78	42.51	31.0～90.0
耕层厚度（cm）	19	16.7	2.68	16.07	12.0～20.0
耕层容重（g/cm^3）	19	1.24	0.11	9.22	1.06～1.47
有机质（g/kg）	19	30.8	11.63	37.80	13.6～57.5
全氮（g/kg）	19	1.795	0.62	34.34	0.910～2.930
有效磷（mg/kg）	19	51.9	72.63	139.89	0.4～268.1
速效钾（mg/kg）	19	121	66.51	55.14	36～259
缓效钾（mg/kg）	19	231	104.06	44.99	109～464
有效铜（mg/kg）	16	4.84	3.07	63.36	0.66～11.37
有效锌（mg/kg）	16	3.31	2.80	84.67	0.53～9.92
有效铁（mg/kg）	16	156.34	76.84	49.15	24.70～338.00
有效锰（mg/kg）	16	63.82	77.97	122.18	3.39～269.00
有效硼（mg/kg）	16	0.75	0.73	98.09	0.07～2.71
有效钼（mg/kg）	16	0.306	0.23	74.74	0.070～0.964
有效硫（mg/kg）	16	38.75	16.62	42.90	8.58～65.30
有效硅（mg/kg）	15	230.14	139.34	60.55	27.70～414.00

耕层质地

砂土		砂壤土		轻壤土		中壤土		重壤土		黏土	
样本数	占比（%）	样本数	占比（%）	样本数	占比（%）	样本数	占比（%）	样本数	占比（%）	样本数	占比（%）
0	0.00	2	10.53	4	21.05	5	26.32	7	36.84	1	5.26

土壤 pH

≤4.5		(4.5～5.5]		(5.5～6.5]		(6.5～7.5]		(7.5～8.5]		>8.5	
样本数	占比（%）	样本数	占比（%）	样本数	占比（%）	样本数	占比（%）	样本数	占比（%）	样本数	占比（%）
1	5.26	4	21.05	3	15.79	8	42.11	3	15.79	0	0.00

红壤—红壤性土—麻砂质红壤性土耕地土壤主要理化性状

项目名称	样本数（个）	平均值	标准差	变异系数（%）	范　围
有效土层厚（cm）	24	60.1	25.76	42.88	31.0～125.0
耕层厚度（cm）	24	24.1	4.70	19.51	15.0～30.0
耕层容重（g/cm^3）	24	1.33	0.11	7.93	1.09～1.46
有机质（g/kg）	24	26.3	9.30	35.31	10.5～52.6
全氮（g/kg）	24	1.450	0.41	28.59	0.900～2.773
有效磷（mg/kg）	24	41.0	31.65	77.23	6.1～97.5
速效钾（mg/kg）	24	126	84.75	67.52	55～420
缓效钾（mg/kg）	24	412	251.41	61.06	82～1 053
有效铜（mg/kg）	22	4.17	1.62	38.81	0.84～9.64
有效锌（mg/kg）	22	2.29	1.25	54.56	1.11～6.25
有效铁（mg/kg）	22	104.83	91.87	87.63	40.30～488.23
有效锰（mg/kg）	22	30.38	27.09	89.17	5.90～141.00
有效硼（mg/kg）	22	0.55	0.74	133.56	0.17～3.80
有效钼（mg/kg）	22	0.271	0.06	20.41	0.124～0.400
有效硫（mg/kg）	21	46.98	15.27	32.50	24.65～77.20
有效硅（mg/kg）	22	144.64	89.98	62.21	39.40～530.00

耕层质地

砂土		砂壤土		轻壤土		中壤土		重壤土		黏土	
样本数	占比（%）	样本数	占比（%）	样本数	占比（%）	样本数	占比（%）	样本数	占比（%）	样本数	占比（%）
7	29.17	3	12.50	4	16.67	7	29.17	3	12.50	0	0.00

土壤 pH

≤4.5		(4.5～5.5]		(5.5～6.5]		(6.5～7.5]		(7.5～8.5]		>8.5	
样本数	占比（%）	样本数	占比（%）	样本数	占比（%）	样本数	占比（%）	样本数	占比（%）	样本数	占比（%）
1	4.17	4	16.67	10	41.67	5	20.83	4	16.67	0	0.00

红壤—红壤性土—砂泥质红壤性土耕地土壤主要理化性状

项目名称	样本数（个）	平均值	标准差	变异系数（%）	范围
有效土层厚（cm）	58	78.6	24.67	31.37	15.0～120.0
耕层厚度（cm）	58	19.6	5.92	30.20	12.0～30.0
耕层容重（g/cm^3）	58	1.21	0.11	9.23	0.96～1.42
有机质（g/kg）	58	21.8	10.30	47.17	8.0～49.3
全氮（g/kg）	58	1.386	0.57	41.27	0.240～2.990
有效磷（mg/kg）	58	33.0	59.05	178.71	0.9～420.0
速效钾（mg/kg）	57	105	73.06	69.32	23～483
缓效钾（mg/kg）	55	317	243.01	76.71	54～1 162
有效铜（mg/kg）	53	5.05	10.84	214.73	0.30～61.39
有效锌（mg/kg）	56	3.46	4.41	127.41	0.72～25.20
有效铁（mg/kg）	56	88.77	65.42	73.70	14.80～305.90
有效锰（mg/kg）	54	40.72	43.82	107.61	1.25～176.72
有效硼（mg/kg）	54	0.80	0.90	112.17	0.06～4.04
有效钼（mg/kg）	51	0.328	0.41	126.00	0.050～2.820
有效硫（mg/kg）	56	37.36	31.09	83.21	7.22～143.03
有效硅（mg/kg）	55	129.17	127.49	98.70	13.78～493.41

耕层质地

砂土		砂壤土		轻壤土		中壤土		重壤土		黏土	
样本数	占比（%）	样本数	占比（%）	样本数	占比（%）	样本数	占比（%）	样本数	占比（%）	样本数	占比（%）
0	0.00	12	20.69	4	6.90	32	55.17	8	13.79	2	3.45

土壤 pH

≤4.5		(4.5～5.5]		(5.5～6.5]		(6.5～7.5]		(7.5～8.5]		>8.5	
样本数	占比（%）	样本数	占比（%）	样本数	占比（%）	样本数	占比（%）	样本数	占比（%）	样本数	占比（%）
6	10.34	30	51.72	17	29.31	5	8.62	0	0.00	0	0.00

黄壤—典型黄壤—红泥质黄壤耕地土壤主要理化性状

项目名称	样本数（个）	平均值	标准差	变异系数（%）	范围
有效土层厚（cm）	1	100.0	—	—	—
耕层厚度（cm）	1	20.0	—	—	—
耕层容重（g/cm^3）	1	0.95	—	—	—
有机质（g/kg）	1	14.7	—	—	—
全氮（g/kg）	1	0.110	—	—	—
有效磷（mg/kg）	1	6.6	—	—	—
速效钾（mg/kg）	1	214	—	—	—
缓效钾（mg/kg）	1	180	—	—	—
有效铜（mg/kg）	1	1.82	—	—	—
有效锌（mg/kg）	1	1.58	—	—	—
有效铁（mg/kg）	1	33.70	—	—	—
有效锰（mg/kg）	1	16.10	—	—	—
有效硼（mg/kg）	1	0.69	—	—	—
有效钼（mg/kg）	1	0.420	—	—	—
有效硫（mg/kg）	1	23.46	—	—	—
有效硅（mg/kg）	1	194.72	—	—	—

耕层质地

砂土		砂壤土		轻壤土		中壤土		重壤土		黏土	
样本数	占比（%）	样本数	占比（%）	样本数	占比（%）	样本数	占比（%）	样本数	占比（%）	样本数	占比（%）
0	0.00	1	100.00	0	0.00	0	0.00	0	0.00	0	0.00

土壤 pH

≤4.5		(4.5～5.5]		(5.5～6.5]		(6.5～7.5]		(7.5～8.5]		>8.5	
样本数	占比（%）	样本数	占比（%）	样本数	占比（%）	样本数	占比（%）	样本数	占比（%）	样本数	占比（%）
0	0.00	0	0.00	1	100.00	0	0.00	0	0.00	0	0.00

黄壤—典型黄壤—暗泥质黄壤耕地土壤主要理化性状

项目名称	样本数（个）	平均值	标准差	变异系数（%）	范围
有效土层厚（cm）	1	100.0	—	—	—
耕层厚度（cm）	1	20.0	—	—	—
耕层容重（g/cm^3）	1	0.90	—	—	—
有机质（g/kg）	1	35.0	—	—	—
全氮（g/kg）	1	2.190	—	—	—
有效磷（mg/kg）	1	138.5	—	—	—
速效钾（mg/kg）	1	170	—	—	—
缓效钾（mg/kg）	1	289	—	—	—
有效铜（mg/kg）	1	3.29	—	—	—
有效锌（mg/kg）	1	5.17	—	—	—
有效铁（mg/kg）	1	80.30	—	—	—
有效锰（mg/kg）	1	19.19	—	—	—
有效硼（mg/kg）	1	0.90	—	—	—
有效钼（mg/kg）	1	0.390	—	—	—
有效硫（mg/kg）	1	41.47	—	—	—
有效硅（mg/kg）	1	100.84	—	—	—

耕层质地

砂土		砂壤土		轻壤土		中壤土		重壤土		黏土	
样本数	占比（%）	样本数	占比（%）	样本数	占比（%）	样本数	占比（%）	样本数	占比（%）	样本数	占比（%）
0	0.00	0	0.00	0	0.00	0	0.00	0	0.00	1	100.00

土壤 pH

≤4.5		(4.5～5.5]		(5.5～6.5]		(6.5～7.5]		(7.5～8.5]		>8.5	
样本数	占比（%）	样本数	占比（%）	样本数	占比（%）	样本数	占比（%）	样本数	占比（%）	样本数	占比（%）
1	100.00	0	0.00	0	0.00	0	0.00	0	0.00	0	0.00

黄壤—典型黄壤—麻砂质黄壤耕地土壤主要理化性状

项目名称	样本数（个）	平均值	标准差	变异系数（%）	范　围
有效土层厚（cm）	12	84.8	19.04	22.45	56.0～100.0
耕层厚度（cm）	12	17.1	2.68	15.68	15.0～23.0
耕层容重（g/cm³）	12	1.23	0.09	7.02	1.12～1.39
有机质（g/kg）	12	25.3	8.39	33.16	15.3～45.5
全氮（g/kg）	12	1.209	0.52	42.97	0.630～2.610
有效磷（mg/kg）	12	43.9	36.43	82.91	4.1～117.6
速效钾（mg/kg）	12	101	55.25	54.78	42～245
缓效钾（mg/kg）	12	193	188.56	97.46	54～764
有效铜（mg/kg）	12	3.70	7.86	212.32	0.34～27.45
有效锌（mg/kg）	12	3.07	1.83	59.45	1.51～7.78
有效铁（mg/kg）	12	122.74	87.00	70.88	62.80～343.42
有效锰（mg/kg）	12	38.30	57.87	151.09	8.30～201.81
有效硼（mg/kg）	12	0.33	0.36	110.39	0.10～1.29
有效钼（mg/kg）	12	0.294	0.25	86.21	0.120～0.740
有效硫（mg/kg）	12	45.06	33.43	74.18	13.80～120.00
有效硅（mg/kg）	12	175.81	175.20	99.66	25.90～524.00

耕层质地

砂土		砂壤土		轻壤土		中壤土		重壤土		黏土	
样本数	占比（%）	样本数	占比（%）	样本数	占比（%）	样本数	占比（%）	样本数	占比（%）	样本数	占比（%）
0	0.00	8	66.67	0	0.00	4	33.33	0	0.00	0	0.00

土壤 pH

≤4.5		(4.5～5.5]		(5.5～6.5]		(6.5～7.5]		(7.5～8.5]		>8.5	
样本数	占比（%）	样本数	占比（%）	样本数	占比（%）	样本数	占比（%）	样本数	占比（%）	样本数	占比（%）
0	0.00	5	41.67	5	41.67	2	16.67	0	0.00	0	0.00

黄壤—典型黄壤—硅质黄壤耕地土壤主要理化性状

项目名称	样本数（个）	平均值	标准差	变异系数（%）	范围
有效土层厚（cm）	2	57.5	3.54	6.15	55.0～60.0
耕层厚度（cm）	2	22.0	2.83	12.86	20.0～24.0
耕层容重（g/cm^3）	2	1.29	0.02	1.27	1.28～1.30
有机质（g/kg）	2	36.4	4.72	12.99	33.0～39.7
全氮（g/kg）	2	1.549	0.10	6.52	1.477～1.620
有效磷（mg/kg）	2	85.4	85.98	100.68	24.6～146.2
速效钾（mg/kg）	2	158	108.81	69.03	81～235
缓效钾（mg/kg）	2	297	201.74	67.92	154～440
有效铜（mg/kg）	1	2.46	—	—	—
有效锌（mg/kg）	1	2.15	—	—	—
有效铁（mg/kg）	1	95.27	—	—	—
有效锰（mg/kg）	1	23.68	—	—	—
有效硼（mg/kg）	1	3.03	—	—	—
有效钼（mg/kg）	1	0.088	—	—	—
有效硫（mg/kg）	1	41.03	—	—	—
有效硅（mg/kg）	1	175.06	—	—	—

耕层质地

砂土		砂壤土		轻壤土		中壤土		重壤土		黏土	
样本数	占比（%）	样本数	占比（%）	样本数	占比（%）	样本数	占比（%）	样本数	占比（%）	样本数	占比（%）
0	0.00	2	100.00	0	0.00	0	0.00	0	0.00	0	0.00

土壤 pH

≤4.5		(4.5～5.5]		(5.5～6.5]		(6.5～7.5]		(7.5～8.5]		>8.5	
样本数	占比（%）	样本数	占比（%）	样本数	占比（%）	样本数	占比（%）	样本数	占比（%）	样本数	占比（%）
0	0.00	1	50.00	0	0.00	1	50.00	0	0.00	0	0.00

黄壤—典型黄壤—砂泥质黄壤耕地土壤主要理化性状

项目名称	样本数（个）	平均值	标准差	变异系数（%）	范　围
有效土层厚（cm）	38	82.8	17.55	21.21	50.0～120.0
耕层厚度（cm）	38	18.8	3.86	20.56	14.0～35.0
耕层容重（g/cm^3）	38	1.13	0.13	11.88	0.81～1.54
有机质（g/kg）	38	33.3	13.67	41.04	12.6～78.5
全氮（g/kg）	38	1.743	0.84	48.00	0.220～3.910
有效磷（mg/kg）	38	91.1	84.49	92.73	3.6～400.3
速效钾（mg/kg）	38	100	68.77	68.91	23～293
缓效钾（mg/kg）	37	230	161.27	69.99	62～779
有效铜（mg/kg）	38	4.73	13.54	286.07	0.39～82.93
有效锌（mg/kg）	38	3.86	4.14	107.20	0.90～21.98
有效铁（mg/kg）	37	160.39	105.07	65.51	69.10～468.00
有效锰（mg/kg）	38	23.13	45.02	194.63	2.29～283.47
有效硼（mg/kg）	37	0.34	0.38	110.02	0.05～1.88
有效钼（mg/kg）	37	0.260	0.30	116.79	0.044～1.320
有效硫（mg/kg）	38	26.01	16.79	64.54	6.06～86.30
有效硅（mg/kg）	37	96.79	47.92	49.50	19.96～200.93

耕层质地

砂土		砂壤土		轻壤土		中壤土		重壤土		黏土	
样本数	占比（%）	样本数	占比（%）	样本数	占比（%）	样本数	占比（%）	样本数	占比（%）	样本数	占比（%）
0	0.00	1	2.63	1	2.63	11	28.95	20	52.63	5	13.16

土壤 pH

≤4.5		(4.5～5.5]		(5.5～6.5]		(6.5～7.5]		(7.5～8.5]		>8.5	
样本数	占比（%）	样本数	占比（%）	样本数	占比（%）	样本数	占比（%）	样本数	占比（%）	样本数	占比（%）
9	23.68	28	73.68	1	2.63	0	0.00	0	0.00	0	0.00

黄壤—典型黄壤—泥质黄壤耕地土壤主要理化性状

项目名称	样本数（个）	平均值	标准差	变异系数（%）	范　围
有效土层厚（cm）	59	71.6	16.71	23.32	45.0～105.0
耕层厚度（cm）	59	19.0	3.29	17.32	14.0～30.0
耕层容重（g/cm^3）	59	1.08	0.16	15.19	0.81～1.44
有机质（g/kg）	59	32.7	12.07	36.89	12.9～71.5
全氮（g/kg）	59	1.727	0.58	33.53	0.669～3.140
有效磷（mg/kg）	56	85.7	85.52	99.84	1.1～337.0
速效钾（mg/kg）	59	106	71.41	67.64	23～332
缓效钾（mg/kg）	59	245	158.28	64.72	49～1 140
有效铜（mg/kg）	58	3.81	6.44	168.80	0.61～38.85
有效锌（mg/kg）	59	3.32	1.99	59.87	0.86～9.86
有效铁（mg/kg）	57	139.80	82.99	59.36	28.30～443.51
有效锰（mg/kg）	59	19.24	19.57	101.74	2.50～131.00
有效硼（mg/kg）	59	0.50	0.61	121.61	0.09～3.37
有效钼（mg/kg）	56	0.809	1.91	236.58	0.020～9.010
有效硫（mg/kg）	58	24.56	13.47	54.83	9.35～65.56
有效硅（mg/kg）	59	137.00	93.67	68.37	16.33～474.79

耕层质地

砂土		砂壤土		轻壤土		中壤土		重壤土		黏土	
样本数	占比（%）	样本数	占比（%）	样本数	占比（%）	样本数	占比（%）	样本数	占比（%）	样本数	占比（%）
0	0.00	5	8.47	8	13.56	28	47.46	6	10.17	12	20.34

土壤 pH

≤4.5		(4.5～5.5]		(5.5～6.5]		(6.5～7.5]		(7.5～8.5]		>8.5	
样本数	占比（%）	样本数	占比（%）	样本数	占比（%）	样本数	占比（%）	样本数	占比（%）	样本数	占比（%）
10	16.95	37	62.71	10	16.95	2	3.39	0	0.00	0	0.00

黄壤—典型黄壤—灰泥质黄壤耕地土壤主要理化性状

项目名称	样本数（个）	平均值	标准差	变异系数（%）	范　围
有效土层厚（cm）	8	73.4	18.34	24.99	54.0～100.0
耕层厚度（cm）	8	19.8	3.15	15.95	16.0～25.0
耕层容重（g/cm^3）	8	1.17	0.10	8.17	1.09～1.35
有机质（g/kg）	8	30.2	20.23	66.93	20.1～79.7
全氮（g/kg）	8	1.692	0.91	53.82	1.090～3.860
有效磷（mg/kg）	8	49.7	67.20	135.30	12.7～213.6
速效钾（mg/kg）	7	118	56.90	48.18	67～197
缓效钾（mg/kg）	8	303	194.72	64.33	108～700
有效铜（mg/kg）	7	1.74	0.72	41.73	0.93～2.98
有效锌（mg/kg）	7	2.98	2.78	93.27	1.19～9.21
有效铁（mg/kg）	7	77.12	54.37	70.50	28.50～165.00
有效锰（mg/kg）	7	47.94	26.53	55.33	24.50～98.20
有效硼（mg/kg）	7	0.24	0.11	45.14	0.09～0.38
有效钼（mg/kg）	7	0.204	0.11	55.59	0.060～0.350
有效硫（mg/kg）	7	37.92	27.46	72.41	4.84～83.11
有效硅（mg/kg）	7	266.20	138.19	51.91	25.28～392.75

耕层质地

砂土		砂壤土		轻壤土		中壤土		重壤土		黏土	
样本数	占比（%）	样本数	占比（%）	样本数	占比（%）	样本数	占比（%）	样本数	占比（%）	样本数	占比（%）
0	0.00	0	0.00	0	0.00	1	12.50	1	12.50	6	75.00

土壤 pH

≤4.5		(4.5～5.5]		(5.5～6.5]		(6.5～7.5]		(7.5～8.5]		>8.5	
样本数	占比（%）	样本数	占比（%）	样本数	占比（%）	样本数	占比（%）	样本数	占比（%）	样本数	占比（%）
0	0.00	1	12.50	5	62.50	1	12.50	1	12.50	0	0.00

黄棕壤—典型黄棕壤—黄土质黄棕壤耕地土壤主要理化性状

项目名称	样本数（个）	平均值	标准差	变异系数（%）	范　围
有效土层厚（cm）	382	88.4	19.50	22.06	28.0～120.0
耕层厚度（cm）	382	20.2	3.23	15.95	12.0～30.0
耕层容重（g/cm³）	382	1.23	0.17	13.95	0.71～1.63
有机质（g/kg）	382	18.8	6.59	35.01	4.0～48.7
全氮（g/kg）	382	1.288	0.36	28.14	0.320～2.930
有效磷（mg/kg）	382	18.8	14.25	75.66	2.1～97.5
速效钾（mg/kg）	382	124	58.53	47.09	32～315
缓效钾（mg/kg）	382	539	272.71	50.64	120～1 484
有效铜（mg/kg）	380	2.99	1.38	46.01	0.43～8.26
有效锌（mg/kg）	381	1.80	0.93	51.86	0.20～4.86
有效铁（mg/kg）	380	95.60	75.22	78.68	3.80～241.80
有效锰（mg/kg）	381	31.44	14.44	45.91	6.06～117.90
有效硼（mg/kg）	376	0.41	0.25	62.45	0.06～2.68
有效钼（mg/kg）	377	0.165	0.09	57.54	0.050～0.881
有效硫（mg/kg）	376	43.21	29.73	68.82	6.20～183.62
有效硅（mg/kg）	329	245.90	91.34	37.14	13.10～498.30

耕层质地

砂土		砂壤土		轻壤土		中壤土		重壤土		黏土	
样本数	占比（%）	样本数	占比（%）	样本数	占比（%）	样本数	占比（%）	样本数	占比（%）	样本数	占比（%）
0	0.00	7	1.83	37	9.69	226	59.16	83	21.73	29	7.59

土壤 pH

≤4.5		(4.5～5.5]		(5.5～6.5]		(6.5～7.5]		(7.5～8.5]		>8.5	
样本数	占比（%）	样本数	占比（%）	样本数	占比（%）	样本数	占比（%）	样本数	占比（%）	样本数	占比（%）
2	0.52	144	37.70	140	36.65	88	23.04	8	2.09	0	0.00

黄棕壤—典型黄棕壤—麻砂质黄棕壤耕地土壤主要理化性状

项目名称	样本数（个）	平均值	标准差	变异系数（%）	范　围
有效土层厚（cm）	237	65.8	26.35	40.04	25.0～150.0
耕层厚度（cm）	234	19.3	6.08	31.42	3.0～50.0
耕层容重（g/cm³）	237	1.30	0.14	10.53	0.87～1.73
有机质（g/kg）	237	17.6	6.99	39.64	2.5～43.5
全氮（g/kg）	237	1.061	0.42	39.37	0.350～2.480
有效磷（mg/kg）	237	20.2	21.24	105.12	0.6～134.0
速效钾（mg/kg）	235	99	66.83	67.48	21～431
缓效钾（mg/kg）	232	657	358.30	54.54	114～1 610
有效铜（mg/kg）	235	2.80	1.61	57.65	0.24～8.11
有效锌（mg/kg）	237	1.95	1.06	54.52	0.35～9.66
有效铁（mg/kg）	237	74.85	55.12	73.64	5.39～277.00
有效锰（mg/kg）	237	31.14	24.10	77.40	0.77～214.90
有效硼（mg/kg）	224	0.47	0.41	85.99	0.11～2.78
有效钼（mg/kg）	225	0.248	0.23	93.52	0.082～0.980
有效硫（mg/kg）	222	35.29	18.22	51.63	6.40～102.01
有效硅（mg/kg）	221	137.26	104.55	76.17	12.80～467.10

耕层质地

砂土		砂壤土		轻壤土		中壤土		重壤土		黏土	
样本数	占比（%）	样本数	占比（%）	样本数	占比（%）	样本数	占比（%）	样本数	占比（%）	样本数	占比（%）
37	15.61	94	39.66	28	11.81	51	21.52	21	8.86	6	2.53

土壤 pH

≤4.5		(4.5～5.5]		(5.5～6.5]		(6.5～7.5]		(7.5～8.5]		>8.5	
样本数	占比（%）	样本数	占比（%）	样本数	占比（%）	样本数	占比（%）	样本数	占比（%）	样本数	占比（%）
0	0.00	110	46.41	106	44.73	20	8.44	1	0.42	0	0.00

黄棕壤—典型黄棕壤—砂泥质黄棕壤耕地土壤主要理化性状

项目名称	样本数（个）	平均值	标准差	变异系数（%）	范围
有效土层厚（cm）	73	77.1	20.32	26.36	30.0～100.0
耕层厚度（cm）	73	23.5	9.37	39.90	15.0～46.0
耕层容重（g/cm^3）	73	1.26	0.15	11.81	0.95～1.58
有机质（g/kg）	73	21.1	9.20	43.57	8.6～50.0
全氮（g/kg）	73	1.295	0.43	33.50	0.600～3.070
有效磷（mg/kg）	73	17.6	13.68	77.76	2.0～60.8
速效钾（mg/kg）	73	105	55.61	52.96	29～281
缓效钾（mg/kg）	73	438	242.76	55.41	144～1 207
有效铜（mg/kg）	73	2.73	1.43	52.53	0.32～7.52
有效锌（mg/kg）	73	2.12	1.71	80.57	0.56～11.20
有效铁（mg/kg）	73	95.35	80.18	84.08	16.60～489.00
有效锰（mg/kg）	73	43.33	29.67	68.48	4.50～143.00
有效硼（mg/kg）	71	0.46	0.28	59.90	0.03～1.88
有效钼（mg/kg）	71	0.153	0.09	56.50	0.040～0.560
有效硫（mg/kg）	71	42.70	26.38	61.76	5.30～124.30
有效硅（mg/kg）	71	163.93	95.25	58.11	15.10～486.50

耕层质地

砂土		砂壤土		轻壤土		中壤土		重壤土		黏土	
样本数	占比（%）	样本数	占比（%）	样本数	占比（%）	样本数	占比（%）	样本数	占比（%）	样本数	占比（%）
11	15.07	24	32.88	5	6.85	20	27.40	11	15.07	2	2.74

土壤 pH

≤4.5		(4.5～5.5]		(5.5～6.5]		(6.5～7.5]		(7.5～8.5]		>8.5	
样本数	占比（%）	样本数	占比（%）	样本数	占比（%）	样本数	占比（%）	样本数	占比（%）	样本数	占比（%）
7	9.59	19	26.03	42	57.53	4	5.48	1	1.37	0	0.00

黄棕壤—典型黄棕壤—泥质黄棕壤耕地土壤主要理化性状

项目名称	样本数（个）	平均值	标准差	变异系数（%）	范　围
有效土层厚（cm）	113	83.5	19.79	23.70	35.0～120.0
耕层厚度（cm）	112	22.5	7.54	33.47	10.0～50.0
耕层容重（g/cm^3）	113	1.42	0.15	10.84	0.90～1.60
有机质（g/kg）	113	21.5	6.62	30.78	9.2～47.7
全氮（g/kg）	113	1.193	0.37	31.43	0.160～2.240
有效磷（mg/kg）	113	16.9	15.63	92.42	2.0～86.4
速效钾（mg/kg）	109	125	66.82	53.66	23～319
缓效钾（mg/kg）	113	556	252.33	45.41	57～1 555
有效铜（mg/kg）	111	2.41	1.20	49.81	0.20～5.29
有效锌（mg/kg）	113	1.67	0.95	56.91	0.22～6.68
有效铁（mg/kg）	112	59.08	44.06	74.58	5.60～239.20
有效锰（mg/kg）	109	30.63	23.55	76.87	0.74～183.00
有效硼（mg/kg）	112	0.61	0.48	78.20	0.12～3.23
有效钼（mg/kg）	113	0.269	0.21	79.01	0.030～0.960
有效硫（mg/kg）	113	54.97	34.28	62.37	10.43～145.45
有效硅（mg/kg）	111	209.07	109.18	52.22	18.42～468.50

耕层质地

砂土		砂壤土		轻壤土		中壤土		重壤土		黏土	
样本数	占比（%）	样本数	占比（%）	样本数	占比（%）	样本数	占比（%）	样本数	占比（%）	样本数	占比（%）
3	2.65	9	7.96	16	14.16	43	38.05	27	23.89	15	13.27

土壤 pH

≤4.5		(4.5～5.5]		(5.5～6.5]		(6.5～7.5]		(7.5～8.5]		>8.5	
样本数	占比（%）	样本数	占比（%）	样本数	占比（%）	样本数	占比（%）	样本数	占比（%）	样本数	占比（%）
0	0.00	36	31.86	65	57.52	9	7.96	3	2.65	0	0.00

黄棕壤—典型黄棕壤—泥砂质黄棕壤耕地土壤主要理化性状

项目名称	样本数（个）	平均值	标准差	变异系数（%）	范　围
有效土层厚（cm）	3	100.0	0.00	0.00	100.0～100.0
耕层厚度（cm）	3	16.0	1.73	10.83	15.0～18.0
耕层容重（g/cm³）	3	1.21	0.08	6.70	1.16～1.30
有机质（g/kg）	3	24.1	3.74	15.48	21.8～28.4
全氮（g/kg）	3	1.197	0.28	23.49	1.010～1.520
有效磷（mg/kg）	3	14.4	2.49	17.30	12.1～17.0
速效钾（mg/kg）	3	185	43.84	23.66	152～235
缓效钾（mg/kg）	3	621	72.02	11.60	550～694
有效铜（mg/kg）	3	3.15	0.16	5.10	2.97～3.27
有效锌（mg/kg）	3	1.82	0.19	10.30	1.68～2.03
有效铁（mg/kg）	3	221.23	71.99	32.54	146.80～290.50
有效锰（mg/kg）	3	45.07	13.74	30.49	29.50～55.50
有效硼（mg/kg）	3	0.33	0.02	4.68	0.31～0.34
有效钼（mg/kg）	3	0.100	0.00	0.00	0.100～0.100
有效硫（mg/kg）	3	71.96	6.56	9.12	65.82～78.88
有效硅（mg/kg）	3	197.69	43.81	22.16	153.83～241.44

耕层质地

砂土		砂壤土		轻壤土		中壤土		重壤土		黏土	
样本数	占比（%）	样本数	占比（%）	样本数	占比（%）	样本数	占比（%）	样本数	占比（%）	样本数	占比（%）
0	0.00	0	0.00	0	0.00	2	66.67	1	33.33	0	0.00

土壤 pH

≤4.5		(4.5～5.5]		(5.5～6.5]		(6.5～7.5]		(7.5～8.5]		>8.5	
样本数	占比（%）	样本数	占比（%）	样本数	占比（%）	样本数	占比（%）	样本数	占比（%）	样本数	占比（%）
0	0.00	0	0.00	2	66.67	0	0.00	1	33.33	0	0.00

黄棕壤—暗黄棕壤—麻砂质暗黄棕壤耕地土壤主要理化性状

项目名称	样本数（个）	平均值	标准差	变异系数（%）	范　围
有效土层厚（cm）	2	69.0	8.49	12.30	63.0～75.0
耕层厚度（cm）	2	20.0	0.00	0.00	20.0～20.0
耕层容重（g/cm^3）	2	1.29	0.01	0.55	1.29～1.30
有机质（g/kg）	2	14.8	0.64	4.31	14.3～15.2
全氮（g/kg）	2	1.600	1.53	95.46	0.520～2.680
有效磷（mg/kg）	2	12.4	1.06	8.52	11.7～13.2
速效钾（mg/kg）	2	163	114.55	70.28	82～244
缓效钾（mg/kg）	2	221	57.98	26.24	180～262
有效铜（mg/kg）	2	1.27	0.33	25.61	1.04～1.50
有效锌（mg/kg）	2	1.01	0.00	0.00	1.01～1.01
有效铁（mg/kg）	2	150.75	129.05	85.60	59.50～242.00
有效锰（mg/kg）	2	25.95	14.35	55.32	15.80～36.10
有效硼（mg/kg）	2	0.14	0.02	14.63	0.13～0.16
有效钼（mg/kg）	2	0.315	0.29	92.04	0.110～0.520
有效硫（mg/kg）	2	46.00	2.26	4.92	44.40～47.60
有效硅（mg/kg）	2	294.50	12.02	4.08	286.00～303.00

耕层质地

砂土		砂壤土		轻壤土		中壤土		重壤土		黏土	
样本数	占比（%）	样本数	占比（%）	样本数	占比（%）	样本数	占比（%）	样本数	占比（%）	样本数	占比（%）
0	0.00	2	100.00	0	0.00	0	0.00	0	0.00	0	0.00

土壤 pH

≤4.5		(4.5～5.5]		(5.5～6.5]		(6.5～7.5]		(7.5～8.5]		>8.5	
样本数	占比（%）	样本数	占比（%）	样本数	占比（%）	样本数	占比（%）	样本数	占比（%）	样本数	占比（%）
0	0.00	0	0.00	0	0.00	2	100.00	0	0.00	0	0.00

黄棕壤—黄棕壤性土—硅质黄棕壤性土耕地土壤主要理化性状

项目名称	样本数（个）	平均值	标准差	变异系数（%）	范　围
有效土层厚（cm）	168	60.9	27.16	44.59	17.0～100.0
耕层厚度（cm）	159	22.2	6.85	30.92	10.0～50.0
耕层容重（g/cm^3）	168	1.32	0.10	7.90	0.92～1.71
有机质（g/kg）	168	18.6	7.70	41.51	5.1～48.2
全氮（g/kg）	168	1.068	0.42	39.54	0.270～2.650
有效磷（mg/kg）	168	26.9	23.73	88.34	1.5～137.2
速效钾（mg/kg）	166	104	70.05	67.07	27～441
缓效钾（mg/kg）	167	568	315.86	55.58	75～1 589
有效铜（mg/kg）	160	1.88	1.13	60.32	0.21～7.22
有效锌（mg/kg）	164	1.54	0.77	50.03	0.19～4.69
有效铁（mg/kg）	167	55.06	48.82	88.66	4.30～238.00
有效锰（mg/kg）	160	29.96	27.67	92.35	1.11～129.50
有效硼（mg/kg）	161	0.74	0.60	81.21	0.08～3.73
有效钼（mg/kg）	160	0.366	0.28	77.26	0.040～1.000
有效硫（mg/kg）	159	27.41	17.79	64.90	3.50～114.74
有效硅（mg/kg）	153	175.87	129.34	73.54	12.00～500.30

耕层质地

砂土		砂壤土		轻壤土		中壤土		重壤土		黏土	
样本数	占比（%）	样本数	占比（%）	样本数	占比（%）	样本数	占比（%）	样本数	占比（%）	样本数	占比（%）
9	5.36	74	44.05	23	13.69	46	27.38	11	6.55	5	2.98

土壤 pH

≤4.5		(4.5～5.5]		(5.5～6.5]		(6.5～7.5]		(7.5～8.5]		>8.5	
样本数	占比（%）	样本数	占比（%）	样本数	占比（%）	样本数	占比（%）	样本数	占比（%）	样本数	占比（%）
0	0.00	62	36.90	77	45.83	19	11.31	10	5.95	0	0.00

黄棕壤—黄棕壤性土—泥质黄棕壤性土耕地土壤主要理化性状

项目名称	样本数（个）	平均值	标准差	变异系数（%）	范　围
有效土层厚（cm）	208	66.2	23.49	35.49	20.0～120.0
耕层厚度（cm）	205	24.6	7.24	29.45	10.0～50.0
耕层容重（g/cm^3）	208	1.26	0.12	9.42	0.98～1.56
有机质（g/kg）	208	20.3	7.19	35.44	4.3～50.0
全氮（g/kg）	208	1.193	0.40	33.41	0.330～3.100
有效磷（mg/kg）	208	20.5	15.52	75.80	1.7～87.2
速效钾（mg/kg）	207	125	56.01	44.67	22～302
缓效钾（mg/kg）	206	604	250.11	41.39	138～1 361
有效铜（mg/kg）	204	3.25	2.11	64.86	0.19～9.64
有效锌（mg/kg）	206	1.82	1.18	64.63	0.26～8.12
有效铁（mg/kg）	207	59.57	58.26	97.79	4.90～274.60
有效锰（mg/kg）	206	40.04	27.98	69.88	0.77～119.10
有效硼（mg/kg）	199	0.61	0.44	71.68	0.10～3.52
有效钼（mg/kg）	199	0.263	0.23	86.01	0.060～0.990
有效硫（mg/kg）	199	34.52	28.52	82.62	5.26～135.40
有效硅（mg/kg）	149	185.74	111.30	59.93	11.60～485.80

耕层质地

砂土		砂壤土		轻壤土		中壤土		重壤土		黏土	
样本数	占比（%）	样本数	占比（%）	样本数	占比（%）	样本数	占比（%）	样本数	占比（%）	样本数	占比（%）
1	0.48	28	13.46	33	15.87	93	44.71	28	13.46	25	12.02

土壤 pH

≤4.5		(4.5～5.5]		(5.5～6.5]		(6.5～7.5]		(7.5～8.5]		>8.5	
样本数	占比（%）	样本数	占比（%）	样本数	占比（%）	样本数	占比（%）	样本数	占比（%）	样本数	占比（%）
0	0.00	21	10.10	95	45.67	82	39.42	10	4.81	0	0.00

黄褐土—典型黄褐土—黄土质黄褐土耕地土壤主要理化性状

项目名称	样本数（个）	平均值	标准差	变异系数（%）	范围
有效土层厚（cm）	461	92.7	14.74	15.90	37.0～150.0
耕层厚度（cm）	461	19.9	3.50	17.59	12.0～30.0
耕层容重（g/cm^3）	461	1.48	0.13	9.00	1.04～1.65
有机质（g/kg）	461	22.0	7.77	35.38	8.1～52.5
全氮（g/kg）	461	1.178	0.33	27.92	0.470～2.570
有效磷（mg/kg）	461	20.4	14.51	71.11	1.5～104.8
速效钾（mg/kg）	461	158	53.24	33.71	50～398
缓效钾（mg/kg）	456	747	234.96	31.44	259～1 596
有效铜（mg/kg）	459	2.06	0.81	39.28	0.52～7.39
有效锌（mg/kg）	459	1.59	1.24	78.05	0.39～9.55
有效铁（mg/kg）	459	60.15	36.57	60.81	4.30～218.30
有效锰（mg/kg）	459	43.44	25.56	58.83	12.90～230.00
有效硼（mg/kg）	457	0.47	0.42	89.37	0.10～3.70
有效钼（mg/kg）	415	0.216	0.11	49.30	0.030～0.770
有效硫（mg/kg）	459	35.93	28.93	80.52	6.48～175.34
有效硅（mg/kg）	370	253.82	84.87	33.44	59.34～482.00

耕层质地

砂土		砂壤土		轻壤土		中壤土		重壤土		黏土	
样本数	占比（%）	样本数	占比（%）	样本数	占比（%）	样本数	占比（%）	样本数	占比（%）	样本数	占比（%）
0	0.00	2	0.43	20	4.34	117	25.38	250	54.23	72	15.62

土壤 pH

≤4.5		(4.5～5.5]		(5.5～6.5]		(6.5～7.5]		(7.5～8.5]		>8.5	
样本数	占比（%）	样本数	占比（%）	样本数	占比（%）	样本数	占比（%）	样本数	占比（%）	样本数	占比（%）
1	0.22	168	36.44	206	44.69	82	17.79	4	0.87	0	0.00

黄褐土—典型黄褐土—泥砂质黄褐土耕地土壤主要理化性状

项目名称	样本数（个）	平均值	标准差	变异系数（%）	范　围
有效土层厚（cm）	260	82.5	21.69	26.30	25.0～120.0
耕层厚度（cm）	260	19.7	3.24	16.50	12.0～30.0
耕层容重（g/cm^3）	260	1.35	0.14	10.09	1.01～1.75
有机质（g/kg）	260	16.2	4.28	26.36	6.1～29.7
全氮（g/kg）	260	1.042	0.25	24.06	0.170～2.100
有效磷（mg/kg）	260	23.2	21.61	93.12	3.0～294.4
速效钾（mg/kg）	260	135	45.45	33.72	29～295
缓效钾（mg/kg）	260	703	184.99	26.32	285～1 241
有效铜（mg/kg）	258	1.64	0.58	35.69	0.45～3.47
有效锌（mg/kg）	258	1.92	1.86	96.95	0.36～9.85
有效铁（mg/kg）	258	40.03	35.96	89.85	5.39～188.30
有效锰（mg/kg）	258	36.21	30.21	83.45	1.05～266.00
有效硼（mg/kg）	254	0.61	0.64	105.22	0.03～3.93
有效钼（mg/kg）	215	0.265	0.21	78.80	0.030～0.730
有效硫（mg/kg）	258	35.53	22.38	62.99	6.86～109.18
有效硅（mg/kg）	203	239.15	108.25	45.26	38.50～532.00

耕层质地

砂土		砂壤土		轻壤土		中壤土		重壤土		黏土	
样本数	占比（%）	样本数	占比（%）	样本数	占比（%）	样本数	占比（%）	样本数	占比（%）	样本数	占比（%）
1	0.38	24	9.23	0	0.00	113	43.46	115	44.23	7	2.69

土壤 pH

≤4.5		(4.5～5.5]		(5.5～6.5]		(6.5～7.5]		(7.5～8.5]		>8.5	
样本数	占比（%）	样本数	占比（%）	样本数	占比（%）	样本数	占比（%）	样本数	占比（%）	样本数	占比（%）
0	0.00	47	18.08	143	55.00	67	25.77	3	1.15	0	0.00

黄褐土—黏盘黄褐土—黄土质黏盘黄褐土耕地土壤主要理化性状

项目名称	样本数（个）	平均值	标准差	变异系数（%）	范围
有效土层厚（cm）	635	73.7	28.72	38.99	20.0～150.0
耕层厚度（cm）	635	17.6	3.34	18.94	10.0～28.0
耕层容重（g/cm^3）	635	1.30	0.12	9.53	0.90～1.77
有机质（g/kg）	635	20.3	6.71	33.04	4.7～50.0
全氮（g/kg）	634	1.237	0.39	31.93	0.120～4.420
有效磷（mg/kg）	635	23.3	22.78	97.77	0.8～200.0
速效钾（mg/kg）	632	132	59.63	45.29	23～447
缓效钾（mg/kg）	633	479	220.62	46.08	110～1 600
有效铜（mg/kg）	618	2.41	1.47	61.04	0.20～14.83
有效锌（mg/kg）	624	1.57	1.26	79.70	0.19～13.38
有效铁（mg/kg）	627	84.64	76.90	90.86	4.29～437.00
有效锰（mg/kg）	627	54.01	41.70	77.21	1.90～284.00
有效硼（mg/kg）	631	0.51	0.42	82.61	0.04～2.32
有效钼（mg/kg）	629	0.261	0.29	112.27	0.020～2.338
有效硫（mg/kg）	614	28.54	24.14	84.56	3.41～327.75
有效硅（mg/kg）	497	205.86	112.80	54.80	19.32～521.79

耕层质地

砂土		砂壤土		轻壤土		中壤土		重壤土		黏土	
样本数	占比（%）	样本数	占比（%）	样本数	占比（%）	样本数	占比（%）	样本数	占比（%）	样本数	占比（%）
6	0.94	56	8.82	17	2.68	194	30.55	240	37.80	122	19.21

土壤 pH

≤4.5		(4.5～5.5]		(5.5～6.5]		(6.5～7.5]		(7.5～8.5]		>8.5	
样本数	占比（%）	样本数	占比（%）	样本数	占比（%）	样本数	占比（%）	样本数	占比（%）	样本数	占比（%）
8	1.26	186	29.29	307	48.35	114	17.95	20	3.15	0	0.00

黄褐土—白浆化黄褐土—黄土质白浆化黄褐土耕地土壤主要理化性状

项目名称	样本数（个）	平均值	标准差	变异系数（%）	范围
有效土层厚（cm）	306	75.7	23.49	31.04	30.0～150.0
耕层厚度（cm）	306	16.6	2.38	14.40	12.0～25.0
耕层容重（g/cm³）	306	1.25	0.12	9.92	1.01～1.55
有机质（g/kg）	306	20.2	5.33	26.40	9.0～53.0
全氮（g/kg）	306	1.138	0.32	28.34	0.330～2.030
有效磷（mg/kg）	306	20.1	21.31	106.15	0.9～265.0
速效钾（mg/kg）	306	143	56.06	39.25	51～314
缓效钾（mg/kg）	306	443	165.89	37.46	102～1 297
有效铜（mg/kg）	293	2.36	1.50	63.45	0.19～12.80
有效锌（mg/kg）	302	1.76	1.15	65.05	0.23～8.79
有效铁（mg/kg）	306	61.71	48.95	79.33	4.33～283.00
有效锰（mg/kg）	304	44.30	29.90	67.49	3.50～292.00
有效硼（mg/kg）	306	0.61	0.43	71.19	0.04～1.98
有效钼（mg/kg）	304	0.391	0.29	75.27	0.020～1.000
有效硫（mg/kg）	303	22.69	10.34	45.56	3.54～56.70
有效硅（mg/kg）	301	204.18	95.14	46.60	30.72～523.90

耕层质地

砂土		砂壤土		轻壤土		中壤土		重壤土		黏土	
样本数	占比（%）	样本数	占比（%）	样本数	占比（%）	样本数	占比（%）	样本数	占比（%）	样本数	占比（%）
0	0.00	10	3.27	47	15.36	209	68.30	6	1.96	34	11.11

土壤 pH

≤4.5		(4.5～5.5]		(5.5～6.5]		(6.5～7.5]		(7.5～8.5]		>8.5	
样本数	占比（%）	样本数	占比（%）	样本数	占比（%）	样本数	占比（%）	样本数	占比（%）	样本数	占比（%）
1	0.33	68	22.22	198	64.71	33	10.78	6	1.96	0	0.00

黄褐土—黄褐土性土—黄土质黄褐土性土耕地土壤主要理化性状

项目名称	样本数（个）	平均值	标准差	变异系数（%）	范围
有效土层厚（cm）	33	76.8	18.31	23.85	50.0～101.0
耕层厚度（cm）	33	19.6	2.81	14.31	15.0～25.0
耕层容重（g/cm³）	33	1.33	0.11	7.95	1.15～1.62
有机质（g/kg）	33	17.0	5.03	29.52	9.6～28.6
全氮（g/kg）	33	1.122	0.17	14.83	0.690～1.490
有效磷（mg/kg）	33	35.2	45.54	129.34	1.1～216.9
速效钾（mg/kg）	33	113	38.78	34.20	41～188
缓效钾（mg/kg）	33	519	255.80	49.33	207～1 600
有效铜（mg/kg）	32	2.23	1.08	48.53	1.05～6.90
有效锌（mg/kg）	32	1.00	0.61	60.48	0.42～4.04
有效铁（mg/kg）	32	90.45	64.44	71.25	16.40～320.10
有效锰（mg/kg）	32	67.90	45.51	67.03	19.10～133.60
有效硼（mg/kg）	31	0.29	0.08	26.16	0.20～0.59
有效钼（mg/kg）	31	0.254	0.27	104.64	0.020～0.680
有效硫（mg/kg）	30	29.88	11.57	38.74	11.30～46.70
有效硅（mg/kg）	18	259.41	81.75	31.51	109.15～345.00

耕层质地

砂土		砂壤土		轻壤土		中壤土		重壤土		黏土	
样本数	占比（%）	样本数	占比（%）	样本数	占比（%）	样本数	占比（%）	样本数	占比（%）	样本数	占比（%）
0	0.00	6	18.18	4	12.12	17	51.52	6	18.18	0	0.00

土壤 pH

≤4.5		(4.5～5.5]		(5.5～6.5]		(6.5～7.5]		(7.5～8.5]		>8.5	
样本数	占比（%）	样本数	占比（%）	样本数	占比（%）	样本数	占比（%）	样本数	占比（%）	样本数	占比（%）
0	0.00	8	24.24	15	45.45	9	27.27	1	3.03	0	0.00

棕壤—典型棕壤—麻砂质棕壤耕地土壤主要理化性状

项目名称	样本数（个）	平均值	标准差	变异系数（%）	范　围
有效土层厚（cm）	30	56.0	21.09	37.69	35.0～97.0
耕层厚度（cm）	30	18.2	2.46	13.49	12.0～20.0
耕层容重（g/cm^3）	30	1.44	0.12	8.41	1.22～1.57
有机质（g/kg）	30	18.8	6.94	37.02	8.3～35.4
全氮（g/kg）	30	1.213	0.39	32.40	0.640～2.220
有效磷（mg/kg）	30	59.3	46.40	78.22	9.6～200.0
速效钾（mg/kg）	30	134	46.96	35.04	56～286
缓效钾（mg/kg）	27	338	153.43	45.33	115～837
有效铜（mg/kg）	27	1.92	0.98	51.00	0.62～4.74
有效锌（mg/kg）	27	1.83	2.18	118.97	0.25～8.34
有效铁（mg/kg）	28	102.00	104.40	102.35	11.20～468.38
有效锰（mg/kg）	23	116.31	53.72	46.18	17.70～216.73
有效硼（mg/kg）	28	0.35	0.22	61.85	0.05～0.97
有效钼（mg/kg）	27	0.120	0.08	64.93	0.040～0.452
有效硫（mg/kg）	27	20.30	10.33	50.89	9.74～56.47
有效硅（mg/kg）	27	129.80	77.50	59.71	61.13～417.00

耕层质地

砂土		砂壤土		轻壤土		中壤土		重壤土		黏土	
样本数	占比（%）	样本数	占比（%）	样本数	占比（%）	样本数	占比（%）	样本数	占比（%）	样本数	占比（%）
13	43.33	12	40.00	1	3.33	3	10.00	1	3.33	0	0.00

土壤 pH

≤4.5		(4.5～5.5]		(5.5～6.5]		(6.5～7.5]		(7.5～8.5]		>8.5	
样本数	占比（%）	样本数	占比（%）	样本数	占比（%）	样本数	占比（%）	样本数	占比（%）	样本数	占比（%）
1	3.33	18	60.00	6	20.00	3	10.00	2	6.67	0	0.00

棕壤—白浆化棕壤—麻砂质白浆化棕壤耕地土壤主要理化性状

项目名称	样本数（个）	平均值	标准差	变异系数（%）	范　围
有效土层厚（cm）	119	79.7	21.75	27.30	40.0～110.0
耕层厚度（cm）	119	18.3	1.78	9.71	14.0～20.0
耕层容重（g/cm^3）	119	1.38	0.08	5.95	1.17～1.66
有机质（g/kg）	119	20.1	7.39	36.69	8.0～50.0
全氮（g/kg）	119	1.337	0.49	36.31	0.470～3.390
有效磷（mg/kg）	119	56.0	48.77	87.11	3.5～200.0
速效钾（mg/kg）	119	139	62.53	44.90	29～303
缓效钾（mg/kg）	119	411	190.15	46.22	168～894
有效铜（mg/kg）	119	2.24	1.27	56.64	0.45～7.14
有效锌（mg/kg）	118	2.09	2.15	102.92	0.23～11.30
有效铁（mg/kg）	112	118.45	71.61	60.45	6.09～399.25
有效锰（mg/kg）	108	136.86	69.85	51.04	10.30～294.00
有效硼（mg/kg）	119	0.40	0.21	51.27	0.05～0.93
有效钼（mg/kg）	119	0.131	0.06	44.59	0.050～0.360
有效硫（mg/kg）	119	28.56	19.80	69.32	4.23～147.76
有效硅（mg/kg）	119	118.05	61.10	51.76	44.44～429.50

耕层质地

砂土		砂壤土		轻壤土		中壤土		重壤土		黏土	
样本数	占比（%）	样本数	占比（%）	样本数	占比（%）	样本数	占比（%）	样本数	占比（%）	样本数	占比（%）
0	0.00	52	43.70	42	35.29	17	14.29	8	6.72	0	0.00

土壤 pH

≤4.5		(4.5～5.5]		(5.5～6.5]		(6.5～7.5]		(7.5～8.5]		>8.5	
样本数	占比（%）	样本数	占比（%）	样本数	占比（%）	样本数	占比（%）	样本数	占比（%）	样本数	占比（%）
7	5.88	64	53.78	32	26.89	9	7.56	6	5.04	1	0.84

棕壤—潮棕壤—泥砂质潮棕壤耕地土壤主要理化性状

项目名称	样本数（个）	平均值	标准差	变异系数（%）	范　围
有效土层厚（cm）	66	94.9	25.55	26.91	40.0～127.0
耕层厚度（cm）	66	18.4	2.47	13.39	10.0～21.0
耕层容重（g/cm^3）	66	1.36	0.10	7.47	1.13～1.58
有机质（g/kg）	66	24.4	8.85	36.25	9.1～47.5
全氮（g/kg）	66	1.666	0.59	35.17	0.640～3.591
有效磷（mg/kg）	66	48.0	36.71	76.56	9.3～200.0
速效钾（mg/kg）	66	159	74.68	46.95	45～347
缓效钾（mg/kg）	58	399	158.17	39.68	183～850
有效铜（mg/kg）	58	3.13	2.27	72.72	0.74～12.41
有效锌（mg/kg）	59	1.86	2.20	118.01	0.19～13.50
有效铁（mg/kg）	59	136.23	101.30	74.36	6.60～497.13
有效锰（mg/kg）	55	132.30	71.75	54.23	19.20～298.61
有效硼（mg/kg）	61	0.45	0.23	49.78	0.05～1.05
有效钼（mg/kg）	61	0.126	0.09	73.65	0.020～0.640
有效硫（mg/kg）	58	33.58	17.76	52.90	9.09～88.54
有效硅（mg/kg）	58	154.70	72.86	47.10	68.23～501.60

耕层质地

砂土		砂壤土		轻壤土		中壤土		重壤土		黏土	
样本数	占比（%）	样本数	占比（%）	样本数	占比（%）	样本数	占比（%）	样本数	占比（%）	样本数	占比（%）
1	1.52	6	9.09	42	63.64	3	4.55	14	21.21	0	0.00

土壤 pH

≤4.5		(4.5～5.5]		(5.5～6.5]		(6.5～7.5]		(7.5～8.5]		>8.5	
样本数	占比（%）	样本数	占比（%）	样本数	占比（%）	样本数	占比（%）	样本数	占比（%）	样本数	占比（%）
1	1.52	19	28.79	30	45.45	11	16.67	5	7.58	0	0.00

褐土—淋溶褐土—黄土质淋溶褐土耕地土壤主要理化性状

项目名称	样本数（个）	平均值	标准差	变异系数（%）	范　围
有效土层厚（cm）	35	50.0	0.00	0.00	50.0～50.0
耕层厚度（cm）	35	20.0	0.00	0.00	20.0～20.0
耕层容重（g/cm^3）	13	1.17	0.07	6.30	1.05～1.25
有机质（g/kg）	35	18.7	8.13	43.49	6.2～36.1
全氮（g/kg）	35	1.265	0.48	37.78	0.350～2.640
有效磷（mg/kg）	35	19.7	9.33	47.44	7.7～47.7
速效钾（mg/kg）	35	171	44.72	26.16	94～243
缓效钾（mg/kg）	0	—	—	—	—
有效铜（mg/kg）	0	—	—	—	—
有效锌（mg/kg）	0	—	—	—	—
有效铁（mg/kg）	0	—	—	—	—
有效锰（mg/kg）	0	—	—	—	—
有效硼（mg/kg）	0	—	—	—	—
有效钼（mg/kg）	0	—	—	—	—
有效硫（mg/kg）	0	—	—	—	—
有效硅（mg/kg）	0	—	—	—	—

耕层质地

砂土		砂壤土		轻壤土		中壤土		重壤土		黏土	
样本数	占比（%）	样本数	占比（%）	样本数	占比（%）	样本数	占比（%）	样本数	占比（%）	样本数	占比（%）
0	0.00	0	0.00	0	0.00	0	0.00	0	0.00	35	100.00

土壤 pH

≤4.5		(4.5～5.5]		(5.5～6.5]		(6.5～7.5]		(7.5～8.5]		>8.5	
样本数	占比（%）	样本数	占比（%）	样本数	占比（%）	样本数	占比（%）	样本数	占比（%）	样本数	占比（%）
0	0.00	0	0.00	9	25.71	10	28.57	15	42.86	1	2.86

褐土—淋溶褐土—暗泥质淋溶褐土耕地土壤主要理化性状

项目名称	样本数（个）	平均值	标准差	变异系数（%）	范　围
有效土层厚（cm）	1	30.0	—	—	—
耕层厚度（cm）	1	10.0	—	—	—
耕层容重（g/cm^3）	1	1.31	—	—	—
有机质（g/kg）	1	34.8	—	—	—
全氮（g/kg）	1	1.995	—	—	—
有效磷（mg/kg）	1	25.0	—	—	—
速效钾（mg/kg）	1	188	—	—	—
缓效钾（mg/kg）	0	—	—	—	—
有效铜（mg/kg）	0	—	—	—	—
有效锌（mg/kg）	0	—	—	—	—
有效铁（mg/kg）	0	—	—	—	—
有效锰（mg/kg）	0	—	—	—	—
有效硼（mg/kg）	0	—	—	—	—
有效钼（mg/kg）	0	—	—	—	—
有效硫（mg/kg）	0	—	—	—	—
有效硅（mg/kg）	0	—	—	—	—

耕层质地

砂土		砂壤土		轻壤土		中壤土		重壤土		黏土	
样本数	占比（%）	样本数	占比（%）	样本数	占比（%）	样本数	占比（%）	样本数	占比（%）	样本数	占比（%）
0	0.00	0	0.00	0	0.00	0	0.00	1	100.00	0	0.00

土壤 pH

≤4.5		(4.5～5.5]		(5.5～6.5]		(6.5～7.5]		(7.5～8.5]		>8.5	
样本数	占比（%）	样本数	占比（%）	样本数	占比（%）	样本数	占比（%）	样本数	占比（%）	样本数	占比（%）
0	0.00	0	0.00	0	0.00	1	100.00	0	0.00	0	0.00

褐土—淋溶褐土—灰泥质淋溶褐土耕地土壤主要理化性状

项目名称	样本数（个）	平均值	标准差	变异系数（%）	范　围
有效土层厚（cm）	14	64.3	17.85	27.77	50.0～100.0
耕层厚度（cm）	14	18.0	3.59	19.97	10.0～20.0
耕层容重（g/cm^3）	14	1.31	0.23	17.61	0.95～1.78
有机质（g/kg）	14	21.2	6.83	32.21	6.6～36.3
全氮（g/kg）	14	1.299	0.25	19.02	0.793～1.610
有效磷（mg/kg）	14	39.8	27.79	69.79	10.4～90.0
速效钾（mg/kg）	14	194	96.67	49.90	80～348
缓效钾（mg/kg）	12	529	206.79	39.13	313～988
有效铜（mg/kg）	12	2.85	2.76	96.67	1.20～11.28
有效锌（mg/kg）	12	1.55	1.69	109.04	0.59～5.46
有效铁（mg/kg）	11	57.60	35.82	62.18	13.10～100.65
有效锰（mg/kg）	12	42.00	62.63	149.13	1.63～238.00
有效硼（mg/kg）	12	0.63	0.13	20.30	0.42～0.82
有效钼（mg/kg）	11	0.120	0.08	63.67	0.020～0.240
有效硫（mg/kg）	12	32.26	15.69	48.62	9.96～64.20
有效硅（mg/kg）	11	215.87	168.79	78.19	54.13～438.00

耕层质地

砂土		砂壤土		轻壤土		中壤土		重壤土		黏土	
样本数	占比（%）	样本数	占比（%）	样本数	占比（%）	样本数	占比（%）	样本数	占比（%）	样本数	占比（%）
1	7.14	0	0.00	1	7.14	2	14.29	6	42.86	4	28.57

土壤 pH

≤4.5		(4.5～5.5]		(5.5～6.5]		(6.5～7.5]		(7.5～8.5]		>8.5	
样本数	占比（%）	样本数	占比（%）	样本数	占比（%）	样本数	占比（%）	样本数	占比（%）	样本数	占比（%）
0	0.00	1	7.14	1	7.14	6	42.86	6	42.86	0	0.00

褐土—潮褐土—泥砂质潮褐土耕地土壤主要理化性状

项目名称	样本数（个）	平均值	标准差	变异系数（%）	范　围
有效土层厚（cm）	44	62.5	19.99	31.99	24.0～100.0
耕层厚度（cm）	44	18.8	3.16	16.87	10.0～25.0
耕层容重（g/cm^3）	44	1.27	0.07	5.51	1.08～1.47
有机质（g/kg）	44	24.6	6.05	24.60	9.6～37.1
全氮（g/kg）	44	1.493	0.44	29.70	0.720～2.866
有效磷（mg/kg）	44	31.6	20.45	64.66	5.9～98.2
速效钾（mg/kg）	44	195	69.00	35.40	82～348
缓效钾（mg/kg）	40	414	160.56	38.83	183～801
有效铜（mg/kg）	40	2.56	1.30	50.72	0.55～8.58
有效锌（mg/kg）	41	1.22	1.22	99.94	0.32～7.72
有效铁（mg/kg）	41	73.45	53.11	72.31	4.60～258.30
有效锰（mg/kg）	40	35.60	25.63	71.98	0.86～113.17
有效硼（mg/kg）	42	0.66	0.16	24.78	0.17～0.94
有效钼（mg/kg）	41	0.152	0.10	64.22	0.020～0.354
有效硫（mg/kg）	40	32.42	25.84	79.68	12.40～154.00
有效硅（mg/kg）	40	148.68	133.70	89.92	45.65～539.00

耕层质地

砂土		砂壤土		轻壤土		中壤土		重壤土		黏土	
样本数	占比（%）	样本数	占比（%）	样本数	占比（%）	样本数	占比（%）	样本数	占比（%）	样本数	占比（%）
0	0.00	0	0.00	1	2.27	8	18.18	24	54.55	11	25.00

土壤 pH

≤4.5		(4.5～5.5]		(5.5～6.5]		(6.5～7.5]		(7.5～8.5]		>8.5	
样本数	占比（%）	样本数	占比（%）	样本数	占比（%）	样本数	占比（%）	样本数	占比（%）	样本数	占比（%）
0	0.00	3	6.82	12	27.27	12	27.27	17	38.64	0	0.00

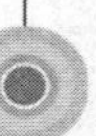

红黏土—典型红黏土—典型红黏土耕地土壤主要理化性状

项目名称	样本数（个）	平均值	标准差	变异系数（%）	范　围
有效土层厚（cm）	3	76.7	36.09	47.07	35.0～98.0
耕层厚度（cm）	3	20.3	5.03	24.75	15.0～25.0
耕层容重（g/cm^3）	3	1.36	0.08	5.70	1.30～1.45
有机质（g/kg）	3	17.5	3.46	19.80	13.7～20.5
全氮（g/kg）	3	1.203	0.41	33.78	0.740～1.500
有效磷（mg/kg）	3	18.9	13.47	71.14	5.9～32.8
速效钾（mg/kg）	3	68	17.21	25.44	54～87
缓效钾（mg/kg）	3	409	212.85	52.08	211～634
有效铜（mg/kg）	3	2.53	0.88	34.91	1.51～3.04
有效锌（mg/kg）	3	1.06	0.40	37.27	0.81～1.52
有效铁（mg/kg）	3	71.63	53.18	74.24	11.40～112.10
有效锰（mg/kg）	3	77.43	48.71	62.91	21.20～106.60
有效硼（mg/kg）	3	0.39	0.23	57.96	0.14～0.58
有效钼（mg/kg）	3	0.218	0.06	29.49	0.144～0.260
有效硫（mg/kg）	3	24.03	5.36	22.31	19.20～29.80
有效硅（mg/kg）	3	200.47	79.78	39.80	136.90～290.00

耕层质地

砂土		砂壤土		轻壤土		中壤土		重壤土		黏土	
样本数	占比（%）	样本数	占比（%）	样本数	占比（%）	样本数	占比（%）	样本数	占比（%）	样本数	占比（%）
0	0.00	0	0.00	0	0.00	0	0.00	2	66.67	1	33.33

土壤 pH

≤4.5		(4.5～5.5]		(5.5～6.5]		(6.5～7.5]		(7.5～8.5]		>8.5	
样本数	占比（%）	样本数	占比（%）	样本数	占比（%）	样本数	占比（%）	样本数	占比（%）	样本数	占比（%）
0	0.00	0	0.00	3	100.00	0	0.00	0	0.00	0	0.00

红黏土—复盐基红黏土—红泥质复盐基红黏土耕地土壤主要理化性状

项目名称	样本数（个）	平均值	标准差	变异系数（%）	范围
有效土层厚（cm）	3	61.7	12.58	20.40	50.0～75.0
耕层厚度（cm）	3	17.7	3.21	18.20	14.0～20.0
耕层容重（g/cm^3）	3	1.31	0.09	6.94	1.21～1.39
有机质（g/kg）	3	33.7	4.68	13.88	28.3～36.5
全氮（g/kg）	3	1.400	0.10	7.14	1.300～1.500
有效磷（mg/kg）	3	193.6	126.30	65.24	67.9～320.5
速效钾（mg/kg）	3	110	48.88	44.57	67～163
缓效钾（mg/kg）	3	344	147.22	42.80	233～511
有效铜（mg/kg）	3	1.91	0.90	46.88	1.00～2.79
有效锌（mg/kg）	3	2.56	0.39	15.35	2.12～2.88
有效铁（mg/kg）	3	95.35	49.99	52.43	49.20～148.46
有效锰（mg/kg）	3	17.77	4.43	24.94	14.80～22.86
有效硼（mg/kg）	3	0.30	0.09	28.04	0.22～0.39
有效钼（mg/kg）	3	0.483	0.21	43.71	0.260～0.680
有效硫（mg/kg）	3	23.84	16.68	69.96	10.37～42.49
有效硅（mg/kg）	3	118.96	71.58	60.18	39.00～177.08

耕层质地

砂土		砂壤土		轻壤土		中壤土		重壤土		黏土	
样本数	占比（%）	样本数	占比（%）	样本数	占比（%）	样本数	占比（%）	样本数	占比（%）	样本数	占比（%）
0	0.00	0	0.00	0	0.00	0	0.00	1	33.33	2	66.67

土壤 pH

≤4.5		(4.5～5.5]		(5.5～6.5]		(6.5～7.5]		(7.5～8.5]		>8.5	
样本数	占比（%）	样本数	占比（%）	样本数	占比（%）	样本数	占比（%）	样本数	占比（%）	样本数	占比（%）
0	0.00	2	66.67	1	33.33	0	0.00	0	0.00	0	0.00

新积土—典型新积土—山洪土耕地土壤主要理化性状

项目名称	样本数（个）	平均值	标准差	变异系数（%）	范　围
有效土层厚（cm）	51	94.0	10.25	10.90	60.0～100.0
耕层厚度（cm）	51	17.8	4.28	24.08	10.0～30.0
耕层容重（g/cm^3）	51	1.26	0.15	11.89	0.98～1.59
有机质（g/kg）	51	23.3	5.98	25.71	11.3～40.1
全氮（g/kg）	51	1.158	0.28	24.52	0.690～1.760
有效磷（mg/kg）	51	43.7	32.05	73.39	0.6～90.0
速效钾（mg/kg）	49	105	55.64	52.79	21～250
缓效钾（mg/kg）	41	102	72.04	70.78	39～340
有效铜（mg/kg）	48	1.22	0.92	75.21	0.24～4.27
有效锌（mg/kg）	48	1.79	1.40	78.37	0.20～7.52
有效铁（mg/kg）	47	64.66	58.40	90.32	4.78～269.20
有效锰（mg/kg）	49	51.24	51.04	99.62	2.20～229.42
有效硼（mg/kg）	50	0.52	0.58	111.33	0.02～3.30
有效钼（mg/kg）	50	0.222	0.19	85.14	0.030～0.870
有效硫（mg/kg）	50	39.12	24.38	62.30	6.17～95.85
有效硅（mg/kg）	48	84.77	91.76	108.25	18.10～469.78

耕层质地

砂土		砂壤土		轻壤土		中壤土		重壤土		黏土	
样本数	占比（%）	样本数	占比（%）	样本数	占比（%）	样本数	占比（%）	样本数	占比（%）	样本数	占比（%）
0	0.00	0	0.00	0	0.00	51	100.00	0	0.00	0	0.00

土壤 pH

≤4.5		(4.5～5.5]		(5.5～6.5]		(6.5～7.5]		(7.5～8.5]		>8.5	
样本数	占比（%）	样本数	占比（%）	样本数	占比（%）	样本数	占比（%）	样本数	占比（%）	样本数	占比（%）
9	17.65	24	47.06	10	19.61	7	13.73	1	1.96	0	0.00

风沙土—滨海风沙土—滨海固定风沙土耕地土壤主要理化性状

项目名称	样本数（个）	平均值	标准差	变异系数（%）	范　围
有效土层厚（cm）	3	15.0	0.00	0.00	15.0～15.0
耕层厚度（cm）	3	15.0	0.00	0.00	15.0～15.0
耕层容重（g/cm^3）	3	1.37	0.04	3.19	1.35～1.42
有机质（g/kg）	3	4.3	1.53	35.28	3.4～6.1
全氮（g/kg）	3	0.193	0.06	31.62	0.157～0.263
有效磷（mg/kg）	3	7.4	8.58	115.24	2.0～17.3
速效钾（mg/kg）	3	132	117.56	88.80	30～261
缓效钾（mg/kg）	3	157	75.89	48.38	74～223
有效铜（mg/kg）	3	0.32	0.02	6.44	0.30～0.34
有效锌（mg/kg）	3	3.57	0.84	23.50	2.62～4.21
有效铁（mg/kg）	3	21.40	0.00	0.00	21.40～21.40
有效锰（mg/kg）	3	10.50	0.00	0.00	10.50～10.50
有效硼（mg/kg）	3	0.42	0.15	35.71	0.27～0.57
有效钼（mg/kg）	3	0.090	0.00	0.00	0.090～0.090
有效硫（mg/kg）	3	38.03	9.87	25.94	26.70～44.70
有效硅（mg/kg）	3	51.80	0.00	0.00	51.80～51.80

耕层质地

砂土		砂壤土		轻壤土		中壤土		重壤土		黏土	
样本数	占比（%）	样本数	占比（%）	样本数	占比（%）	样本数	占比（%）	样本数	占比（%）	样本数	占比（%）
3	100.00	0	0.00	0	0.00	0	0.00	0	0.00	0	0.00

土壤 pH

≤4.5		(4.5～5.5]		(5.5～6.5]		(6.5～7.5]		(7.5～8.5]		>8.5	
样本数	占比（%）	样本数	占比（%）	样本数	占比（%）	样本数	占比（%）	样本数	占比（%）	样本数	占比（%）
0	0.00	1	33.33	0	0.00	2	66.67	0	0.00	0	0.00

石灰（岩）土—红色石灰土—红色石灰土耕地土壤主要理化性状

项目名称	样本数（个）	平均值	标准差	变异系数（%）	范　围
有效土层厚（cm）	67	80.6	19.68	24.42	41.0～100.0
耕层厚度（cm）	67	20.6	4.93	23.99	13.0～30.0
耕层容重（g/cm^3）	67	1.22	0.14	11.31	1.00～1.51
有机质（g/kg）	67	26.0	7.12	27.40	13.5～47.3
全氮（g/kg）	67	1.677	0.53	31.54	0.890～3.210
有效磷（mg/kg）	67	27.1	15.24	56.26	3.7～83.4
速效钾（mg/kg）	67	113	68.41	60.60	30～463
缓效钾（mg/kg）	66	350	309.93	88.54	54～1 383
有效铜（mg/kg）	61	6.34	6.70	105.70	0.46～26.36
有效锌（mg/kg）	61	3.85	3.25	84.39	0.53～12.72
有效铁（mg/kg）	61	107.15	81.55	76.11	6.00～372.00
有效锰（mg/kg）	61	71.22	65.58	92.08	2.97～251.50
有效硼（mg/kg）	60	0.49	0.43	87.79	0.07～2.95
有效钼（mg/kg）	61	0.358	0.26	71.17	0.044～0.990
有效硫（mg/kg）	54	69.94	79.02	112.99	3.88～293.75
有效硅（mg/kg）	53	225.27	160.42	71.21	11.97～532.56

耕层质地

砂土		砂壤土		轻壤土		中壤土		重壤土		黏土	
样本数	占比（%）	样本数	占比（%）	样本数	占比（%）	样本数	占比（%）	样本数	占比（%）	样本数	占比（%）
1	1.49	9	13.43	2	2.99	11	16.42	20	29.85	24	35.82

土壤 pH

≤4.5		(4.5～5.5]		(5.5～6.5]		(6.5～7.5]		(7.5～8.5]		>8.5	
样本数	占比（%）	样本数	占比（%）	样本数	占比（%）	样本数	占比（%）	样本数	占比（%）	样本数	占比（%）
0	0.00	2	2.99	25	37.31	28	41.79	12	17.91	0	0.00

石灰（岩）土—黑色石灰土—黑色石灰土耕地土壤主要理化性状

项目名称	样本数（个）	平均值	标准差	变异系数（%）	范　围
有效土层厚（cm）	27	47.9	23.62	49.27	30.0～120.0
耕层厚度（cm）	27	19.0	4.94	25.96	14.0～30.0
耕层容重（g/cm^3）	27	1.21	0.14	11.14	0.92～1.59
有机质（g/kg）	27	28.2	9.62	34.08	10.9～53.7
全氮（g/kg）	27	1.549	0.62	39.71	0.240～2.900
有效磷（mg/kg）	27	30.7	41.39	134.84	1.1～187.9
速效钾（mg/kg）	27	117	65.97	56.37	36～314
缓效钾（mg/kg）	27	296	178.12	60.11	103～745
有效铜（mg/kg）	23	7.14	15.23	213.32	0.91～76.03
有效锌（mg/kg）	23	2.72	2.65	97.16	0.74～12.22
有效铁（mg/kg）	23	102.73	69.80	67.94	9.50～233.80
有效锰（mg/kg）	23	47.37	34.19	72.17	11.67～121.00
有效硼（mg/kg）	23	0.48	0.50	104.87	0.12～2.61
有效钼（mg/kg）	23	0.290	0.17	58.30	0.043～0.700
有效硫（mg/kg）	22	43.09	30.58	70.96	8.77～119.16
有效硅（mg/kg）	23	283.82	126.28	44.49	93.75～511.00

耕层质地

砂土		砂壤土		轻壤土		中壤土		重壤土		黏土	
样本数	占比（%）	样本数	占比（%）	样本数	占比（%）	样本数	占比（%）	样本数	占比（%）	样本数	占比（%）
0	0.00	2	7.41	3	11.11	3	11.11	11	40.74	8	29.63

土壤 pH

≤4.5		(4.5～5.5]		(5.5～6.5]		(6.5～7.5]		(7.5～8.5]		>8.5	
样本数	占比（%）	样本数	占比（%）	样本数	占比（%）	样本数	占比（%）	样本数	占比（%）	样本数	占比（%）
1	3.70	0	0.00	4	14.81	3	11.11	18	66.67	1	3.70

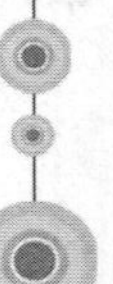

石灰（岩）土—棕色石灰土—棕色石灰土耕地土壤主要理化性状

项目名称	样本数（个）	平均值	标准差	变异系数（%）	范　围
有效土层厚（cm）	246	81.5	20.33	24.95	21.0～150.0
耕层厚度（cm）	246	18.9	4.75	25.13	10.0～40.0
耕层容重（g/cm^3）	245	1.23	0.15	12.27	0.81～1.62
有机质（g/kg）	246	24.2	8.58	35.44	8.0～48.0
全氮（g/kg）	246	1.381	0.52	37.55	0.200～3.060
有效磷（mg/kg）	246	28.6	31.74	111.02	0.4～292.0
速效钾（mg/kg）	224	122	72.42	59.14	24～415
缓效钾（mg/kg）	231	290	247.60	85.36	38～1 333
有效铜（mg/kg）	241	2.45	2.10	85.39	0.22～13.92
有效锌（mg/kg）	242	2.38	1.68	70.59	0.19～10.50
有效铁（mg/kg）	242	73.81	69.01	93.50	3.89～350.00
有效锰（mg/kg）	242	46.74	44.53	95.27	1.06～280.18
有效硼（mg/kg）	244	0.51	0.58	112.64	0.02～3.83
有效钼（mg/kg）	243	0.308	0.39	127.08	0.020～2.750
有效硫（mg/kg）	244	41.06	33.84	82.42	8.83～265.91
有效硅（mg/kg）	237	142.52	104.31	73.19	12.75～513.00

耕层质地

砂土		砂壤土		轻壤土		中壤土		重壤土		黏土	
样本数	占比（%）	样本数	占比（%）	样本数	占比（%）	样本数	占比（%）	样本数	占比（%）	样本数	占比（%）
0	0.00	4	1.63	147	59.76	31	12.60	28	11.38	36	14.63

土壤 pH

≤4.5		(4.5～5.5]		(5.5～6.5]		(6.5～7.5]		(7.5～8.5]		>8.5	
样本数	占比（%）	样本数	占比（%）	样本数	占比（%）	样本数	占比（%）	样本数	占比（%）	样本数	占比（%）
10	4.07	60	24.39	78	31.71	62	25.20	36	14.63	0	0.00

石灰（岩）土—黄色石灰土—黄色石灰土耕地土壤主要理化性状

项目名称	样本数（个）	平均值	标准差	变异系数（%）	范围
有效土层厚（cm）	1	60.0	—	—	—
耕层厚度（cm）	1	18.0	—	—	—
耕层容重（g/cm^3）	1	0.97	—	—	—
有机质（g/kg）	1	19.7	—	—	—
全氮（g/kg）	1	2.240	—	—	—
有效磷（mg/kg）	1	17.5	—	—	—
速效钾（mg/kg）	1	344	—	—	—
缓效钾（mg/kg）	1	203	—	—	—
有效铜（mg/kg）	0	—	—	—	—
有效锌（mg/kg）	0	—	—	—	—
有效铁（mg/kg）	0	—	—	—	—
有效锰（mg/kg）	0	—	—	—	—
有效硼（mg/kg）	0	—	—	—	—
有效钼（mg/kg）	0	—	—	—	—
有效硫（mg/kg）	0	—	—	—	—
有效硅（mg/kg）	0	—	—	—	—

耕层质地

砂土		砂壤土		轻壤土		中壤土		重壤土		黏土	
样本数	占比（%）	样本数	占比（%）	样本数	占比（%）	样本数	占比（%）	样本数	占比（%）	样本数	占比（%）
0	0.00	0	0.00	0	0.00	0	0.00	1	100.00	0	0.00

土壤 pH

≤4.5		(4.5～5.5]		(5.5～6.5]		(6.5～7.5]		(7.5～8.5]		>8.5	
样本数	占比（%）	样本数	占比（%）	样本数	占比（%）	样本数	占比（%）	样本数	占比（%）	样本数	占比（%）
0	0.00	0	0.00	0	0.00	1	100.00	0	0.00	0	0.00

火山灰土—基性岩火山灰土—基性岩火山砾泥土耕地土壤主要理化性状

项目名称	样本数（个）	平均值	标准差	变异系数（%）	范　围
有效土层厚（cm）	13	95.4	13.91	14.59	50.0～100.0
耕层厚度（cm）	13	19.6	0.96	4.90	18.0～21.0
耕层容重（g/cm^3）	13	1.40	0.10	6.84	1.26～1.51
有机质（g/kg）	13	16.9	5.94	35.23	11.0～33.2
全氮（g/kg）	13	0.937	0.33	34.91	0.440～1.580
有效磷（mg/kg）	13	23.6	13.86	58.81	6.6～49.2
速效钾（mg/kg）	13	153	47.88	31.31	89～276
缓效钾（mg/kg）	13	246	146.22	59.38	104～612
有效铜（mg/kg）	13	1.81	1.86	103.07	0.22～6.31
有效锌（mg/kg）	12	1.98	1.43	72.54	0.43～5.47
有效铁（mg/kg）	13	57.06	26.21	45.95	8.71～88.26
有效锰（mg/kg）	12	36.29	20.14	55.50	6.20～83.20
有效硼（mg/kg）	13	0.84	0.58	68.27	0.14～1.99
有效钼（mg/kg）	13	0.481	0.29	60.80	0.140～0.930
有效硫（mg/kg）	13	26.78	9.60	35.86	12.19～39.79
有效硅（mg/kg）	13	206.01	93.47	45.37	80.54～384.52

耕层质地

砂土		砂壤土		轻壤土		中壤土		重壤土		黏土	
样本数	占比（%）	样本数	占比（%）	样本数	占比（%）	样本数	占比（%）	样本数	占比（%）	样本数	占比（%）
0	0.00	0	0.00	2	15.38	6	46.15	4	30.77	1	7.69

土壤 pH

≤4.5		(4.5～5.5]		(5.5～6.5]		(6.5～7.5]		(7.5～8.5]		>8.5	
样本数	占比（%）	样本数	占比（%）	样本数	占比（%）	样本数	占比（%）	样本数	占比（%）	样本数	占比（%）
0	0.00	1	7.69	12	92.31	0	0.00	0	0.00	0	0.00

火山灰土—基性岩火山灰土—基性岩火山泥土耕地土壤主要理化性状

项目名称	样本数（个）	平均值	标准差	变异系数（%）	范　围
有效土层厚（cm）	37	28.9	8.69	30.08	20.0～70.0
耕层厚度（cm）	37	15.7	2.19	13.98	12.0～20.0
耕层容重（g/cm^3）	37	1.30	0.08	5.98	1.20～1.44
有机质（g/kg）	37	22.7	5.30	23.31	14.1～35.8
全氮（g/kg）	37	1.414	0.33	23.45	0.900～2.220
有效磷（mg/kg）	37	21.5	19.69	91.46	3.0～79.6
速效钾（mg/kg）	37	167	46.46	27.78	82～260
缓效钾（mg/kg）	37	390	74.88	19.19	246～588
有效铜（mg/kg）	37	2.39	0.90	37.58	0.62～4.87
有效锌（mg/kg）	35	1.20	1.04	86.92	0.22～6.17
有效铁（mg/kg）	37	109.59	74.87	68.32	16.60～377.29
有效锰（mg/kg）	37	51.75	42.31	81.77	6.11～162.00
有效硼（mg/kg）	37	0.37	0.19	52.61	0.12～0.82
有效钼（mg/kg）	37	0.099	0.06	61.22	0.040～0.440
有效硫（mg/kg）	37	47.81	39.98	83.62	6.23～217.80
有效硅（mg/kg）	35	214.47	128.79	60.05	37.45～514.00

耕层质地

砂土		砂壤土		轻壤土		中壤土		重壤土		黏土	
样本数	占比（%）	样本数	占比（%）	样本数	占比（%）	样本数	占比（%）	样本数	占比（%）	样本数	占比（%）
0	0.00	0	0.00	0	0.00	9	24.32	2	5.41	26	70.27

土壤 pH

≤4.5		(4.5～5.5]		(5.5～6.5]		(6.5～7.5]		(7.5～8.5]		>8.5	
样本数	占比（%）	样本数	占比（%）	样本数	占比（%）	样本数	占比（%）	样本数	占比（%）	样本数	占比（%）
0	0.00	14	37.84	14	37.84	2	5.41	7	18.92	0	0.00

紫色土—酸性紫色土—酸紫砾泥土耕地土壤主要理化性状

项目名称	样本数（个）	平均值	标准差	变异系数（%）	范　围
有效土层厚（cm）	24	86.0	18.71	21.74	60.0～120.0
耕层厚度（cm）	24	19.6	4.34	22.09	14.0～30.0
耕层容重（g/cm^3）	24	1.13	0.19	16.70	0.81～1.43
有机质（g/kg）	24	28.5	13.10	46.03	5.6～52.4
全氮（g/kg）	24	1.675	0.81	48.49	0.489～3.200
有效磷（mg/kg）	24	39.9	37.30	93.42	4.5～157.6
速效钾（mg/kg）	24	123	58.26	47.25	40～248
缓效钾（mg/kg）	23	283	148.31	52.36	110～688
有效铜（mg/kg）	23	4.41	5.61	127.24	0.83～28.83
有效锌（mg/kg）	24	4.17	4.16	99.71	1.30～20.46
有效铁（mg/kg）	24	169.11	85.08	50.31	38.60～342.50
有效锰（mg/kg）	24	24.40	14.66	60.10	5.08～52.28
有效硼（mg/kg）	23	0.33	0.13	39.05	0.18～0.61
有效钼（mg/kg）	23	0.932	0.92	99.08	0.050～3.080
有效硫（mg/kg）	24	28.98	10.70	36.93	8.27～46.00
有效硅（mg/kg）	24	110.67	47.58	43.00	44.15～215.91

耕层质地

砂土		砂壤土		轻壤土		中壤土		重壤土		黏土	
样本数	占比（%）	样本数	占比（%）	样本数	占比（%）	样本数	占比（%）	样本数	占比（%）	样本数	占比（%）
0	0.00	1	4.17	2	8.33	10	41.67	7	29.17	4	16.67

土壤 pH

≤4.5		(4.5～5.5]		(5.5～6.5]		(6.5～7.5]		(7.5～8.5]		>8.5	
样本数	占比（%）	样本数	占比（%）	样本数	占比（%）	样本数	占比（%）	样本数	占比（%）	样本数	占比（%）
0	0.00	15	62.50	4	16.67	3	12.50	2	8.33	0	0.00

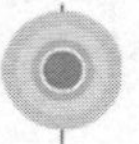

紫色土—酸性紫色土—酸紫砂土耕地土壤主要理化性状

项目名称	样本数（个）	平均值	标准差	变异系数（%）	范　围
有效土层厚（cm）	42	82.8	25.71	31.06	40.0～150.0
耕层厚度（cm）	42	21.4	6.26	29.26	12.0～40.0
耕层容重（g/cm^3）	42	1.20	0.18	14.75	0.90～1.67
有机质（g/kg）	42	21.1	7.24	34.37	8.0～35.2
全氮（g/kg）	42	1.336	0.47	34.98	0.600～2.960
有效磷（mg/kg）	42	29.4	31.85	108.15	4.4～155.5
速效钾（mg/kg）	41	119	70.48	59.10	30～348
缓效钾（mg/kg）	42	349	172.44	49.34	95～770
有效铜（mg/kg）	37	3.19	1.60	50.12	0.24～7.75
有效锌（mg/kg）	39	2.66	1.58	59.42	0.62～7.54
有效铁（mg/kg）	40	99.13	64.37	64.94	4.65～266.97
有效锰（mg/kg）	40	29.29	21.21	72.41	1.80～82.91
有效硼（mg/kg）	39	0.73	0.58	79.17	0.19～3.50
有效钼（mg/kg）	40	0.246	0.25	100.44	0.020～1.300
有效硫（mg/kg）	40	31.40	14.81	47.18	10.93～71.46
有效硅（mg/kg）	40	211.24	117.65	55.70	27.00～499.12

耕层质地

砂土		砂壤土		轻壤土		中壤土		重壤土		黏土	
样本数	占比（%）	样本数	占比（%）	样本数	占比（%）	样本数	占比（%）	样本数	占比（%）	样本数	占比（%）
0	0.00	15	35.71	5	11.90	13	30.95	8	19.05	1	2.38

土壤 pH

≤4.5		(4.5～5.5]		(5.5～6.5]		(6.5～7.5]		(7.5～8.5]		>8.5	
样本数	占比（%）	样本数	占比（%）	样本数	占比（%）	样本数	占比（%）	样本数	占比（%）	样本数	占比（%）
0	0.00	11	26.19	21	50.00	7	16.67	3	7.14	0	0.00

紫色土—酸性紫色土—酸紫壤土耕地土壤主要理化性状

项目名称	样本数（个）	平均值	标准差	变异系数（%）	范围
有效土层厚（cm）	39	82.3	22.36	27.18	38.0～150.0
耕层厚度（cm）	38	20.4	5.07	24.77	12.0～40.0
耕层容重（g/cm^3）	39	1.18	0.18	14.99	0.88～1.51
有机质（g/kg）	39	24.2	9.07	37.51	6.2～51.1
全氮（g/kg）	39	1.340	0.58	43.43	0.178～3.040
有效磷（mg/kg）	39	33.6	32.78	97.58	0.6～132.5
速效钾（mg/kg）	39	105	53.26	50.94	36～259
缓效钾（mg/kg）	39	299	118.70	39.68	62～637
有效铜（mg/kg）	38	3.16	3.29	104.05	0.27～16.14
有效锌（mg/kg）	38	4.60	3.68	80.02	0.26～19.84
有效铁（mg/kg）	36	149.90	97.37	64.96	5.40～415.00
有效锰（mg/kg）	38	31.42	31.94	101.64	1.25～128.72
有效硼（mg/kg）	37	0.53	0.49	93.16	0.14～2.78
有效钼（mg/kg）	38	0.842	1.93	229.18	0.057～8.830
有效硫（mg/kg）	39	28.19	17.51	62.10	7.08～97.19
有效硅（mg/kg）	38	123.60	89.97	72.80	17.60～480.67

耕层质地

砂土		砂壤土		轻壤土		中壤土		重壤土		黏土	
样本数	占比（%）	样本数	占比（%）	样本数	占比（%）	样本数	占比（%）	样本数	占比（%）	样本数	占比（%）
1	2.56	3	7.69	5	12.82	25	64.10	4	10.26	1	2.56

土壤 pH

≤4.5		(4.5～5.5]		(5.5～6.5]		(6.5～7.5]		(7.5～8.5]		>8.5	
样本数	占比（%）	样本数	占比（%）	样本数	占比（%）	样本数	占比（%）	样本数	占比（%）	样本数	占比（%）
5	12.82	17	43.59	13	33.33	4	10.26	0	0.00	0	0.00

紫色土—酸性紫色土—酸紫黏土耕地土壤主要理化性状

项目名称	样本数（个）	平均值	标准差	变异系数（%）	范　围
有效土层厚（cm）	76	77.4	17.98	23.22	45.0～122.0
耕层厚度（cm）	76	19.0	4.35	22.89	15.0～40.0
耕层容重（g/cm³）	76	1.23	0.16	12.67	0.86～1.58
有机质（g/kg）	76	27.1	9.46	34.88	8.9～52.1
全氮（g/kg）	76	1.433	0.50	34.62	0.642～3.030
有效磷（mg/kg）	74	62.5	84.80	135.78	0.9～489.0
速效钾（mg/kg）	76	119	74.86	63.08	23～358
缓效钾（mg/kg）	76	197	89.31	45.26	55～448
有效铜（mg/kg）	72	2.23	2.36	105.67	0.32～14.10
有效锌（mg/kg）	73	4.47	4.04	90.34	0.28～18.21
有效铁（mg/kg）	71	166.64	125.52	75.32	8.58～534.00
有效锰（mg/kg）	73	29.34	19.64	66.95	0.80～96.90
有效硼（mg/kg）	72	0.34	0.45	134.05	0.04～3.77
有效钼（mg/kg）	72	0.183	0.17	90.67	0.030～1.300
有效硫（mg/kg）	73	31.23	32.78	104.97	5.58～177.00
有效硅（mg/kg）	71	149.77	102.91	68.71	33.50～419.85

耕层质地

砂土		砂壤土		轻壤土		中壤土		重壤土		黏土	
样本数	占比（%）	样本数	占比（%）	样本数	占比（%）	样本数	占比（%）	样本数	占比（%）	样本数	占比（%）
0	0.00	4	5.26	11	14.47	9	11.84	19	25.00	33	43.42

土壤 pH

≤4.5		(4.5～5.5]		(5.5～6.5]		(6.5～7.5]		(7.5～8.5]		>8.5	
样本数	占比（%）	样本数	占比（%）	样本数	占比（%）	样本数	占比（%）	样本数	占比（%）	样本数	占比（%）
7	9.21	49	64.47	15	19.74	5	6.58	0	0.00	0	0.00

紫色土—中性紫色土—紫砂土耕地土壤主要理化性状

项目名称	样本数（个）	平均值	标准差	变异系数（%）	范　围
有效土层厚（cm）	25	82.0	17.82	21.72	45.0～100.0
耕层厚度（cm）	25	20.3	3.14	15.50	15.0～30.0
耕层容重（g/cm³）	25	1.34	0.12	8.66	1.13～1.62
有机质（g/kg）	25	19.0	6.99	36.77	8.8～38.2
全氮（g/kg）	25	1.104	0.38	34.08	0.530～2.011
有效磷（mg/kg）	25	40.9	49.92	122.09	6.1～258.1
速效钾（mg/kg）	25	140	59.24	42.32	43～258
缓效钾（mg/kg）	24	646	388.40	60.11	78～1 402
有效铜（mg/kg）	23	2.03	1.54	76.08	0.40～6.10
有效锌（mg/kg）	23	1.21	0.55	45.38	0.41～2.56
有效铁（mg/kg）	23	51.69	61.56	119.10	6.82～269.20
有效锰（mg/kg）	23	34.49	34.25	99.30	8.72～111.82
有效硼（mg/kg）	23	0.69	0.67	98.09	0.15～3.49
有效钼（mg/kg）	23	0.155	0.08	53.36	0.021～0.310
有效硫（mg/kg）	23	33.83	26.43	78.12	10.61～116.56
有效硅（mg/kg）	23	215.01	80.22	37.31	35.10～354.28

耕层质地

砂土		砂壤土		轻壤土		中壤土		重壤土		黏土	
样本数	占比（%）	样本数	占比（%）	样本数	占比（%）	样本数	占比（%）	样本数	占比（%）	样本数	占比（%）
0	0.00	8	32.00	3	12.00	6	24.00	6	24.00	2	8.00

土壤 pH

≤4.5		(4.5～5.5]		(5.5～6.5]		(6.5～7.5]		(7.5～8.5]		>8.5	
样本数	占比（%）	样本数	占比（%）	样本数	占比（%）	样本数	占比（%）	样本数	占比（%）	样本数	占比（%）
0	0.00	3	12.00	7	28.00	11	44.00	4	16.00	0	0.00

紫色土—中性紫色土—紫壤土耕地土壤主要理化性状

项目名称	样本数（个）	平均值	标准差	变异系数（%）	范　围
有效土层厚（cm）	17	45.1	23.24	51.58	20.0～100.0
耕层厚度（cm）	17	13.9	2.93	20.98	10.0～20.0
耕层容重（g/cm^3）	17	1.30	0.07	5.63	1.18～1.45
有机质（g/kg）	17	18.1	5.72	31.61	8.5～28.8
全氮（g/kg）	17	1.116	0.31	27.42	0.500～1.790
有效磷（mg/kg）	17	21.5	24.19	112.39	2.2～111.0
速效钾（mg/kg）	17	104	44.02	42.18	46～221
缓效钾（mg/kg）	17	464	285.77	61.63	121～1 060
有效铜（mg/kg）	17	1.54	0.73	47.15	0.58～3.37
有效锌（mg/kg）	17	1.35	1.12	82.82	0.22～4.99
有效铁（mg/kg）	17	57.44	43.07	74.97	15.80～187.61
有效锰（mg/kg）	17	47.66	36.88	77.37	14.92～160.00
有效硼（mg/kg）	17	0.72	0.48	66.83	0.12～1.99
有效钼（mg/kg）	17	0.296	0.28	93.87	0.110～0.870
有效硫（mg/kg）	17	20.68	10.60	51.27	9.99～44.10
有效硅（mg/kg）	15	217.74	116.92	53.70	34.98～437.81

耕层质地

砂土		砂壤土		轻壤土		中壤土		重壤土		黏土	
样本数	占比（%）	样本数	占比（%）	样本数	占比（%）	样本数	占比（%）	样本数	占比（%）	样本数	占比（%）
0	0.00	4	23.53	12	70.59	1	5.88	0	0.00	0	0.00

土壤 pH

≤4.5		(4.5～5.5]		(5.5～6.5]		(6.5～7.5]		(7.5～8.5]		>8.5	
样本数	占比（%）	样本数	占比（%）	样本数	占比（%）	样本数	占比（%）	样本数	占比（%）	样本数	占比（%）
0	0.00	2	11.76	13	76.47	2	11.76	0	0.00	0	0.00

紫色土—中性紫色土—紫泥土耕地土壤主要理化性状

项目名称	样本数（个）	平均值	标准差	变异系数（%）	范　围
有效土层厚（cm）	13	77.4	17.91	23.14	50.0～100.0
耕层厚度（cm）	12	22.8	5.01	21.92	18.0～35.0
耕层容重（g/cm^3）	13	1.24	0.16	13.28	0.97～1.50
有机质（g/kg）	13	22.1	8.38	37.99	11.8～42.4
全氮（g/kg）	13	1.274	0.35	27.19	0.710～1.870
有效磷（mg/kg）	13	34.6	37.34	107.87	8.0～112.8
速效钾（mg/kg）	13	137	56.80	41.51	44～268
缓效钾（mg/kg）	13	527	307.15	58.33	174～1 032
有效铜（mg/kg）	10	2.92	1.74	59.58	1.20～6.10
有效锌（mg/kg）	10	1.64	0.50	30.49	0.89～2.51
有效铁（mg/kg）	10	48.78	33.85	69.39	7.50～118.80
有效锰（mg/kg）	10	28.37	26.37	92.95	1.43～96.80
有效硼（mg/kg）	10	0.59	0.37	62.85	0.26～1.23
有效钼（mg/kg）	10	0.331	0.25	74.88	0.060～0.790
有效硫（mg/kg）	10	39.22	18.25	46.52	16.25～62.88
有效硅（mg/kg）	9	197.84	99.88	50.49	123.68～395.00

耕层质地

砂土		砂壤土		轻壤土		中壤土		重壤土		黏土	
样本数	占比（%）	样本数	占比（%）	样本数	占比（%）	样本数	占比（%）	样本数	占比（%）	样本数	占比（%）
0	0.00	0	0.00	4	30.77	5	38.46	4	30.77	0	0.00

土壤 pH

≤4.5		(4.5～5.5]		(5.5～6.5]		(6.5～7.5]		(7.5～8.5]		>8.5	
样本数	占比（%）	样本数	占比（%）	样本数	占比（%）	样本数	占比（%）	样本数	占比（%）	样本数	占比（%）
0	0.00	2	15.38	5	38.46	4	30.77	2	15.38	0	0.00

紫色土—石灰性紫色土—灰紫砾泥土耕地土壤主要理化性状

项目名称	样本数（个）	平均值	标准差	变异系数（%）	范　围
有效土层厚（cm）	1	60.0	—	—	—
耕层厚度（cm）	1	20.0	—	—	—
耕层容重（g/cm^3）	1	1.56	—	—	—
有机质（g/kg）	1	9.1	—	—	—
全氮（g/kg）	1	0.960	—	—	—
有效磷（mg/kg）	1	13.6	—	—	—
速效钾（mg/kg）	1	150	—	—	—
缓效钾（mg/kg）	1	370	—	—	—
有效铜（mg/kg）	1	2.77	—	—	—
有效锌（mg/kg）	1	1.02	—	—	—
有效铁（mg/kg）	1	33.70	—	—	—
有效锰（mg/kg）	1	11.90	—	—	—
有效硼（mg/kg）	1	0.42	—	—	—
有效钼（mg/kg）	1	0.130	—	—	—
有效硫（mg/kg）	1	121.19	—	—	—
有效硅（mg/kg）	1	291.74	—	—	—

耕层质地

砂土		砂壤土		轻壤土		中壤土		重壤土		黏土	
样本数	占比（%）	样本数	占比（%）	样本数	占比（%）	样本数	占比（%）	样本数	占比（%）	样本数	占比（%）
0	0.00	0	0.00	0	0.00	1	100.00	0	0.00	0	0.00

土壤 pH

≤4.5		(4.5～5.5]		(5.5～6.5]		(6.5～7.5]		(7.5～8.5]		>8.5	
样本数	占比（%）	样本数	占比（%）	样本数	占比（%）	样本数	占比（%）	样本数	占比（%）	样本数	占比（%）
0	0.00	0	0.00	0	0.00	0	0.00	1	100.00	0	0.00

紫色土—石灰性紫色土—灰紫砂土耕地土壤主要理化性状

项目名称	样本数（个）	平均值	标准差	变异系数（%）	范　围
有效土层厚（cm）	28	73.3	27.87	38.01	25.0～118.0
耕层厚度（cm）	28	18.6	4.76	25.61	11.0～35.0
耕层容重（g/cm^3）	28	1.23	0.16	13.33	0.86～1.50
有机质（g/kg）	28	27.3	12.32	45.22	10.4～64.2
全氮（g/kg）	28	1.655	0.80	48.21	0.660～4.220
有效磷（mg/kg）	28	23.7	18.77	79.34	7.4～82.8
速效钾（mg/kg）	27	139	59.84	43.08	40～277
缓效钾（mg/kg）	28	357	180.61	50.65	90～848
有效铜（mg/kg）	23	1.96	0.98	49.77	0.38～4.11
有效锌（mg/kg）	23	2.42	1.02	42.05	0.23～4.20
有效铁（mg/kg）	24	44.54	50.79	114.02	4.60～151.32
有效锰（mg/kg）	24	39.90	48.45	121.42	2.20～176.38
有效硼（mg/kg）	24	1.04	0.98	94.20	0.10～3.19
有效钼（mg/kg）	24	0.368	0.31	84.19	0.020～0.990
有效硫（mg/kg）	24	32.83	27.30	83.14	3.84～123.00
有效硅（mg/kg）	23	227.22	105.68	46.51	40.91～483.00

耕层质地

砂土		砂壤土		轻壤土		中壤土		重壤土		黏土	
样本数	占比（%）	样本数	占比（%）	样本数	占比（%）	样本数	占比（%）	样本数	占比（%）	样本数	占比（%）
2	7.14	9	32.14	6	21.43	3	10.71	4	14.29	4	14.29

土壤 pH

≤4.5		(4.5～5.5]		(5.5～6.5]		(6.5～7.5]		(7.5～8.5]		>8.5	
样本数	占比（%）	样本数	占比（%）	样本数	占比（%）	样本数	占比（%）	样本数	占比（%）	样本数	占比（%）
1	3.57	1	3.57	3	10.71	10	35.71	13	46.43	0	0.00

紫色土—石灰性紫色土—灰紫壤土耕地土壤主要理化性状

项目名称	样本数（个）	平均值	标准差	变异系数（%）	范　围
有效土层厚（cm）	28	72.8	18.97	26.06	40.0～100.0
耕层厚度（cm）	28	19.4	2.78	14.32	12.0～25.0
耕层容重（g/cm^3）	27	1.22	0.18	14.68	0.89～1.51
有机质（g/kg）	28	26.4	8.98	34.07	11.0～48.4
全氮（g/kg）	28	1.484	0.55	37.12	0.430～2.469
有效磷（mg/kg）	28	46.3	64.99	140.22	2.1～268.2
速效钾（mg/kg）	28	129	51.66	39.97	28～282
缓效钾（mg/kg）	28	349	198.71	56.97	111～852
有效铜（mg/kg）	23	3.10	1.74	56.09	0.48～6.65
有效锌（mg/kg）	21	4.59	7.22	157.46	0.39～27.87
有效铁（mg/kg）	24	122.64	109.88	89.60	5.33～355.00
有效锰（mg/kg）	24	35.89	39.44	109.89	3.40～196.00
有效硼（mg/kg）	24	1.09	1.26	116.19	0.06～3.85
有效钼（mg/kg）	23	0.224	0.21	92.92	0.024～0.880
有效硫（mg/kg）	22	39.12	22.70	58.03	4.00～88.88
有效硅（mg/kg）	23	160.86	116.08	72.16	16.07～474.00

耕层质地

砂土		砂壤土		轻壤土		中壤土		重壤土		黏土	
样本数	占比（%）	样本数	占比（%）	样本数	占比（%）	样本数	占比（%）	样本数	占比（%）	样本数	占比（%）
1	3.57	4	14.29	2	7.14	3	10.71	14	50.00	4	14.29

土壤 pH

≤4.5		(4.5～5.5]		(5.5～6.5]		(6.5～7.5]		(7.5～8.5]		>8.5	
样本数	占比（%）	样本数	占比（%）	样本数	占比（%）	样本数	占比（%）	样本数	占比（%）	样本数	占比（%）
1	3.57	10	35.71	6	21.43	6	21.43	5	17.86	0	0.00

紫色土—石灰性紫色土—灰紫泥土耕地土壤主要理化性状

项目名称	样本数（个）	平均值	标准差	变异系数（%）	范围
有效土层厚（cm）	27	65.2	22.04	33.80	25.0～100.0
耕层厚度（cm）	27	19.3	4.19	21.69	11.0～30.0
耕层容重（g/cm^3）	27	1.26	0.17	13.38	0.81～1.52
有机质（g/kg）	27	26.1	15.01	57.47	5.6～79.0
全氮（g/kg）	27	1.265	0.45	35.93	0.077～2.080
有效磷（mg/kg）	27	24.2	21.56	89.16	2.1～94.1
速效钾（mg/kg）	27	122	51.09	42.02	58～254
缓效钾（mg/kg）	27	530	354.58	66.86	187～1 466
有效铜（mg/kg）	24	3.26	2.45	75.04	0.81～10.15
有效锌（mg/kg）	27	5.01	5.05	100.72	0.24～18.31
有效铁（mg/kg）	26	104.53	95.62	91.47	5.80～307.09
有效锰（mg/kg）	27	19.70	12.41	63.02	0.95～48.72
有效硼（mg/kg）	25	0.53	0.33	61.61	0.10～1.30
有效钼（mg/kg）	25	0.361	0.39	109.32	0.060～1.690
有效硫（mg/kg）	27	26.58	17.12	64.40	6.54～63.79
有效硅（mg/kg）	26	166.04	104.75	63.09	33.95～479.67

耕层质地

砂土		砂壤土		轻壤土		中壤土		重壤土		黏土	
样本数	占比（%）	样本数	占比（%）	样本数	占比（%）	样本数	占比（%）	样本数	占比（%）	样本数	占比（%）
0	0.00	1	3.70	6	22.22	13	48.15	2	7.41	5	18.52

土壤 pH

≤4.5		(4.5～5.5]		(5.5～6.5]		(6.5～7.5]		(7.5～8.5]		>8.5	
样本数	占比（%）	样本数	占比（%）	样本数	占比（%）	样本数	占比（%）	样本数	占比（%）	样本数	占比（%）
0	0.00	3	11.11	15	55.56	7	25.93	2	7.41	0	0.00

粗骨土—酸性粗骨土—麻砂质酸性粗骨土耕地土壤主要理化性状

项目名称	样本数（个）	平均值	标准差	变异系数（%）	范　围
有效土层厚（cm）	8	60.1	25.16	41.85	33.0～108.0
耕层厚度（cm）	8	22.3	7.81	35.12	10.0～30.0
耕层容重（g/cm^3）	8	1.26	0.11	8.73	1.09～1.39
有机质（g/kg）	8	28.6	12.39	43.31	10.3～44.7
全氮（g/kg）	8	1.702	0.69	40.32	0.880～2.710
有效磷（mg/kg）	8	44.8	61.95	138.20	1.5～190.6
速效钾（mg/kg）	8	85	45.25	53.40	39～159
缓效钾（mg/kg）	8	313	119.44	38.11	178～567
有效铜（mg/kg）	8	9.23	22.16	240.11	0.37～64.06
有效锌（mg/kg）	8	2.09	1.44	69.06	0.77～4.56
有效铁（mg/kg）	8	120.18	72.10	60.00	53.50～282.00
有效锰（mg/kg）	8	30.03	29.02	96.63	6.23～82.50
有效硼（mg/kg）	8	0.72	1.23	171.51	0.10～3.70
有效钼（mg/kg）	7	0.257	0.16	62.37	0.070～0.510
有效硫（mg/kg）	8	16.82	5.85	34.79	8.58～23.66
有效硅（mg/kg）	8	252.00	197.91	78.53	38.69～492.38

耕层质地

砂土		砂壤土		轻壤土		中壤土		重壤土		黏土	
样本数	占比（%）	样本数	占比（%）	样本数	占比（%）	样本数	占比（%）	样本数	占比（%）	样本数	占比（%）
1	12.50	2	25.00	1	12.50	4	50.00	0	0.00	0	0.00

土壤 pH

≤4.5		(4.5～5.5]		(5.5～6.5]		(6.5～7.5]		(7.5～8.5]		>8.5	
样本数	占比（%）	样本数	占比（%）	样本数	占比（%）	样本数	占比（%）	样本数	占比（%）	样本数	占比（%）
0	0.00	2	25.00	5	62.50	1	12.50	0	0.00	0	0.00

粗骨土—酸性粗骨土—硅质酸性粗骨土耕地土壤主要理化性状

项目名称	样本数（个）	平均值	标准差	变异系数（%）	范　围
有效土层厚（cm）	63	67.1	22.90	34.12	15.0～120.0
耕层厚度（cm）	63	19.0	3.25	17.09	12.0～28.0
耕层容重（g/cm^3）	63	1.13	0.16	14.46	0.81～1.45
有机质（g/kg）	63	28.8	11.36	39.42	3.1～56.1
全氮（g/kg）	63	1.496	0.73	48.55	0.125～3.530
有效磷（mg/kg）	63	101.4	111.80	110.27	2.2～498.5
速效钾（mg/kg）	61	129	88.18	68.34	28～443
缓效钾（mg/kg）	63	299	161.89	54.19	41～1 032
有效铜（mg/kg）	63	3.42	2.98	87.25	0.43～16.49
有效锌（mg/kg）	63	3.83	1.93	50.27	0.22～8.33
有效铁（mg/kg）	62	167.41	84.76	50.63	10.00～416.00
有效锰（mg/kg）	63	20.15	15.33	76.08	1.27～79.60
有效硼（mg/kg）	63	0.39	0.30	75.75	0.05～1.29
有效钼（mg/kg）	62	0.505	0.84	165.57	0.030～4.300
有效硫（mg/kg）	62	26.93	17.15	63.70	4.54～81.60
有效硅（mg/kg）	63	128.52	63.18	49.16	41.52～347.20

耕层质地

砂土		砂壤土		轻壤土		中壤土		重壤土		黏土	
样本数	占比（%）	样本数	占比（%）	样本数	占比（%）	样本数	占比（%）	样本数	占比（%）	样本数	占比（%）
6	9.52	2	3.17	24	38.10	16	25.40	7	11.11	8	12.70

土壤 pH

≤4.5		(4.5～5.5]		(5.5～6.5]		(6.5～7.5]		(7.5～8.5]		>8.5	
样本数	占比（%）	样本数	占比（%）	样本数	占比（%）	样本数	占比（%）	样本数	占比（%）	样本数	占比（%）
10	15.87	36	57.14	11	17.46	3	4.76	3	4.76	0	0.00

粗骨土—酸性粗骨土—泥质酸性粗骨土耕地土壤主要理化性状

项目名称	样本数（个）	平均值	标准差	变异系数（%）	范围
有效土层厚（cm）	9	64.7	19.13	29.58	45.0～100.0
耕层厚度（cm）	9	17.4	2.13	12.20	13.0～20.0
耕层容重（g/cm^3）	9	1.11	0.15	13.04	0.81～1.34
有机质（g/kg）	9	34.2	13.77	40.23	15.7～60.3
全氮（g/kg）	9	2.241	0.94	41.95	1.020～4.240
有效磷（mg/kg）	9	42.0	51.59	122.80	2.1～165.1
速效钾（mg/kg）	9	122	68.05	55.99	43～209
缓效钾（mg/kg）	9	241	82.50	34.28	129～384
有效铜（mg/kg）	9	6.39	3.30	51.60	2.90～13.00
有效锌（mg/kg）	9	8.53	10.86	127.27	1.58～34.10
有效铁（mg/kg）	8	189.70	58.69	30.94	86.80～261.00
有效锰（mg/kg）	9	27.67	19.34	69.90	6.07～67.90
有效硼（mg/kg）	9	0.45	0.25	54.77	0.22～1.03
有效钼（mg/kg）	9	0.472	0.36	77.13	0.220～1.340
有效硫（mg/kg）	9	21.39	8.27	38.68	7.66～28.95
有效硅（mg/kg）	9	128.43	81.36	63.35	52.98～313.12

耕层质地

砂土		砂壤土		轻壤土		中壤土		重壤土		黏土	
样本数	占比（%）	样本数	占比（%）	样本数	占比（%）	样本数	占比（%）	样本数	占比（%）	样本数	占比（%）
0	0.00	0	0.00	8	88.89	1	11.11	0	0.00	0	0.00

土壤 pH

≤4.5		(4.5～5.5]		(5.5～6.5]		(6.5～7.5]		(7.5～8.5]		>8.5	
样本数	占比（%）	样本数	占比（%）	样本数	占比（%）	样本数	占比（%）	样本数	占比（%）	样本数	占比（%）
1	11.11	0	0.00	7	77.78	1	11.11	0	0.00	0	0.00

粗骨土—酸性粗骨土—红砂质酸性粗骨土耕地土壤主要理化性状

项目名称	样本数（个）	平均值	标准差	变异系数（%）	范　围
有效土层厚（cm）	5	62.0	8.37	13.49	50.0～70.0
耕层厚度（cm）	5	18.4	2.30	12.51	15.0～21.0
耕层容重（g/cm^3）	5	1.37	0.22	15.98	1.03～1.60
有机质（g/kg）	5	13.6	7.22	52.90	6.6～23.3
全氮（g/kg）	5	0.761	0.45	59.62	0.230～1.337
有效磷（mg/kg）	5	43.0	35.32	82.11	5.3～89.0
速效钾（mg/kg）	5	96	65.84	68.69	45～207
缓效钾（mg/kg）	5	203	70.08	34.45	105～268
有效铜（mg/kg）	5	2.58	1.26	48.67	1.49～4.19
有效锌（mg/kg）	5	10.99	20.19	183.64	0.78～47.08
有效铁（mg/kg）	5	132.25	71.31	53.92	65.16～221.00
有效锰（mg/kg）	5	42.29	26.62	62.94	12.62～70.38
有效硼（mg/kg）	5	0.35	0.09	26.24	0.20～0.44
有效钼（mg/kg）	5	0.432	0.31	71.47	0.170～0.890
有效硫（mg/kg）	5	20.29	7.77	38.31	14.17～32.68
有效硅（mg/kg）	5	116.02	41.47	35.75	70.50～177.05

耕层质地

砂土		砂壤土		轻壤土		中壤土		重壤土		黏土	
样本数	占比（%）	样本数	占比（%）	样本数	占比（%）	样本数	占比（%）	样本数	占比（%）	样本数	占比（%）
0	0.00	4	80.00	1	20.00	0	0.00	0	0.00	0	0.00

土壤 pH

≤4.5		(4.5～5.5]		(5.5～6.5]		(6.5～7.5]		(7.5～8.5]		>8.5	
样本数	占比（%）	样本数	占比（%）	样本数	占比（%）	样本数	占比（%）	样本数	占比（%）	样本数	占比（%）
0	0.00	3	60.00	2	40.00	0	0.00	0	0.00	0	0.00

粗骨土—中性粗骨土—暗泥质中性粗骨土耕地土壤主要理化性状

项目名称	样本数（个）	平均值	标准差	变异系数（%）	范　围
有效土层厚（cm）	12	77.1	13.89	18.02	40.0～90.0
耕层厚度（cm）	12	23.6	9.95	42.19	12.0～40.0
耕层容重（g/cm^3）	12	1.12	0.18	16.20	0.87～1.47
有机质（g/kg）	12	37.3	15.16	40.59	15.3～65.4
全氮（g/kg）	12	1.821	0.86	47.43	0.188～2.950
有效磷（mg/kg）	12	36.4	59.48	163.40	0.1～219.8
速效钾（mg/kg）	11	92	46.95	50.93	29～196
缓效钾（mg/kg）	10	169	82.21	48.70	67～304
有效铜（mg/kg）	12	4.47	3.90	87.32	0.75～15.20
有效锌（mg/kg）	12	4.37	2.79	63.85	1.59～12.00
有效铁（mg/kg）	12	195.27	82.55	42.28	22.60～313.00
有效锰（mg/kg）	12	18.01	10.08	55.97	8.81～44.10
有效硼（mg/kg）	12	0.32	0.10	30.20	0.15～0.49
有效钼（mg/kg）	12	0.693	0.89	128.99	0.070～2.880
有效硫（mg/kg）	12	28.71	13.30	46.33	12.83～57.41
有效硅（mg/kg）	12	157.73	78.71	49.90	78.51～363.08

耕层质地

砂土		砂壤土		轻壤土		中壤土		重壤土		黏土	
样本数	占比（%）	样本数	占比（%）	样本数	占比（%）	样本数	占比（%）	样本数	占比（%）	样本数	占比（%）
0	0.00	0	0.00	0	0.00	0	0.00	0	0.00	12	100.00

土壤 pH

≤4.5		(4.5～5.5]		(5.5～6.5]		(6.5～7.5]		(7.5～8.5]		>8.5	
样本数	占比（%）	样本数	占比（%）	样本数	占比（%）	样本数	占比（%）	样本数	占比（%）	样本数	占比（%）
1	8.33	4	33.33	7	58.33	0	0.00	0	0.00	0	0.00

粗骨土—中性粗骨土—麻砂质中性粗骨土耕地土壤主要理化性状

项目名称	样本数（个）	平均值	标准差	变异系数（%）	范围
有效土层厚（cm）	31	50.9	16.17	31.75	30.0～89.0
耕层厚度（cm）	31	18.1	2.31	12.72	15.0～25.0
耕层容重（g/cm^3）	31	1.18	0.21	18.07	0.90～1.69
有机质（g/kg）	31	14.1	5.51	38.99	3.6～30.5
全氮（g/kg）	31	0.867	0.34	39.14	0.300～1.801
有效磷（mg/kg）	31	18.4	9.45	51.46	7.0～48.8
速效钾（mg/kg）	31	113	60.22	53.07	41～348
缓效钾（mg/kg）	31	625	231.53	37.07	162～1 138
有效铜（mg/kg）	31	1.88	0.96	51.33	0.50～5.60
有效锌（mg/kg）	31	2.42	2.14	88.27	0.50～8.89
有效铁（mg/kg）	30	41.04	36.95	90.03	5.89～115.81
有效锰（mg/kg）	31	34.77	19.94	57.36	12.10～86.70
有效硼（mg/kg）	29	0.65	0.86	133.43	0.24～3.88
有效钼（mg/kg）	31	0.234	0.18	78.56	0.040～0.590
有效硫（mg/kg）	31	46.52	28.31	60.86	16.50～109.86
有效硅（mg/kg）	26	178.44	154.29	86.47	26.49～539.00

耕层质地

砂土		砂壤土		轻壤土		中壤土		重壤土		黏土	
样本数	占比（%）	样本数	占比（%）	样本数	占比（%）	样本数	占比（%）	样本数	占比（%）	样本数	占比（%）
10	32.26	10	32.26	0	0.00	7	22.58	2	6.45	2	6.45

土壤 pH

≤4.5		(4.5～5.5]		(5.5～6.5]		(6.5～7.5]		(7.5～8.5]		>8.5	
样本数	占比（%）	样本数	占比（%）	样本数	占比（%）	样本数	占比（%）	样本数	占比（%）	样本数	占比（%）
0	0.00	1	3.23	22	70.97	6	19.35	2	6.45	0	0.00

粗骨土—中性粗骨土—硅质中性粗骨土耕地土壤主要理化性状

项目名称	样本数（个）	平均值	标准差	变异系数（%）	范　围
有效土层厚（cm）	2	80.0	28.28	35.36	60.0～100.0
耕层厚度（cm）	2	20.0	0.00	0.00	20.0～20.0
耕层容重（g/cm³）	2	1.30	0.04	3.26	1.27～1.33
有机质（g/kg）	2	15.2	0.64	4.20	14.7～15.6
全氮（g/kg）	2	1.100	0.37	33.43	0.840～1.360
有效磷（mg/kg）	2	29.9	1.91	6.40	28.5～31.2
速效钾（mg/kg）	2	139	30.41	21.95	117～160
缓效钾（mg/kg）	2	747	254.56	34.08	567～927
有效铜（mg/kg）	2	1.15	0.08	7.38	1.09～1.21
有效锌（mg/kg）	2	0.75	0.55	73.54	0.36～1.14
有效铁（mg/kg）	2	24.45	27.65	113.08	4.90～44.00
有效锰（mg/kg）	2	32.95	32.88	99.79	9.70～56.20
有效硼（mg/kg）	2	0.20	0.02	10.35	0.19～0.22
有效钼（mg/kg）	2	0.151	0.04	29.03	0.120～0.182
有效硫（mg/kg）	2	17.18	1.82	10.57	15.90～18.47
有效硅（mg/kg）	2	315.50	48.79	15.46	281.00～350.00

耕层质地

砂土		砂壤土		轻壤土		中壤土		重壤土		黏土	
样本数	占比（%）	样本数	占比（%）	样本数	占比（%）	样本数	占比（%）	样本数	占比（%）	样本数	占比（%）
0	0.00	2	100.00	0	0.00	0	0.00	0	0.00	0	0.00

土壤 pH

≤4.5		(4.5～5.5]		(5.5～6.5]		(6.5～7.5]		(7.5～8.5]		>8.5	
样本数	占比（%）	样本数	占比（%）	样本数	占比（%）	样本数	占比（%）	样本数	占比（%）	样本数	占比（%）
0	0.00	0	0.00	2	100.00	0	0.00	0	0.00	0	0.00

粗骨土—钙质粗骨土—灰泥质钙质粗骨土耕地土壤主要理化性状

项目名称	样本数（个）	平均值	标准差	变异系数（%）	范　围
有效土层厚（cm）	8	89.6	16.89	18.85	55.0～100.0
耕层厚度（cm）	8	15.0	4.04	26.90	11.0～22.0
耕层容重（g/cm^3）	8	1.29	0.18	13.98	1.09～1.54
有机质（g/kg）	8	19.2	7.96	41.43	9.1～32.3
全氮（g/kg）	8	1.472	0.66	45.15	0.990～2.849
有效磷（mg/kg）	8	71.1	34.31	48.29	13.8～103.0
速效钾（mg/kg）	8	176	42.17	23.98	86～221
缓效钾（mg/kg）	2	929	84.72	9.12	869～989
有效铜（mg/kg）	2	2.84	0.33	11.45	2.61～3.07
有效锌（mg/kg）	6	2.10	1.19	56.68	0.73～3.51
有效铁（mg/kg）	5	15.59	15.00	96.18	5.92～41.90
有效锰（mg/kg）	2	25.54	2.26	8.83	23.94～27.13
有效硼（mg/kg）	6	0.67	0.25	36.98	0.26～0.98
有效钼（mg/kg）	5	0.302	0.12	40.71	0.111～0.407
有效硫（mg/kg）	2	32.89	0.37	1.12	32.63～33.15
有效硅（mg/kg）	0				—

耕层质地

砂土		砂壤土		轻壤土		中壤土		重壤土		黏土	
样本数	占比（%）	样本数	占比（%）	样本数	占比（%）	样本数	占比（%）	样本数	占比（%）	样本数	占比（%）
3	37.50	3	37.50	1	12.50	0	0.00	1	12.50	0	0.00

土壤 pH

≤4.5		(4.5～5.5]		(5.5～6.5]		(6.5～7.5]		(7.5～8.5]		>8.5	
样本数	占比（%）	样本数	占比（%）	样本数	占比（%）	样本数	占比（%）	样本数	占比（%）	样本数	占比（%）
0	0.00	0	0.00	2	25.00	2	25.00	4	50.00	0	0.00

粗骨土—钙质粗骨土—硅质钙质粗骨土耕地土壤主要理化性状

项目名称	样本数（个）	平均值	标准差	变异系数（%）	范围
有效土层厚（cm）	1	100.0	—	—	—
耕层厚度（cm）	1	15.0	—	—	—
耕层容重（g/cm^3）	1	1.28	—	—	—
有机质（g/kg）	1	15.0	—	—	—
全氮（g/kg）	1	0.890	—	—	—
有效磷（mg/kg）	1	7.4	—	—	—
速效钾（mg/kg）	1	96	—	—	—
缓效钾（mg/kg）	1	569	—	—	—
有效铜（mg/kg）	1	1.67	—	—	—
有效锌（mg/kg）	1	0.76	—	—	—
有效铁（mg/kg）	1	13.50	—	—	—
有效锰（mg/kg）	1	38.30	—	—	—
有效硼（mg/kg）	1	0.31	—	—	—
有效钼（mg/kg）	1	0.191	—	—	—
有效硫（mg/kg）	1	12.20	—	—	—
有效硅（mg/kg）	1	338.00	—	—	—

耕层质地

砂土		砂壤土		轻壤土		中壤土		重壤土		黏土	
样本数	占比（%）	样本数	占比（%）	样本数	占比（%）	样本数	占比（%）	样本数	占比（%）	样本数	占比（%）
0	0.00	1	100.00	0	0.00	0	0.00	0	0.00	0	0.00

土壤 pH

≤4.5		(4.5～5.5]		(5.5～6.5]		(6.5～7.5]		(7.5～8.5]		>8.5	
样本数	占比（%）	样本数	占比（%）	样本数	占比（%）	样本数	占比（%）	样本数	占比（%）	样本数	占比（%）
0	0.00	0	0.00	0	0.00	0	0.00	1	100.00	0	0.00

草甸土—典型草甸土—草甸黏土耕地土壤主要理化性状

项目名称	样本数（个）	平均值	标准差	变异系数（%）	范围
有效土层厚（cm）	4	100.0	0.00	0.00	100.0～100.0
耕层厚度（cm）	4	18.0	0.00	0.00	18.0～18.0
耕层容重（g/cm^3）	4	1.06	0.06	5.43	1.01～1.14
有机质（g/kg）	4	29.0	7.62	26.25	22.4～36.4
全氮（g/kg）	4	1.259	0.23	18.16	1.060～1.586
有效磷（mg/kg）	4	22.7	9.09	40.04	12.2～34.4
速效钾（mg/kg）	4	150	26.06	17.38	127～175
缓效钾（mg/kg）	4	291	54.56	18.77	243～338
有效铜（mg/kg）	4	2.35	1.48	63.09	0.78～4.20
有效锌（mg/kg）	4	4.00	1.94	48.54	1.24～5.75
有效铁（mg/kg）	4	27.74	8.68	31.31	22.20～40.54
有效锰（mg/kg）	4	17.93	2.03	11.32	15.20～20.00
有效硼（mg/kg）	4	0.25	0.03	11.78	0.21～0.28
有效钼（mg/kg）	4	0.160	0.03	21.65	0.130～0.210
有效硫（mg/kg）	4	38.00	17.53	46.14	20.80～55.50
有效硅（mg/kg）	4	68.30	9.90	14.50	54.22～75.22

耕层质地

砂土		砂壤土		轻壤土		中壤土		重壤土		黏土	
样本数	占比（%）	样本数	占比（%）	样本数	占比（%）	样本数	占比（%）	样本数	占比（%）	样本数	占比（%）
0	0.00	0	0.00	0	0.00	0	0.00	1	25.00	3	75.00

土壤 pH

≤4.5		(4.5～5.5]		(5.5～6.5]		(6.5～7.5]		(7.5～8.5]		>8.5	
样本数	占比（%）	样本数	占比（%）	样本数	占比（%）	样本数	占比（%）	样本数	占比（%）	样本数	占比（%）
0	0.00	4	100.00	0	0.00	0	0.00	0	0.00	0	0.00

潮土—典型潮土—潮砂土耕地土壤主要理化性状

项目名称	样本数（个）	平均值	标准差	变异系数（%）	范　围
有效土层厚（cm）	276	89.1	18.18	20.39	30.0～135.0
耕层厚度（cm）	276	20.5	3.28	16.01	13.0～31.0
耕层容重（g/cm^3）	276	1.25	0.19	15.18	0.81～1.93
有机质（g/kg）	275	20.6	8.63	41.98	6.6～49.4
全氮（g/kg）	276	1.242	0.48	38.61	0.280～3.220
有效磷（mg/kg）	276	35.2	46.76	132.90	0.8～485.1
速效钾（mg/kg）	273	144	82.82	57.59	24～470
缓效钾（mg/kg）	268	547	357.21	65.29	71～1 600
有效铜（mg/kg）	248	3.34	1.81	54.07	0.36～18.53
有效锌（mg/kg）	249	2.44	2.61	106.97	0.39～36.49
有效铁（mg/kg）	249	94.75	63.16	66.66	8.60～281.90
有效锰（mg/kg）	247	37.52	20.00	53.32	2.30～124.50
有效硼（mg/kg）	249	0.52	0.53	101.51	0.07～3.55
有效钼（mg/kg）	249	0.226	0.26	115.72	0.038～3.140
有效硫（mg/kg）	248	46.88	30.83	65.76	3.34～135.54
有效硅（mg/kg）	242	193.51	104.22	53.86	11.90～483.00

耕层质地

砂土		砂壤土		轻壤土		中壤土		重壤土		黏土	
样本数	占比（%）	样本数	占比（%）	样本数	占比（%）	样本数	占比（%）	样本数	占比（%）	样本数	占比（%）
22	7.97	70	25.36	42	15.22	112	40.58	22	7.97	8	2.90

土壤 pH

≤4.5		(4.5～5.5]		(5.5～6.5]		(6.5～7.5]		(7.5～8.5]		>8.5	
样本数	占比（%）	样本数	占比（%）	样本数	占比（%）	样本数	占比（%）	样本数	占比（%）	样本数	占比（%）
5	1.81	79	28.62	94	34.06	63	22.83	35	12.68	0	0.00

潮土—典型潮土—潮壤土耕地土壤主要理化性状

项目名称	样本数（个）	平均值	标准差	变异系数（%）	范　围
有效土层厚（cm）	338	90.1	23.11	25.64	35.0～120.0
耕层厚度（cm）	338	19.1	4.53	23.72	11.0～40.0
耕层容重（g/cm^3）	338	1.28	0.16	12.86	0.81～1.61
有机质（g/kg）	338	22.9	9.76	42.60	6.8～57.1
全氮（g/kg）	338	1.330	0.54	40.89	0.410～3.220
有效磷（mg/kg）	337	46.5	49.54	106.47	1.4～413.1
速效钾（mg/kg）	332	154	76.05	49.46	31～465
缓效钾（mg/kg）	293	505	253.80	50.30	45～1 512
有效铜（mg/kg）	293	5.99	8.88	148.37	0.70～70.49
有效锌（mg/kg）	314	3.18	3.42	107.75	0.30～27.35
有效铁（mg/kg）	308	131.26	100.71	76.73	3.90～531.25
有效锰（mg/kg）	292	43.56	34.34	78.84	1.98～257.37
有效硼（mg/kg）	307	0.75	0.60	79.45	0.11～3.92
有效钼（mg/kg）	308	0.258	0.35	137.11	0.016～2.720
有效硫（mg/kg）	294	37.12	30.90	83.26	6.05～255.79
有效硅（mg/kg）	283	199.30	102.94	51.65	12.63～524.00

耕层质地

砂土		砂壤土		轻壤土		中壤土		重壤土		黏土	
样本数	占比（%）	样本数	占比（%）	样本数	占比（%）	样本数	占比（%）	样本数	占比（%）	样本数	占比（%）
3	0.89	28	8.28	36	10.65	108	31.95	162	47.93	1	0.30

土壤 pH

≤4.5		(4.5～5.5]		(5.5～6.5]		(6.5～7.5]		(7.5～8.5]		>8.5	
样本数	占比（%）	样本数	占比（%）	样本数	占比（%）	样本数	占比（%）	样本数	占比（%）	样本数	占比（%）
3	0.89	64	18.93	110	32.54	103	30.47	58	17.16	0	0.00

潮土—典型潮土—潮黏土耕地土壤主要理化性状

项目名称	样本数（个）	平均值	标准差	变异系数（%）	范　围
有效土层厚（cm）	148	95.6	21.82	22.84	40.0～120.0
耕层厚度（cm）	148	18.1	4.30	23.73	12.0～40.0
耕层容重（g/cm^3）	148	1.30	0.13	10.26	1.00～1.68
有机质（g/kg）	148	24.9	10.93	43.90	6.0～65.1
全氮（g/kg）	148	1.526	0.65	42.47	0.257～3.600
有效磷（mg/kg）	147	46.6	49.31	105.82	1.4～371.5
速效钾（mg/kg）	147	178	88.02	49.32	43～439
缓效钾（mg/kg）	130	508	251.39	49.51	72～1 410
有效铜（mg/kg）	126	8.09	13.15	162.54	0.42～86.56
有效锌（mg/kg）	135	4.80	7.06	147.16	0.27～53.60
有效铁（mg/kg）	127	138.13	92.61	67.05	3.94～424.63
有效锰（mg/kg）	129	47.07	42.89	91.13	1.56～196.63
有效硼（mg/kg）	126	0.81	0.65	80.37	0.11～3.55
有效钼（mg/kg）	133	0.307	0.53	171.97	0.017～3.900
有效硫（mg/kg）	130	36.00	22.60	62.79	3.89～129.88
有效硅（mg/kg）	123	208.07	93.37	44.87	33.66～532.00

耕层质地

砂土		砂壤土		轻壤土		中壤土		重壤土		黏土	
样本数	占比（%）	样本数	占比（%）	样本数	占比（%）	样本数	占比（%）	样本数	占比（%）	样本数	占比（%）
2	1.35	23	15.54	5	3.38	4	2.70	40	27.03	74	50.00

土壤 pH

≤4.5		(4.5～5.5]		(5.5～6.5]		(6.5～7.5]		(7.5～8.5]		>8.5	
样本数	占比（%）	样本数	占比（%）	样本数	占比（%）	样本数	占比（%）	样本数	占比（%）	样本数	占比（%）
1	0.68	16	10.81	50	33.78	45	30.41	35	23.65	1	0.68

潮土—典型潮土—石灰性潮砂土耕地土壤主要理化性状

项目名称	样本数（个）	平均值	标准差	变异系数（%）	范围
有效土层厚（cm）	614	86.0	21.32	24.79	17.0～120.0
耕层厚度（cm）	614	17.8	2.57	14.42	11.5～25.0
耕层容重（g/cm^3）	605	1.29	0.12	9.01	0.90～1.69
有机质（g/kg）	614	22.3	9.03	40.44	6.0～50.0
全氮（g/kg）	613	1.378	0.47	33.94	0.211～3.170
有效磷（mg/kg）	614	29.0	24.40	84.13	1.4～200.0
速效钾（mg/kg）	602	152	95.80	63.02	26～483
缓效钾（mg/kg）	568	629	215.55	34.28	122～1 500
有效铜（mg/kg）	555	4.39	9.78	222.95	0.21～85.10
有效锌（mg/kg）	566	2.19	2.69	122.70	0.22～22.50
有效铁（mg/kg）	526	51.33	44.66	87.02	3.99～274.00
有效锰（mg/kg）	551	14.38	18.26	126.97	0.71～186.00
有效硼（mg/kg）	563	0.58	0.31	53.57	0.02～2.35
有效钼（mg/kg）	505	0.108	0.11	96.96	0.020～0.980
有效硫（mg/kg）	458	44.82	41.17	91.86	3.58～271.00
有效硅（mg/kg）	533	130.15	81.08	62.29	19.00～526.00

耕层质地

砂土		砂壤土		轻壤土		中壤土		重壤土		黏土	
样本数	占比（%）	样本数	占比（%）	样本数	占比（%）	样本数	占比（%）	样本数	占比（%）	样本数	占比（%）
330	53.75	214	34.85	29	4.72	22	3.58	8	1.30	11	1.79

土壤 pH

≤4.5		(4.5～5.5]		(5.5～6.5]		(6.5～7.5]		(7.5～8.5]		>8.5	
样本数	占比（%）	样本数	占比（%）	样本数	占比（%）	样本数	占比（%）	样本数	占比（%）	样本数	占比（%）
0	0.00	8	1.30	9	1.47	37	6.03	535	87.13	25	4.07

潮土—典型潮土—石灰性潮壤土耕地土壤主要理化性状

项目名称	样本数（个）	平均值	标准差	变异系数（%）	范　围
有效土层厚（cm）	613	89.0	20.41	22.92	19.0～130.0
耕层厚度（cm）	613	17.8	2.95	16.56	9.5～30.0
耕层容重（g/cm^3）	612	1.30	0.09	7.21	0.90～1.68
有机质（g/kg）	613	24.3	9.05	37.19	6.0～50.0
全氮（g/kg）	612	1.490	0.49	33.14	0.300～3.210
有效磷（mg/kg）	613	32.0	24.99	78.09	2.0～200.0
速效钾（mg/kg）	609	173	85.55	49.42	21～456
缓效钾（mg/kg）	564	689	206.22	29.92	112～1 500
有效铜（mg/kg）	550	5.28	10.80	204.36	0.22～85.95
有效锌（mg/kg）	559	2.35	3.53	150.31	0.21～43.10
有效铁（mg/kg）	518	61.50	48.92	79.54	3.80～400.00
有效锰（mg/kg）	537	19.19	14.56	75.88	0.72～106.00
有效硼（mg/kg）	555	0.55	0.31	56.24	0.03～2.70
有效钼（mg/kg）	435	0.138	0.14	98.58	0.020～0.990
有效硫（mg/kg）	478	53.63	43.50	81.12	3.94～312.98
有效硅（mg/kg）	537	121.08	89.64	74.03	24.00～539.00

耕层质地

砂土		砂壤土		轻壤土		中壤土		重壤土		黏土	
样本数	占比（%）	样本数	占比（%）	样本数	占比（%）	样本数	占比（%）	样本数	占比（%）	样本数	占比（%）
29	4.73	54	8.81	41	6.69	352	57.42	118	19.25	19	3.10

土壤 pH

≤4.5		(4.5～5.5]		(5.5～6.5]		(6.5～7.5]		(7.5～8.5]		>8.5	
样本数	占比（%）	样本数	占比（%）	样本数	占比（%）	样本数	占比（%）	样本数	占比（%）	样本数	占比（%）
0	0.00	6	0.98	12	1.96	50	8.16	522	85.15	23	3.75

潮土—典型潮土—石灰性潮黏土耕地土壤主要理化性状

项目名称	样本数（个）	平均值	标准差	变异系数（%）	范　围
有效土层厚（cm）	483	84.8	22.14	26.09	23.5～110.0
耕层厚度（cm）	483	18.4	2.89	15.71	10.0～26.0
耕层容重（g/cm^3）	473	1.26	0.13	9.95	0.80～1.67
有机质（g/kg）	483	27.7	9.56	34.51	6.0～50.0
全氮（g/kg）	483	1.699	0.57	33.53	0.350～3.888
有效磷（mg/kg）	483	32.7	23.89	72.98	2.0～155.8
速效钾（mg/kg）	463	241	103.87	43.17	35～479
缓效钾（mg/kg）	407	761	277.30	36.46	100～1 530
有效铜（mg/kg）	415	4.21	5.41	128.53	0.32～73.00
有效锌（mg/kg）	420	1.73	1.83	105.54	0.24～22.91
有效铁（mg/kg）	399	65.17	57.35	87.99	3.88～532.00
有效锰（mg/kg）	411	25.75	32.32	125.52	0.72～218.63
有效硼（mg/kg）	423	0.81	0.49	60.41	0.05～2.40
有效钼（mg/kg）	373	0.137	0.12	89.29	0.020～0.870
有效硫（mg/kg）	364	39.63	32.25	81.39	3.79～223.95
有效硅（mg/kg）	390	176.34	107.80	61.13	26.77～532.00

耕层质地

砂土		砂壤土		轻壤土		中壤土		重壤土		黏土	
样本数	占比（%）	样本数	占比（%）	样本数	占比（%）	样本数	占比（%）	样本数	占比（%）	样本数	占比（%）
3	0.62	6	1.24	3	0.62	40	8.28	126	26.09	305	63.15

土壤 pH

≤4.5		(4.5～5.5]		(5.5～6.5]		(6.5～7.5]		(7.5～8.5]		>8.5	
样本数	占比（%）	样本数	占比（%）	样本数	占比（%）	样本数	占比（%）	样本数	占比（%）	样本数	占比（%）
0	0.00	4	0.83	11	2.28	29	6.00	427	88.41	12	2.48

潮土—灰潮土—石灰性灰潮砂土耕地土壤主要理化性状

项目名称	样本数（个）	平均值	标准差	变异系数（%）	范　围
有效土层厚（cm）	388	76.2	25.87	33.96	30.0～142.0
耕层厚度（cm）	388	17.3	5.34	30.93	10.0～31.0
耕层容重（g/cm^3）	381	1.31	0.11	8.28	0.83～1.52
有机质（g/kg）	386	21.7	8.11	37.32	6.0～46.9
全氮（g/kg）	387	1.402	0.50	35.42	0.260～4.200
有效磷（mg/kg）	387	34.1	33.99	99.53	2.0～354.0
速效钾（mg/kg）	387	106	59.53	56.09	29～426
缓效钾（mg/kg）	273	491	166.54	33.94	141～1 083
有效铜（mg/kg）	305	2.99	2.17	72.53	0.27～12.50
有效锌（mg/kg）	303	2.48	2.07	83.60	0.20～15.25
有效铁（mg/kg）	304	84.26	67.78	80.45	4.02～480.00
有效锰（mg/kg）	301	13.28	17.69	133.20	0.72～205.80
有效硼（mg/kg）	273	0.78	0.60	76.78	0.11～3.62
有效钼（mg/kg）	272	0.119	0.12	103.07	0.015～1.000
有效硫（mg/kg）	269	38.89	33.06	85.00	4.64～270.50
有效硅（mg/kg）	305	121.61	63.80	52.46	21.50～482.13

耕层质地

砂土		砂壤土		轻壤土		中壤土		重壤土		黏土	
样本数	占比（%）	样本数	占比（%）	样本数	占比（%）	样本数	占比（%）	样本数	占比（%）	样本数	占比（%）
91	23.45	149	38.40	86	22.16	47	12.11	15	3.87	0	0.00

土壤 pH

≤4.5		(4.5～5.5]		(5.5～6.5]		(6.5～7.5]		(7.5～8.5]		>8.5	
样本数	占比（%）	样本数	占比（%）	样本数	占比（%）	样本数	占比（%）	样本数	占比（%）	样本数	占比（%）
1	0.26	7	1.81	34	8.79	151	39.02	191	49.35	3	0.78

潮土—灰潮土—石灰性灰潮壤土耕地土壤主要理化性状

项目名称	样本数（个）	平均值	标准差	变异系数（%）	范　围
有效土层厚（cm）	657	93.4	14.78	15.83	20.0～110.0
耕层厚度（cm）	657	15.5	2.20	14.16	10.0～25.0
耕层容重（g/cm^3）	606	1.26	0.10	7.84	0.82～1.60
有机质（g/kg）	657	20.6	9.21	44.75	5.8～67.7
全氮（g/kg）	654	1.334	0.50	37.29	0.250～4.090
有效磷（mg/kg）	657	24.9	26.92	108.07	2.2～290.0
速效钾（mg/kg）	652	123	65.46	53.43	33～467
缓效钾（mg/kg）	541	644	277.54	43.11	61～1 500
有效铜（mg/kg）	550	2.97	2.04	68.51	0.33～19.60
有效锌（mg/kg）	561	2.35	2.20	93.91	0.22～21.60
有效铁（mg/kg）	546	74.89	71.91	96.02	4.47～440.00
有效锰（mg/kg）	550	16.16	14.62	90.45	1.30～150.00
有效硼（mg/kg）	549	0.78	0.35	45.22	0.04～2.68
有效钼（mg/kg）	540	0.100	0.07	70.38	0.020～0.520
有效硫（mg/kg）	539	31.06	20.37	65.58	4.04～325.82
有效硅（mg/kg）	555	127.82	46.18	36.13	21.02～386.00

耕层质地

砂土		砂壤土		轻壤土		中壤土		重壤土		黏土	
样本数	占比（%）	样本数	占比（%）	样本数	占比（%）	样本数	占比（%）	样本数	占比（%）	样本数	占比（%）
0	0.00	79	12.02	190	28.92	281	42.77	107	16.29	0	0.00

土壤 pH

≤4.5		(4.5～5.5]		(5.5～6.5]		(6.5～7.5]		(7.5～8.5]		>8.5	
样本数	占比（%）	样本数	占比（%）	样本数	占比（%）	样本数	占比（%）	样本数	占比（%）	样本数	占比（%）
2	0.30	8	1.22	33	5.02	101	15.37	466	70.93	47	7.15

潮土—灰潮土—石灰性灰潮黏土耕地土壤主要理化性状

项目名称	样本数（个）	平均值	标准差	变异系数（%）	范　围
有效土层厚（cm）	514	94.1	19.19	20.39	45.0～155.0
耕层厚度（cm）	514	17.1	3.96	23.21	10.0～40.0
耕层容重（g/cm³）	477	1.27	0.15	11.85	0.81～1.67
有机质（g/kg）	514	20.5	8.89	43.44	6.0～64.2
全氮（g/kg）	513	1.310	0.49	37.43	0.120～3.510
有效磷（mg/kg）	512	30.0	36.31	121.22	1.8～471.5
速效钾（mg/kg）	505	145	86.29	59.43	33～485
缓效钾（mg/kg）	453	555	254.89	45.92	39～1 245
有效铜（mg/kg）	457	3.70	2.08	56.37	0.26～11.43
有效锌（mg/kg）	458	2.43	2.02	83.29	0.20～15.62
有效铁（mg/kg）	456	87.82	74.21	84.50	3.96～357.00
有效锰（mg/kg）	450	26.29	29.50	112.23	0.71～275.00
有效硼（mg/kg）	455	0.65	0.38	58.47	0.06～2.25
有效钼（mg/kg）	452	0.276	0.34	124.65	0.020～2.650
有效硫（mg/kg）	456	36.46	30.99	84.99	3.33～195.57
有效硅（mg/kg）	456	193.98	106.07	54.68	40.40～527.00

耕层质地

砂土		砂壤土		轻壤土		中壤土		重壤土		黏土	
样本数	占比（%）	样本数	占比（%）	样本数	占比（%）	样本数	占比（%）	样本数	占比（%）	样本数	占比（%）
5	0.97	43	8.37	64	12.45	143	27.82	122	23.74	137	26.65

土壤 pH

≤4.5		(4.5～5.5]		(5.5～6.5]		(6.5～7.5]		(7.5～8.5]		>8.5	
样本数	占比（%）	样本数	占比（%）	样本数	占比（%）	样本数	占比（%）	样本数	占比（%）	样本数	占比（%）
1	0.19	19	3.70	33	6.42	81	15.76	335	65.18	45	8.75

潮土—灰潮土—灰潮砂土耕地土壤主要理化性状

项目名称	样本数（个）	平均值	标准差	变异系数（%）	范　围
有效土层厚（cm）	328	94.1	18.21	19.35	30.0～150.0
耕层厚度（cm）	328	21.5	5.16	23.96	11.0～35.0
耕层容重（g/cm^3）	328	1.27	0.15	11.78	0.80～1.65
有机质（g/kg）	328	21.0	9.09	43.28	3.8～59.9
全氮（g/kg）	328	1.170	0.45	38.67	0.171～3.040
有效磷（mg/kg）	327	39.3	63.45	161.52	0.7～495.5
速效钾（mg/kg）	326	111	65.68	59.17	21～450
缓效钾（mg/kg）	323	564	366.16	64.98	42～1 589
有效铜（mg/kg）	321	4.03	8.38	208.27	0.39～74.94
有效锌（mg/kg）	326	2.97	5.46	183.83	0.28～61.72
有效铁（mg/kg）	327	64.71	62.91	97.22	5.50～461.49
有效锰（mg/kg）	325	32.54	33.31	102.39	1.80～226.85
有效硼（mg/kg）	326	0.51	0.48	94.29	0.06～3.43
有效钼（mg/kg）	319	0.265	0.55	207.77	0.020～8.720
有效硫（mg/kg）	325	45.03	33.73	74.89	4.92～322.51
有效硅（mg/kg）	297	174.45	96.69	55.43	13.54～531.78

耕层质地

砂土		砂壤土		轻壤土		中壤土		重壤土		黏土	
样本数	占比（%）	样本数	占比（%）	样本数	占比（%）	样本数	占比（%）	样本数	占比（%）	样本数	占比（%）
38	11.59	153	46.65	64	19.51	54	16.46	15	4.57	4	1.22

土壤 pH

≤4.5		(4.5～5.5]		(5.5～6.5]		(6.5～7.5]		(7.5～8.5]		>8.5	
样本数	占比（%）	样本数	占比（%）	样本数	占比（%）	样本数	占比（%）	样本数	占比（%）	样本数	占比（%）
7	2.13	80	24.39	56	17.07	44	13.41	140	42.68	1	0.30

潮土—灰潮土—灰潮壤土耕地土壤主要理化性状

项目名称	样本数（个）	平均值	标准差	变异系数（%）	范围
有效土层厚（cm）	1 274	90.5	17.37	19.20	30.0～120.0
耕层厚度（cm）	1 274	21.7	4.23	19.50	12.0～32.0
耕层容重（g/cm^3）	1 274	1.28	0.16	12.38	0.71～1.82
有机质（g/kg）	1 274	20.1	7.76	38.54	6.2～53.8
全氮（g/kg）	1 274	1.176	0.42	36.11	0.140～3.030
有效磷（mg/kg）	1 273	22.3	26.75	120.05	0.7～461.0
速效钾（mg/kg）	1 274	136	63.03	46.20	21～406
缓效钾（mg/kg）	1 259	669	287.88	43.05	38～1 590
有效铜（mg/kg）	1 272	2.93	1.25	42.48	0.20～13.85
有效锌（mg/kg）	1 273	1.60	1.10	68.66	0.23～15.16
有效铁（mg/kg）	1 274	54.65	42.35	77.49	5.10～338.78
有效锰（mg/kg）	1 273	26.99	20.91	77.48	1.30～263.00
有效硼（mg/kg）	1 251	0.50	0.37	74.87	0.02～3.91
有效钼（mg/kg）	1 255	0.195	0.16	79.68	0.020～0.990
有效硫（mg/kg）	1 259	47.08	29.26	62.14	5.10～198.06
有效硅（mg/kg）	1 250	200.40	89.45	44.64	14.80～534.00

耕层质地

砂土		砂壤土		轻壤土		中壤土		重壤土		黏土	
样本数	占比（%）	样本数	占比（%）	样本数	占比（%）	样本数	占比（%）	样本数	占比（%）	样本数	占比（%）
4	0.31	137	10.75	458	35.95	522	40.97	100	7.85	53	4.16

土壤 pH

≤4.5		(4.5～5.5]		(5.5～6.5]		(6.5～7.5]		(7.5～8.5]		>8.5	
样本数	占比（%）	样本数	占比（%）	样本数	占比（%）	样本数	占比（%）	样本数	占比（%）	样本数	占比（%）
6	0.47	98	7.69	217	17.03	327	25.67	626	49.14	0	0.00

潮土—灰潮土—灰潮黏土耕地土壤主要理化性状

项目名称	样本数（个）	平均值	标准差	变异系数（%）	范　围
有效土层厚（cm）	80	87.4	19.25	22.04	42.0～110.0
耕层厚度（cm）	80	20.7	4.80	23.18	13.0～40.0
耕层容重（g/cm^3）	80	1.18	0.13	10.62	0.90～1.55
有机质（g/kg）	80	22.5	6.86	30.48	6.1～43.6
全氮（g/kg）	80	1.257	0.37	29.37	0.600～2.180
有效磷（mg/kg）	80	28.8	25.29	87.74	4.7～99.0
速效钾（mg/kg）	80	188	66.51	35.42	33～332
缓效钾（mg/kg）	80	675	304.13	45.04	143～1 424
有效铜（mg/kg）	80	3.34	1.41	42.39	0.91～9.41
有效锌（mg/kg）	80	1.64	0.74	45.20	0.43～4.59
有效铁（mg/kg）	80	85.32	43.40	50.86	10.15～195.20
有效锰（mg/kg）	80	47.38	21.64	45.68	9.80～87.90
有效硼（mg/kg）	80	0.59	0.29	49.53	0.09～1.49
有效钼（mg/kg）	79	0.287	0.21	74.40	0.040～0.950
有效硫（mg/kg）	80	51.01	31.29	61.34	5.20～134.21
有效硅（mg/kg）	80	199.29	69.54	34.89	18.28～389.85

耕层质地

砂土		砂壤土		轻壤土		中壤土		重壤土		黏土	
样本数	占比（%）	样本数	占比（%）	样本数	占比（%）	样本数	占比（%）	样本数	占比（%）	样本数	占比（%）
0	0.00	0	0.00	23	28.75	31	38.75	13	16.25	13	16.25

土壤 pH

≤4.5		(4.5～5.5]		(5.5～6.5]		(6.5～7.5]		(7.5～8.5]		>8.5	
样本数	占比（%）	样本数	占比（%）	样本数	占比（%）	样本数	占比（%）	样本数	占比（%）	样本数	占比（%）
1	1.25	15	18.75	32	40.00	15	18.75	17	21.25	0	0.00

潮土—湿潮土—湿潮砂土耕地土壤主要理化性状

项目名称	样本数（个）	平均值	标准差	变异系数（%）	范围
有效土层厚（cm）	4	83.5	19.21	23.01	64.0～100.0
耕层厚度（cm）	4	18.5	3.00	16.22	14.0～20.0
耕层容重（g/cm³）	2	1.31	0.17	12.95	1.19～1.43
有机质（g/kg）	4	20.4	7.01	34.39	11.5～28.5
全氮（g/kg）	4	1.583	0.44	27.88	1.210～2.130
有效磷（mg/kg）	4	18.5	5.51	29.85	12.0～23.7
速效钾（mg/kg）	4	115	55.79	48.73	46～160
缓效钾（mg/kg）	4	619	466.96	75.42	324～1 305
有效铜（mg/kg）	4	3.49	1.72	49.26	2.01～5.76
有效锌（mg/kg）	4	3.23	1.48	45.79	2.01～5.02
有效铁（mg/kg）	4	51.05	31.04	60.80	30.20～96.70
有效锰（mg/kg）	4	19.75	7.71	39.04	13.40～30.90
有效硼（mg/kg）	4	0.26	0.06	22.62	0.21～0.34
有效钼（mg/kg）	4	0.180	0.03	15.67	0.154～0.220
有效硫（mg/kg）	4	35.00	21.01	60.02	10.00～54.30
有效硅（mg/kg）	4	88.72	26.29	29.64	63.20～123.97

耕层质地

砂土		砂壤土		轻壤土		中壤土		重壤土		黏土	
样本数	占比（%）	样本数	占比（%）	样本数	占比（%）	样本数	占比（%）	样本数	占比（%）	样本数	占比（%）
0	0.00	2	50.00	1	25.00	1	25.00	0	0.00	0	0.00

土壤 pH

≤4.5		(4.5～5.5]		(5.5～6.5]		(6.5～7.5]		(7.5～8.5]		>8.5	
样本数	占比（%）	样本数	占比（%）	样本数	占比（%）	样本数	占比（%）	样本数	占比（%）	样本数	占比（%）
0	0.00	2	50.00	1	25.00	1	25.00	0	0.00	0	0.00

潮土—盐化潮土—氯化物潮土耕地土壤主要理化性状

项目名称	样本数（个）	平均值	标准差	变异系数（%）	范　围
有效土层厚（cm）	233	85.0	18.81	22.12	40.0～120.0
耕层厚度（cm）	233	17.8	2.67	15.06	12.0～30.0
耕层容重（g/cm^3）	233	1.26	0.11	8.60	0.88～1.62
有机质（g/kg）	233	17.9	8.39	46.84	2.0～48.9
全氮（g/kg）	233	1.083	0.47	43.42	0.180～3.230
有效磷（mg/kg）	233	45.9	44.72	97.44	1.9～359.0
速效钾（mg/kg）	222	162	85.87	52.89	32～417
缓效钾（mg/kg）	214	615	224.70	36.56	97～1 376
有效铜（mg/kg）	214	3.27	3.65	111.49	0.36～34.30
有效锌（mg/kg）	223	2.55	1.89	74.10	0.29～13.63
有效铁（mg/kg）	222	70.89	59.21	83.52	3.80～295.84
有效锰（mg/kg）	214	16.27	10.92	67.12	2.02～64.65
有效硼（mg/kg）	224	0.80	0.34	42.94	0.12～1.93
有效钼（mg/kg）	219	0.132	0.12	88.84	0.020～0.890
有效硫（mg/kg）	213	34.40	30.82	89.59	3.33～216.00
有效硅（mg/kg）	214	133.05	62.13	46.70	35.65～425.00

耕层质地

砂土		砂壤土		轻壤土		中壤土		重壤土		黏土	
样本数	占比（%）	样本数	占比（%）	样本数	占比（%）	样本数	占比（%）	样本数	占比（%）	样本数	占比（%）
30	12.88	54	23.18	62	26.61	40	17.17	19	8.15	28	12.02

土壤 pH

≤4.5		(4.5～5.5]		(5.5～6.5]		(6.5～7.5]		(7.5～8.5]		>8.5	
样本数	占比（%）	样本数	占比（%）	样本数	占比（%）	样本数	占比（%）	样本数	占比（%）	样本数	占比（%）
1	0.43	3	1.29	6	2.58	18	7.73	184	78.97	21	9.01

潮土—盐化潮土—硫酸盐潮土耕地土壤主要理化性状

项目名称	样本数（个）	平均值	标准差	变异系数（%）	范　围
有效土层厚（cm）	6	90.0	19.76	21.95	50.0～100.0
耕层厚度（cm）	6	19.2	1.33	6.93	17.0～20.0
耕层容重（g/cm^3）	6	1.26	0.06	4.91	1.16～1.32
有机质（g/kg）	6	19.9	10.14	50.97	6.1～29.9
全氮（g/kg）	6	1.122	0.49	43.88	0.461～1.680
有效磷（mg/kg）	6	17.2	9.98	58.05	5.8～30.9
速效钾（mg/kg）	6	179	89.61	50.04	51～306
缓效钾（mg/kg）	6	625	132.72	21.25	357～698
有效铜（mg/kg）	6	2.64	1.55	58.77	1.18～5.52
有效锌（mg/kg）	6	0.94	0.62	65.31	0.32～2.13
有效铁（mg/kg）	6	52.20	25.02	47.93	17.20～78.65
有效锰（mg/kg）	6	18.19	14.40	79.18	6.20～42.10
有效硼（mg/kg）	6	0.59	0.16	27.56	0.33～0.78
有效钼（mg/kg）	6	0.090	0.07	80.67	0.030～0.230
有效硫（mg/kg）	6	66.40	49.75	74.92	20.52～137.89
有效硅（mg/kg）	6	120.64	70.53	58.47	71.99～259.00

耕层质地

砂土		砂壤土		轻壤土		中壤土		重壤土		黏土	
样本数	占比（%）	样本数	占比（%）	样本数	占比（%）	样本数	占比（%）	样本数	占比（%）	样本数	占比（%）
3	50.00	2	33.33	0	0.00	1	16.67	0	0.00	0	0.00

土壤 pH

≤4.5		(4.5～5.5]		(5.5～6.5]		(6.5～7.5]		(7.5～8.5]		>8.5	
样本数	占比（%）	样本数	占比（%）	样本数	占比（%）	样本数	占比（%）	样本数	占比（%）	样本数	占比（%）
0	0.00	0	0.00	0	0.00	2	33.33	3	50.00	1	16.67

砂姜黑土—典型砂姜黑土—黑姜土耕地土壤主要理化性状

项目名称	样本数（个）	平均值	标准差	变异系数（%）	范　围
有效土层厚（cm）	589	77.8	26.41	33.97	22.0～130.0
耕层厚度（cm）	589	18.7	3.59	19.24	11.0～30.0
耕层容重（g/cm^3）	538	1.34	0.13	10.08	1.00～1.63
有机质（g/kg）	589	23.9	8.23	34.38	6.0～50.0
全氮（g/kg）	588	1.507	0.54	35.72	0.320～3.530
有效磷（mg/kg）	589	39.7	35.24	88.68	2.0～200.0
速效钾（mg/kg）	578	187	71.40	38.18	34～461
缓效钾（mg/kg）	506	520	169.51	32.60	154～1 160
有效铜（mg/kg）	502	2.16	1.05	48.84	0.20～12.36
有效锌（mg/kg）	508	1.36	1.36	99.52	0.22～15.40
有效铁（mg/kg）	514	80.39	71.21	88.59	3.90～458.50
有效锰（mg/kg）	502	64.19	57.36	89.37	1.05～293.81
有效硼（mg/kg）	514	0.55	0.36	65.85	0.04～2.60
有效钼（mg/kg）	469	0.209	0.20	96.94	0.020～0.970
有效硫（mg/kg）	502	33.20	20.00	60.23	3.59～138.58
有效硅（mg/kg）	441	219.48	97.24	44.30	31.44～526.00

耕层质地

砂土		砂壤土		轻壤土		中壤土		重壤土		黏土	
样本数	占比（%）	样本数	占比（%）	样本数	占比（%）	样本数	占比（%）	样本数	占比（%）	样本数	占比（%）
1	0.17	16	2.72	21	3.57	51	8.66	208	35.31	292	49.58

土壤 pH

≤4.5		(4.5～5.5]		(5.5～6.5]		(6.5～7.5]		(7.5～8.5]		>8.5	
样本数	占比（%）	样本数	占比（%）	样本数	占比（%）	样本数	占比（%）	样本数	占比（%）	样本数	占比（%）
5	0.85	95	16.13	225	38.20	193	32.77	71	12.05	0	0.00

砂姜黑土—典型砂姜黑土—黄姜土耕地土壤主要理化性状

项目名称	样本数（个）	平均值	标准差	变异系数（%）	范　围
有效土层厚（cm）	18	84.0	26.27	31.27	55.0～150.0
耕层厚度（cm）	18	17.3	3.73	21.50	15.0～25.0
耕层容重（g/cm^3）	18	1.33	0.07	5.10	1.23～1.46
有机质（g/kg）	18	22.7	6.75	29.80	10.7～34.7
全氮（g/kg）	18	1.183	0.30	25.53	0.520～1.600
有效磷（mg/kg）	18	24.7	9.99	40.36	12.2～48.3
速效钾（mg/kg）	18	135	38.21	28.38	56～191
缓效钾（mg/kg）	18	545	128.24	23.53	288～792
有效铜（mg/kg）	18	1.18	0.79	66.97	0.25～2.47
有效锌（mg/kg）	18	1.68	1.19	70.77	0.20～3.99
有效铁（mg/kg）	18	45.65	37.40	81.92	4.36～110.50
有效锰（mg/kg）	18	40.58	37.79	93.13	7.70～133.00
有效硼（mg/kg）	18	0.56	0.42	75.42	0.14～1.69
有效钼（mg/kg）	18	0.405	0.27	67.18	0.031～0.790
有效硫（mg/kg）	18	26.59	9.42	35.43	15.56～47.88
有效硅（mg/kg）	15	160.86	88.65	55.11	41.13～293.42

耕层质地

砂土		砂壤土		轻壤土		中壤土		重壤土		黏土	
样本数	占比（%）	样本数	占比（%）	样本数	占比（%）	样本数	占比（%）	样本数	占比（%）	样本数	占比（%）
0	0.00	0	0.00	1	5.56	3	16.67	10	55.56	4	22.22

土壤 pH

≤4.5		(4.5～5.5]		(5.5～6.5]		(6.5～7.5]		(7.5～8.5]		>8.5	
样本数	占比（%）	样本数	占比（%）	样本数	占比（%）	样本数	占比（%）	样本数	占比（%）	样本数	占比（%）
0	0.00	3	16.67	4	22.22	7	38.89	4	22.22	0	0.00

砂姜黑土—典型砂姜黑土—覆泥黑姜土耕地土壤主要理化性状

项目名称	样本数（个）	平均值	标准差	变异系数（%）	范　围
有效土层厚（cm）	115	95.8	14.95	15.60	35.0～120.0
耕层厚度（cm）	115	20.3	2.68	13.22	15.0～26.0
耕层容重（g/cm^3）	115	1.35	0.10	7.08	1.02～1.51
有机质（g/kg）	115	18.8	5.27	28.08	8.2～34.9
全氮（g/kg）	115	1.217	0.27	22.03	0.684～1.850
有效磷（mg/kg）	115	33.5	19.87	59.27	7.0～110.8
速效钾（mg/kg）	115	171	51.73	30.29	63～300
缓效钾（mg/kg）	115	719	181.24	25.21	402～1 190
有效铜（mg/kg）	115	1.85	0.59	31.76	0.51～3.61
有效锌（mg/kg）	115	1.38	1.52	109.84	0.38～9.31
有效铁（mg/kg）	115	51.63	34.08	66.01	4.60～178.49
有效锰（mg/kg）	115	58.11	42.85	73.75	10.40～193.00
有效硼（mg/kg）	115	0.72	0.53	73.40	0.09～3.66
有效钼（mg/kg）	82	0.181	0.12	68.50	0.040～0.630
有效硫（mg/kg）	113	32.99	23.57	71.43	4.40～176.83
有效硅（mg/kg）	80	218.25	74.81	34.28	102.00～422.00

耕层质地

砂土		砂壤土		轻壤土		中壤土		重壤土		黏土	
样本数	占比（%）	样本数	占比（%）	样本数	占比（%）	样本数	占比（%）	样本数	占比（%）	样本数	占比（%）
0	0.00	0	0.00	0	0.00	74	64.35	37	32.17	4	3.48

土壤 pH

≤4.5		(4.5～5.5]		(5.5～6.5]		(6.5～7.5]		(7.5～8.5]		>8.5	
样本数	占比（%）	样本数	占比（%）	样本数	占比（%）	样本数	占比（%）	样本数	占比（%）	样本数	占比（%）
0	0.00	28	24.35	65	56.52	19	16.52	3	2.61	0	0.00

砂姜黑土—石灰性砂姜黑土—灰黑姜土耕地土壤主要理化性状

项目名称	样本数（个）	平均值	标准差	变异系数（%）	范　围
有效土层厚（cm）	8	142.5	13.89	9.75	120.0～150.0
耕层厚度（cm）	8	23.8	2.31	9.75	20.0～25.0
耕层容重（g/cm^3）	8	1.28	0.02	1.76	1.26～1.31
有机质（g/kg）	8	24.9	6.89	27.66	16.7～36.6
全氮（g/kg）	8	1.409	0.29	20.55	1.070～1.890
有效磷（mg/kg）	8	54.7	23.54	43.03	20.5～87.6
速效钾（mg/kg）	8	144	12.84	8.93	128～162
缓效钾（mg/kg）	8	573	151.85	26.52	409～830
有效铜（mg/kg）	8	2.21	0.01	0.64	2.20～2.23
有效锌（mg/kg）	8	0.78	0.02	2.62	0.74～0.80
有效铁（mg/kg）	8	108.05	5.10	4.72	99.80～111.20
有效锰（mg/kg）	8	117.55	8.74	7.43	111.20～133.00
有效硼（mg/kg）	8	0.28	0.05	17.81	0.21～0.35
有效钼（mg/kg）	8	0.039	0.00	11.68	0.031～0.044
有效硫（mg/kg）	8	22.84	1.36	5.94	21.34～25.26
有效硅（mg/kg）	0				～

耕层质地

砂土		砂壤土		轻壤土		中壤土		重壤土		黏土	
样本数	占比（%）	样本数	占比（%）	样本数	占比（%）	样本数	占比（%）	样本数	占比（%）	样本数	占比（%）
0	0.00	0	0.00	0	0.00	5	62.50	3	37.50	0	0.00

土壤 pH

≤4.5		(4.5～5.5]		(5.5～6.5]		(6.5～7.5]		(7.5～8.5]		>8.5	
样本数	占比（%）	样本数	占比（%）	样本数	占比（%）	样本数	占比（%）	样本数	占比（%）	样本数	占比（%）
0	0.00	5	62.50	3	37.50	0	0.00	0	0.00	0	0.00

砂姜黑土—盐化砂姜黑土—氯化物盐化砂姜黑土耕地土壤主要理化性状

项目名称	样本数（个）	平均值	标准差	变异系数（%）	范围
有效土层厚（cm）	16	59.1	14.52	24.58	50.0～85.0
耕层厚度（cm）	16	18.0	0.13	0.69	18.0～18.5
耕层容重（g/cm³）	16	1.18	0.17	14.26	0.92～1.52
有机质（g/kg）	16	30.7	7.14	23.29	15.2～41.8
全氮（g/kg）	16	2.044	0.51	25.00	1.150～2.875
有效磷（mg/kg）	16	28.7	14.87	51.87	8.6～59.2
速效钾（mg/kg）	15	178	94.24	52.94	82～470
缓效钾（mg/kg）	16	468	218.86	46.73	206～1 020
有效铜（mg/kg）	16	1.76	1.14	64.97	0.26～4.66
有效锌（mg/kg）	16	0.75	0.45	59.80	0.30～1.94
有效铁（mg/kg）	10	103.76	94.07	90.66	9.78～225.60
有效锰（mg/kg）	16	49.31	51.70	104.86	1.04～128.32
有效硼（mg/kg）	16	1.16	0.40	34.19	0.53～1.86
有效钼（mg/kg）	16	0.087	0.03	36.33	0.050～0.150
有效硫（mg/kg）	16	14.93	12.44	83.31	4.62～40.00
有效硅（mg/kg）	16	229.14	114.38	49.92	83.28～430.61

耕层质地

砂土		砂壤土		轻壤土		中壤土		重壤土		黏土	
样本数	占比（%）	样本数	占比（%）	样本数	占比（%）	样本数	占比（%）	样本数	占比（%）	样本数	占比（%）
13	81.25	0	0.00	0	0.00	0	0.00	0	0.00	3	18.75

土壤 pH

≤4.5		(4.5～5.5]		(5.5～6.5]		(6.5～7.5]		(7.5～8.5]		>8.5	
样本数	占比（%）	样本数	占比（%）	样本数	占比（%）	样本数	占比（%）	样本数	占比（%）	样本数	占比（%）
2	12.50	5	31.25	2	12.50	0	0.00	7	43.75	0	0.00

沼泽土—典型沼泽土—典型沼泽土耕地土壤主要理化性状

项目名称	样本数（个）	平均值	标准差	变异系数（%）	范　围
有效土层厚（cm）	15	95.5	11.79	12.34	66.0～100.0
耕层厚度（cm）	15	15.8	3.91	24.77	10.0～24.0
耕层容重（g/cm^3）	15	1.18	0.12	10.10	1.03～1.50
有机质（g/kg）	15	35.7	11.50	32.18	15.4～50.0
全氮（g/kg）	15	2.108	0.80	37.91	1.060～3.690
有效磷（mg/kg）	15	32.9	40.82	123.90	2.8～173.2
速效钾（mg/kg）	15	195	80.07	41.16	101～363
缓效钾（mg/kg）	7	682	91.65	13.44	585～853
有效铜（mg/kg）	7	4.43	1.97	44.54	1.67～7.14
有效锌（mg/kg）	7	3.07	4.13	134.37	0.81～12.32
有效铁（mg/kg）	7	148.57	104.19	70.13	63.20～339.00
有效锰（mg/kg）	7	34.28	13.89	40.51	13.00～50.24
有效硼（mg/kg）	7	0.87	0.51	58.16	0.27～1.43
有效钼（mg/kg）	7	0.150	0.05	32.66	0.070～0.220
有效硫（mg/kg）	7	46.19	17.73	38.39	23.00～80.16
有效硅（mg/kg）	7	163.27	104.63	64.08	15.79～245.40

耕层质地

砂土		砂壤土		轻壤土		中壤土		重壤土		黏土	
样本数	占比（%）	样本数	占比（%）	样本数	占比（%）	样本数	占比（%）	样本数	占比（%）	样本数	占比（%）
0	0.00	0	0.00	0	0.00	5	33.33	5	33.33	5	33.33

土壤 pH

≤4.5		(4.5～5.5]		(5.5～6.5]		(6.5～7.5]		(7.5～8.5]		>8.5	
样本数	占比（%）	样本数	占比（%）	样本数	占比（%）	样本数	占比（%）	样本数	占比（%）	样本数	占比（%）
0	0.00	1	6.67	4	26.67	5	33.33	5	33.33	0	0.00

沼泽土—腐泥沼泽土—腐泥沼泽土耕地土壤主要理化性状

项目名称	样本数（个）	平均值	标准差	变异系数（%）	范　围
有效土层厚（cm）	4	85.0	17.32	20.38	70.0～100.0
耕层厚度（cm）	4	13.5	1.73	12.83	12.0～15.0
耕层容重（g/cm^3）	4	1.32	0.07	5.58	1.27～1.43
有机质（g/kg）	4	36.6	6.06	16.55	29.6～43.8
全氮（g/kg）	4	1.917	0.20	10.24	1.680～2.113
有效磷（mg/kg）	4	18.3	4.65	25.47	11.4～21.2
速效钾（mg/kg）	4	140	35.42	25.30	95～173
缓效钾（mg/kg）	3	509	33.29	6.54	485～547
有效铜（mg/kg）	3	4.25	0.52	12.26	3.71～4.75
有效锌（mg/kg）	3	1.85	0.52	28.09	1.41～2.42
有效铁（mg/kg）	3	154.73	58.08	37.54	94.20～210.00
有效锰（mg/kg）	3	30.30	10.46	34.51	21.60～41.90
有效硼（mg/kg）	3	0.77	0.64	82.90	0.22～1.47
有效钼（mg/kg）	3	0.158	0.07	45.39	0.107～0.240
有效硫（mg/kg）	3	62.49	34.14	54.64	27.66～95.90
有效硅（mg/kg）	3	350.99	40.81	11.63	309.45～391.03

耕层质地

砂土		砂壤土		轻壤土		中壤土		重壤土		黏土	
样本数	占比（%）	样本数	占比（%）	样本数	占比（%）	样本数	占比（%）	样本数	占比（%）	样本数	占比（%）
0	0.00	0	0.00	0	0.00	0	0.00	2	50.00	2	50.00

土壤 pH

≤4.5		(4.5～5.5]		(5.5～6.5]		(6.5～7.5]		(7.5～8.5]		>8.5	
样本数	占比（%）	样本数	占比（%）	样本数	占比（%）	样本数	占比（%）	样本数	占比（%）	样本数	占比（%）
0	0.00	0	0.00	1	25.00	3	75.00	0	0.00	0	0.00

草甸盐土—典型草甸盐土—氯化物草甸盐土耕地土壤主要理化性状

项目名称	样本数（个）	平均值	标准差	变异系数（%）	范 围
有效土层厚（cm）	4	100.0	0.00	0.00	100.0～100.0
耕层厚度（cm）	4	14.3	1.50	10.53	12.0～15.0
耕层容重（g/cm^3）	4	1.35	0.00	0.00	1.35～1.35
有机质（g/kg）	4	15.7	2.04	12.97	13.2～18.2
全氮（g/kg）	4	1.099	0.11	9.99	0.963～1.196
有效磷（mg/kg）	4	21.9	12.11	55.27	8.6～34.2
速效钾（mg/kg）	4	146	38.32	26.29	99～180
缓效钾（mg/kg）	4	1 020	258.47	25.35	844～1 393
有效铜（mg/kg）	4	2.60	0.41	15.85	2.05～3.04
有效锌（mg/kg）	4	1.18	0.17	14.15	0.98～1.33
有效铁（mg/kg）	4	79.58	35.73	44.90	26.30～101.00
有效锰（mg/kg）	4	13.63	3.62	26.53	8.50～17.00
有效硼（mg/kg）	4	1.06	0.56	52.93	0.51～1.78
有效钼（mg/kg）	4	0.115	0.06	51.44	0.050～0.170
有效硫（mg/kg）	4	141.68	112.06	79.10	13.80～250.00
有效硅（mg/kg）	4	68.25	29.13	42.68	42.93～110.07

耕层质地

砂土		砂壤土		轻壤土		中壤土		重壤土		黏土	
样本数	占比（%）	样本数	占比（%）	样本数	占比（%）	样本数	占比（%）	样本数	占比（%）	样本数	占比（%）
0	0.00	4	100.00	0	0.00	0	0.00	0	0.00	0	0.00

土壤 pH

≤4.5		(4.5～5.5]		(5.5～6.5]		(6.5～7.5]		(7.5～8.5]		>8.5	
样本数	占比（%）	样本数	占比（%）	样本数	占比（%）	样本数	占比（%）	样本数	占比（%）	样本数	占比（%）
0	0.00	0	0.00	0	0.00	0	0.00	4	100.00	0	0.00

滨海盐土—典型滨海盐土—滨海砂盐土耕地土壤主要理化性状

项目名称	样本数（个）	平均值	标准差	变异系数（%）	范围
有效土层厚（cm）	297	98.9	5.84	5.91	45.0～100.0
耕层厚度（cm）	297	15.3	2.52	16.47	9.0～21.0
耕层容重（g/cm^3）	297	1.22	0.11	8.87	0.81～1.59
有机质（g/kg）	297	18.6	8.21	44.07	6.0～50.5
全氮（g/kg）	297	1.173	0.53	44.81	0.272～3.550
有效磷（mg/kg）	297	26.3	26.26	100.00	2.0～199.7
速效钾（mg/kg）	297	122	62.44	51.06	38～466
缓效钾（mg/kg）	263	677	228.62	33.75	181～1 373
有效铜（mg/kg）	297	2.45	1.80	73.31	0.25～14.54
有效锌（mg/kg）	293	1.77	2.51	141.44	0.23～33.18
有效铁（mg/kg）	285	52.92	66.38	125.43	4.00～489.38
有效锰（mg/kg）	297	15.22	19.26	126.60	1.11～176.58
有效硼（mg/kg）	296	0.82	0.56	67.82	0.02～3.47
有效钼（mg/kg）	262	0.106	0.12	115.12	0.020～1.570
有效硫（mg/kg）	259	39.54	33.36	84.35	4.04～229.00
有效硅（mg/kg）	261	84.69	38.24	45.15	19.39～317.42

耕层质地

砂土		砂壤土		轻壤土		中壤土		重壤土		黏土	
样本数	占比（%）	样本数	占比（%）	样本数	占比（%）	样本数	占比（%）	样本数	占比（%）	样本数	占比（%）
33	11.11	162	54.55	23	7.74	65	21.89	13	4.38	1	0.34

土壤 pH

≤4.5		(4.5～5.5]		(5.5～6.5]		(6.5～7.5]		(7.5～8.5]		>8.5	
样本数	占比（%）	样本数	占比（%）	样本数	占比（%）	样本数	占比（%）	样本数	占比（%）	样本数	占比（%）
3	1.01	9	3.03	12	4.04	20	6.73	244	82.15	9	3.03

滨海盐土—典型滨海盐土—滨海泥盐土耕地土壤主要理化性状

项目名称	样本数（个）	平均值	标准差	变异系数（%）	范　围
有效土层厚（cm）	292	99.5	4.69	4.71	50.0～120.0
耕层厚度（cm）	292	14.9	2.87	19.22	9.0～21.0
耕层容重（g/cm^3）	292	1.28	0.08	6.09	0.88～1.65
有机质（g/kg）	292	17.1	5.65	33.11	4.6～49.0
全氮（g/kg）	292	1.067	0.33	30.85	0.248～2.681
有效磷（mg/kg）	292	27.1	27.02	99.67	2.0～314.0
速效钾（mg/kg）	290	138	69.89	50.54	35～476
缓效钾（mg/kg）	292	783	233.14	29.78	144～1 500
有效铜（mg/kg）	292	2.18	1.24	56.65	0.55～7.99
有效锌（mg/kg）	289	1.65	1.26	76.48	0.25～8.22
有效铁（mg/kg）	286	42.93	40.96	95.41	4.31～296.30
有效锰（mg/kg）	291	12.12	11.94	98.50	1.18～176.25
有效硼（mg/kg）	291	0.83	0.50	59.72	0.07～2.70
有效钼（mg/kg）	292	0.099	0.14	145.05	0.018～2.240
有效硫（mg/kg）	291	43.60	37.34	85.65	6.30～284.00
有效硅（mg/kg）	292	82.65	38.32	46.37	21.80～372.26

耕层质地

砂土		砂壤土		轻壤土		中壤土		重壤土		黏土	
样本数	占比（%）	样本数	占比（%）	样本数	占比（%）	样本数	占比（%）	样本数	占比（%）	样本数	占比（%）
0	0.00	58	19.86	54	18.49	133	45.55	44	15.07	3	1.03

土壤 pH

≤4.5		(4.5～5.5]		(5.5～6.5]		(6.5～7.5]		(7.5～8.5]		>8.5	
样本数	占比（%）	样本数	占比（%）	样本数	占比（%）	样本数	占比（%）	样本数	占比（%）	样本数	占比（%）
0	0.00	1	0.34	4	1.37	5	1.71	269	92.12	13	4.45

滨海盐土—滨海潮滩盐土—涂泥盐土耕地土壤主要理化性状

项目名称	样本数（个）	平均值	标准差	变异系数（%）	范　围
有效土层厚（cm）	100	97.6	13.47	13.80	50.0～116.0
耕层厚度（cm）	100	17.4	2.27	13.08	10.0～22.0
耕层容重（g/cm^3）	100	1.30	0.11	8.63	0.91～1.50
有机质（g/kg）	100	31.4	12.28	39.12	8.9～50.0
全氮（g/kg）	100	1.642	0.51	30.79	0.605～2.862
有效磷（mg/kg）	99	86.6	67.99	78.52	4.6～200.0
速效钾（mg/kg）	86	242	127.81	52.92	24～484
缓效钾（mg/kg）	100	920	366.08	39.80	97～1 505
有效铜（mg/kg）	100	4.23	1.95	45.99	1.12～11.33
有效锌（mg/kg）	100	2.90	4.86	167.77	0.30～43.80
有效铁（mg/kg）	100	91.25	68.74	75.33	7.70～363.40
有效锰（mg/kg）	100	95.29	76.09	79.84	3.40～266.00
有效硼（mg/kg）	100	0.91	0.41	45.12	0.04～2.48
有效钼（mg/kg）	99	0.116	0.06	55.08	0.020～0.350
有效硫（mg/kg）	97	74.34	44.49	59.85	11.40～275.55
有效硅（mg/kg）	100	121.90	56.46	46.32	44.36～364.92

耕层质地

砂土		砂壤土		轻壤土		中壤土		重壤土		黏土	
样本数	占比（%）	样本数	占比（%）	样本数	占比（%）	样本数	占比（%）	样本数	占比（%）	样本数	占比（%）
0	0.00	1	1.00	3	3.00	14	14.00	28	28.00	54	54.00

土壤 pH

≤4.5		(4.5～5.5]		(5.5～6.5]		(6.5～7.5]		(7.5～8.5]		>8.5	
样本数	占比（%）	样本数	占比（%）	样本数	占比（%）	样本数	占比（%）	样本数	占比（%）	样本数	占比（%）
1	1.00	4	4.00	5	5.00	13	13.00	73	73.00	4	4.00

水稻土—潴育水稻土—潮泥田耕地土壤主要理化性状

项目名称	样本数（个）	平均值	标准差	变异系数（%）	范　围
有效土层厚（cm）	5 334	89.3	18.12	20.30	17.0～155.0
耕层厚度（cm）	5 329	18.5	3.24	17.50	10.0～50.0
耕层容重（g/cm^3）	5 234	1.20	0.14	11.64	0.75～1.70
有机质（g/kg）	5 334	29.9	10.47	35.03	4.5～80.1
全氮（g/kg）	5 332	1.657	0.60	36.15	0.130～4.497
有效磷（mg/kg）	5 327	29.3	36.18	123.30	0.2～455.2
速效钾（mg/kg）	5 287	117	65.79	56.21	21～479
缓效钾（mg/kg）	5 209	351	202.91	57.88	39～1 598
有效铜（mg/kg）	5 000	4.22	5.94	140.75	0.20～85.50
有效锌（mg/kg）	4 992	3.21	4.68	145.70	0.19～69.96
有效铁（mg/kg）	5 011	130.23	100.93	77.50	3.86～535.78
有效锰（mg/kg）	4 988	32.61	32.80	100.60	0.74～299.24
有效硼（mg/kg）	4 956	0.56	0.56	100.10	0.02～3.96
有效钼（mg/kg）	4 989	0.335	0.50	148.51	0.015～7.850
有效硫（mg/kg）	4 984	39.55	31.96	80.81	3.42～329.64
有效硅（mg/kg）	4 946	168.22	119.62	71.11	11.90～540.00

耕层质地

砂土		砂壤土		轻壤土		中壤土		重壤土		黏土	
样本数	占比（%）	样本数	占比（%）	样本数	占比（%）	样本数	占比（%）	样本数	占比（%）	样本数	占比（%）
40	0.75	905	16.97	727	13.63	1 867	35.00	1 450	27.18	345	6.47

土壤 pH

≤4.5		(4.5～5.5]		(5.5～6.5]		(6.5～7.5]		(7.5～8.5]		>8.5	
样本数	占比（%）	样本数	占比（%）	样本数	占比（%）	样本数	占比（%）	样本数	占比（%）	样本数	占比（%）
80	1.50	2 196	41.17	1 893	35.49	660	12.37	504	9.45	1	0.02

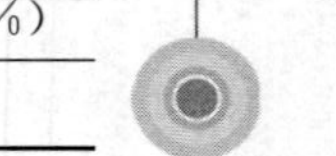

水稻土—潴育水稻土—潮泥砂田耕地土壤主要理化性状

项目名称	样本数（个）	平均值	标准差	变异系数（%）	范围
有效土层厚（cm）	1 632	86.7	20.40	23.54	28.0～120.0
耕层厚度（cm）	1 632	19.7	3.89	19.76	9.0～40.0
耕层容重（g/cm^3）	1 632	1.19	0.15	12.22	0.81～1.66
有机质（g/kg）	1 632	28.4	9.16	32.22	4.0～78.4
全氮（g/kg）	1 631	1.644	0.64	38.65	0.050～4.120
有效磷（mg/kg）	1 622	47.7	61.47	128.90	1.0～490.0
速效钾（mg/kg）	1 614	99	62.15	62.73	21～475
缓效钾（mg/kg）	1 591	473	364.13	77.00	38～1 610
有效铜（mg/kg）	1 562	12.24	20.76	169.67	0.21～87.08
有效锌（mg/kg）	1 516	9.92	16.00	161.23	0.21～72.15
有效铁（mg/kg）	1 604	181.45	122.16	67.33	4.00～536.00
有效锰（mg/kg）	1 592	48.68	66.33	136.25	0.79～299.48
有效硼（mg/kg）	1 614	0.81	0.95	116.80	0.02～4.00
有效钼（mg/kg）	1 591	0.331	0.37	111.32	0.020～7.120
有效硫（mg/kg）	1 572	63.14	75.97	120.32	3.53～331.80
有效硅（mg/kg）	1 570	160.86	117.49	73.04	11.52～539.94

耕层质地

砂土		砂壤土		轻壤土		中壤土		重壤土		黏土	
样本数	占比（%）	样本数	占比（%）	样本数	占比（%）	样本数	占比（%）	样本数	占比（%）	样本数	占比（%）
12	0.74	164	10.05	429	26.29	912	55.88	65	3.98	50	3.06

土壤 pH

≤4.5		(4.5～5.5]		(5.5～6.5]		(6.5～7.5]		(7.5～8.5]		>8.5	
样本数	占比（%）	样本数	占比（%）	样本数	占比（%）	样本数	占比（%）	样本数	占比（%）	样本数	占比（%）
58	3.55	813	49.82	608	37.25	115	7.05	38	2.33	0	0.00

水稻土—潴育水稻土—湖泥田耕地土壤主要理化性状

项目名称	样本数（个）	平均值	标准差	变异系数（%）	范　围
有效土层厚（cm）	489	93.4	15.87	17.00	24.0～120.0
耕层厚度（cm）	489	17.2	3.83	22.28	10.0～40.0
耕层容重（g/cm³）	489	1.28	0.12	9.17	0.87～1.73
有机质（g/kg）	489	29.1	9.13	31.35	6.1～58.6
全氮（g/kg）	489	1.704	0.49	28.53	0.460～3.140
有效磷（mg/kg）	489	51.5	56.28	109.26	1.5～368.0
速效钾（mg/kg）	486	167	83.62	50.13	36～449
缓效钾（mg/kg）	488	637	228.21	35.82	103～1 375
有效铜（mg/kg）	475	4.32	2.61	60.36	0.21～30.06
有效锌（mg/kg）	472	2.38	3.19	134.00	0.21～36.87
有效铁（mg/kg）	471	128.04	111.11	86.78	4.80～524.30
有效锰（mg/kg）	476	39.68	29.84	75.22	2.40～155.00
有效硼（mg/kg）	445	1.04	0.61	57.92	0.03～3.59
有效钼（mg/kg）	440	0.201	0.20	101.18	0.020～1.000
有效硫（mg/kg）	436	54.98	40.68	73.99	6.80～287.60
有效硅（mg/kg）	444	167.73	92.54	55.17	23.11～497.57

耕层质地

砂土		砂壤土		轻壤土		中壤土		重壤土		黏土	
样本数	占比（%）	样本数	占比（%）	样本数	占比（%）	样本数	占比（%）	样本数	占比（%）	样本数	占比（%）
0	0.00	1	0.20	9	1.84	193	39.47	180	36.81	106	21.68

土壤 pH

≤4.5		(4.5～5.5]		(5.5～6.5]		(6.5～7.5]		(7.5～8.5]		>8.5	
样本数	占比（%）	样本数	占比（%）	样本数	占比（%）	样本数	占比（%）	样本数	占比（%）	样本数	占比（%）
0	0.00	55	11.25	185	37.83	173	35.38	76	15.54	0	0.00

水稻土—潴育水稻土—涂泥田耕地土壤主要理化性状

项目名称	样本数（个）	平均值	标准差	变异系数（%）	范围
有效土层厚（cm）	153	88.9	18.54	20.85	40.0～120.0
耕层厚度（cm）	153	18.9	2.43	12.87	14.0～30.0
耕层容重（g/cm^3）	153	1.19	0.16	13.44	0.81～1.61
有机质（g/kg）	153	30.6	12.06	39.38	5.2～78.0
全氮（g/kg）	151	1.726	0.74	42.60	0.456～3.700
有效磷（mg/kg）	153	33.6	43.35	128.85	1.2～236.0
速效钾（mg/kg）	153	146	81.19	55.72	28～478
缓效钾（mg/kg）	153	410	214.22	52.25	69～1 129
有效铜（mg/kg）	153	4.23	3.10	73.22	0.48～16.81
有效锌（mg/kg）	153	3.41	2.42	71.17	0.63～20.64
有效铁（mg/kg）	152	194.34	87.70	45.13	38.17～491.00
有效锰（mg/kg）	153	28.00	13.34	47.65	2.96～104.44
有效硼（mg/kg）	153	0.67	0.38	57.46	0.11～2.05
有效钼（mg/kg）	153	0.315	0.45	142.67	0.030～2.930
有效硫（mg/kg）	153	41.74	23.39	56.05	9.16～139.26
有效硅（mg/kg）	152	144.15	52.88	36.68	42.10～314.79

耕层质地

砂土		砂壤土		轻壤土		中壤土		重壤土		黏土	
样本数	占比（%）	样本数	占比（%）	样本数	占比（%）	样本数	占比（%）	样本数	占比（%）	样本数	占比（%）
0	0.00	0	0.00	15	9.80	30	19.61	72	47.06	36	23.53

土壤 pH

≤4.5		(4.5～5.5]		(5.5～6.5]		(6.5～7.5]		(7.5～8.5]		>8.5	
样本数	占比（%）	样本数	占比（%）	样本数	占比（%）	样本数	占比（%）	样本数	占比（%）	样本数	占比（%）
1	0.65	38	24.84	73	47.71	34	22.22	6	3.92	1	0.65

水稻土—潴育水稻土—淡涂泥田耕地土壤主要理化性状

项目名称	样本数（个）	平均值	标准差	变异系数（%）	范　围
有效土层厚（cm）	151	92.3	10.86	11.77	50.0～100.0
耕层厚度（cm）	151	20.9	6.24	29.83	12.0～40.0
耕层容重（g/cm^3）	151	1.21	0.14	11.45	0.89～1.50
有机质（g/kg）	151	28.5	7.72	27.11	8.0～58.4
全氮（g/kg）	151	1.795	0.61	34.07	0.500～3.700
有效磷（mg/kg）	151	42.5	54.30	127.67	2.3～345.0
速效钾（mg/kg）	149	123	70.87	57.76	37～481
缓效钾（mg/kg）	150	726	321.51	44.28	56～1 588
有效铜（mg/kg）	148	15.03	19.71	131.09	0.76～85.59
有效锌（mg/kg）	139	10.69	16.68	155.95	0.34～69.46
有效铁（mg/kg）	150	147.79	143.86	97.34	3.90～537.24
有效锰（mg/kg）	147	75.50	69.15	91.60	2.90～297.97
有效硼（mg/kg）	149	1.26	0.84	66.99	0.02～3.95
有效钼（mg/kg）	150	0.282	0.27	94.73	0.020～0.990
有效硫（mg/kg）	141	85.66	75.46	88.09	6.14～314.05
有效硅（mg/kg）	146	213.01	102.19	47.97	17.36～538.58

耕层质地

砂土		砂壤土		轻壤土		中壤土		重壤土		黏土	
样本数	占比（%）	样本数	占比（%）	样本数	占比（%）	样本数	占比（%）	样本数	占比（%）	样本数	占比（%）
0	0.00	13	8.61	39	25.83	87	57.62	3	1.99	9	5.96

土壤 pH

≤4.5		(4.5～5.5]		(5.5～6.5]		(6.5～7.5]		(7.5～8.5]		>8.5	
样本数	占比（%）	样本数	占比（%）	样本数	占比（%）	样本数	占比（%）	样本数	占比（%）	样本数	占比（%）
0	0.00	14	9.27	77	50.99	38	25.17	22	14.57	0	0.00

水稻土—潴育水稻土—潮白土田耕地土壤主要理化性状

项目名称	样本数（个）	平均值	标准差	变异系数（%）	范　围
有效土层厚（cm）	14	85.4	4.99	5.84	80.0～100.0
耕层厚度（cm）	14	29.6	1.34	4.51	25.0～30.0
耕层容重（g/cm^3）	14	1.36	0.13	9.46	1.20～1.60
有机质（g/kg）	14	31.6	9.25	29.23	20.6～48.9
全氮（g/kg）	14	1.804	0.44	24.18	1.248～2.670
有效磷（mg/kg）	14	11.0	16.43	148.79	0.6～63.1
速效钾（mg/kg）	14	98	106.59	108.89	32～454
缓效钾（mg/kg）	14	136	31.46	23.13	79～190
有效铜（mg/kg）	14	4.85	0.60	12.35	3.87～6.08
有效锌（mg/kg）	14	2.76	0.66	23.98	1.16～3.60
有效铁（mg/kg）	14	214.12	52.10	24.33	77.90～273.27
有效锰（mg/kg）	14	63.79	55.51	87.02	17.70～253.00
有效硼（mg/kg）	14	0.65	0.07	10.86	0.44～0.73
有效钼（mg/kg）	14	0.146	0.03	18.87	0.100～0.190
有效硫（mg/kg）	14	37.66	11.08	29.42	26.72～61.64
有效硅（mg/kg）	14	78.08	55.46	71.03	15.00～183.29

耕层质地

砂土		砂壤土		轻壤土		中壤土		重壤土		黏土	
样本数	占比（%）	样本数	占比（%）	样本数	占比（%）	样本数	占比（%）	样本数	占比（%）	样本数	占比（%）
0	0.00	0	0.00	0	0.00	0	0.00	14	100.00	0	0.00

土壤 pH

≤4.5		(4.5～5.5]		(5.5～6.5]		(6.5～7.5]		(7.5～8.5]		>8.5	
样本数	占比（%）	样本数	占比（%）	样本数	占比（%）	样本数	占比（%）	样本数	占比（%）	样本数	占比（%）
0	0.00	1	7.14	11	78.57	2	14.29	0	0.00	0	0.00

水稻土—潴育水稻土—麻砂泥田耕地土壤主要理化性状

项目名称	样本数（个）	平均值	标准差	变异系数（%）	范　围
有效土层厚（cm）	917	80.6	18.37	22.79	24.0～150.0
耕层厚度（cm）	917	17.5	3.04	17.34	10.0～30.0
耕层容重（g/cm³）	884	1.16	0.16	13.67	0.81～1.62
有机质（g/kg）	917	32.6	11.85	36.38	7.6～80.0
全氮（g/kg）	917	1.818	0.61	33.79	0.319～4.211
有效磷（mg/kg）	917	24.6	29.72	120.82	0.2～289.1
速效钾（mg/kg）	912	112	65.95	59.12	21～415
缓效钾（mg/kg）	909	447	262.64	58.77	48～1 531
有效铜（mg/kg）	826	3.50	1.90	54.19	0.25～25.61
有效锌（mg/kg）	823	2.66	2.14	80.49	0.24～23.55
有效铁（mg/kg）	822	104.07	82.17	78.95	4.10～478.97
有效锰（mg/kg）	822	27.49	29.31	106.62	1.33～296.00
有效硼（mg/kg）	815	0.44	0.55	122.61	0.02～3.60
有效钼（mg/kg）	826	0.332	0.68	204.59	0.020～5.360
有效硫（mg/kg）	820	37.03	21.71	58.64	4.20～167.00
有效硅（mg/kg）	820	134.89	93.26	69.14	14.54～534.00

耕层质地

砂土		砂壤土		轻壤土		中壤土		重壤土		黏土	
样本数	占比（%）	样本数	占比（%）	样本数	占比（%）	样本数	占比（%）	样本数	占比（%）	样本数	占比（%）
15	1.64	287	31.30	163	17.78	414	45.15	32	3.49	6	0.65

土壤 pH

≤4.5		(4.5～5.5]		(5.5～6.5]		(6.5～7.5]		(7.5～8.5]		>8.5	
样本数	占比（%）	样本数	占比（%）	样本数	占比（%）	样本数	占比（%）	样本数	占比（%）	样本数	占比（%）
13	1.42	540	58.89	303	33.04	48	5.23	13	1.42	0	0.00

水稻土—潴育水稻土—砂泥田耕地土壤主要理化性状

项目名称	样本数（个）	平均值	标准差	变异系数（%）	范　围
有效土层厚（cm）	1 350	79.0	21.70	27.46	30.0～120.0
耕层厚度（cm）	1 350	18.4	3.73	20.26	10.0～35.0
耕层容重（g/cm^3）	1 344	1.18	0.15	12.99	0.81～1.70
有机质（g/kg）	1 350	29.2	12.65	43.38	6.0～84.4
全氮（g/kg）	1 350	1.561	0.73	46.50	0.100～4.310
有效磷（mg/kg）	1 350	23.2	29.36	126.62	0.4～280.1
速效钾（mg/kg）	1 335	96	55.13	57.46	21～335
缓效钾（mg/kg）	1 301	409	338.04	82.62	38～1 568
有效铜（mg/kg）	1 238	3.43	2.01	58.46	0.21～15.10
有效锌（mg/kg）	1 240	2.25	1.74	77.52	0.19～22.15
有效铁（mg/kg）	1 244	119.66	88.46	73.93	4.50～517.00
有效锰（mg/kg）	1 239	25.74	21.56	83.77	0.80～192.49
有效硼（mg/kg）	1 237	0.45	0.48	105.94	0.02～3.81
有效钼（mg/kg）	1 232	0.227	0.32	138.66	0.020～4.600
有效硫（mg/kg）	1 233	34.78	22.75	65.41	3.68～276.00
有效硅（mg/kg）	1 222	159.45	106.83	67.00	13.14～540.00

耕层质地

砂土		砂壤土		轻壤土		中壤土		重壤土		黏土	
样本数	占比（%）	样本数	占比（%）	样本数	占比（%）	样本数	占比（%）	样本数	占比（%）	样本数	占比（%）
10	0.74	569	42.15	278	20.59	389	28.81	78	5.78	26	1.93

土壤 pH

≤4.5		(4.5～5.5]		(5.5～6.5]		(6.5～7.5]		(7.5～8.5]		>8.5	
样本数	占比（%）	样本数	占比（%）	样本数	占比（%）	样本数	占比（%）	样本数	占比（%）	样本数	占比（%）
28	2.07	569	42.15	542	40.15	148	10.96	63	4.67	0	0.00

水稻土—潴育水稻土—鳝泥田耕地土壤主要理化性状

项目名称	样本数（个）	平均值	标准差	变异系数（%）	范　围
有效土层厚（cm）	1 618	79.9	17.40	21.76	23.0～160.0
耕层厚度（cm）	1 615	17.6	2.57	14.58	10.0～30.0
耕层容重（g/cm^3）	1 555	1.17	0.14	11.84	0.77～1.62
有机质（g/kg）	1 617	32.4	11.22	34.68	1.7～82.0
全氮（g/kg）	1 617	1.870	0.60	31.93	0.160～4.420
有效磷（mg/kg）	1 618	26.8	29.07	108.66	0.1～293.1
速效钾（mg/kg）	1 563	111	63.80	57.33	21～473
缓效钾（mg/kg）	1 604	350	225.36	64.37	45～1 520
有效铜（mg/kg）	1 489	3.61	1.95	54.16	0.47～13.80
有效锌（mg/kg）	1 486	2.57	1.63	63.53	0.26～14.70
有效铁（mg/kg）	1 486	101.89	85.89	84.30	4.40～505.36
有效锰（mg/kg）	1 483	27.81	26.87	96.61	0.76～279.00
有效硼（mg/kg）	1 465	0.54	0.67	125.29	0.02～3.88
有效钼（mg/kg）	1 476	0.593	1.11	186.55	0.020～7.012
有效硫（mg/kg）	1 485	38.50	28.11	73.00	3.72～207.00
有效硅（mg/kg）	1 465	157.59	124.33	78.90	11.94～536.00

耕层质地

砂土		砂壤土		轻壤土		中壤土		重壤土		黏土	
样本数	占比（%）	样本数	占比（%）	样本数	占比（%）	样本数	占比（%）	样本数	占比（%）	样本数	占比（%）
0	0.00	171	10.57	124	7.66	569	35.17	408	25.22	346	21.38

土壤 pH

≤4.5		(4.5～5.5]		(5.5～6.5]		(6.5～7.5]		(7.5～8.5]		>8.5	
样本数	占比（%）	样本数	占比（%）	样本数	占比（%）	样本数	占比（%）	样本数	占比（%）	样本数	占比（%）
22	1.36	917	56.67	517	31.95	114	7.05	48	2.97	0	0.00

水稻土—潴育水稻土—灰泥田耕地土壤主要理化性状

项目名称	样本数（个）	平均值	标准差	变异系数（%）	范　围
有效土层厚（cm）	1 280	89.0	17.95	20.17	30.0～160.0
耕层厚度（cm）	1 280	18.4	3.48	18.97	10.0～35.0
耕层容重（g/cm^3）	1 265	1.20	0.16	12.95	0.71～1.63
有机质（g/kg）	1 279	35.2	13.60	38.57	5.4～80.0
全氮（g/kg）	1 273	2.001	0.73	36.67	0.210～4.260
有效磷（mg/kg）	1 280	28.2	33.49	118.84	0.3～293.6
速效钾（mg/kg）	1 254	118	64.84	55.00	21～434
缓效钾（mg/kg）	1 269	303	256.84	84.79	38～1 610
有效铜（mg/kg）	1 085	3.55	2.00	56.18	0.21～18.60
有效锌（mg/kg）	1 086	2.51	2.02	80.28	0.20～19.60
有效铁（mg/kg）	1 104	96.06	82.40	85.78	4.10～482.00
有效锰（mg/kg）	1 095	30.94	33.64	108.74	1.07～295.00
有效硼（mg/kg）	1 093	0.50	0.59	119.17	0.02～4.02
有效钼（mg/kg）	1 071	0.245	0.45	184.45	0.016～5.916
有效硫（mg/kg）	1 079	48.39	34.82	71.95	4.30～288.50
有效硅（mg/kg）	1 061	194.84	125.16	64.24	12.75～536.00

耕层质地

砂土		砂壤土		轻壤土		中壤土		重壤土		黏土	
样本数	占比（%）	样本数	占比（%）	样本数	占比（%）	样本数	占比（%）	样本数	占比（%）	样本数	占比（%）
0	0.00	38	2.97	160	12.50	294	22.97	549	42.89	239	18.67

土壤 pH

≤4.5		(4.5～5.5]		(5.5～6.5]		(6.5～7.5]		(7.5～8.5]		>8.5	
样本数	占比（%）	样本数	占比（%）	样本数	占比（%）	样本数	占比（%）	样本数	占比（%）	样本数	占比（%）
6	0.47	143	11.17	314	24.53	378	29.53	438	34.22	1	0.08

水稻土—潴育水稻土—紫泥田耕地土壤主要理化性状

项目名称	样本数（个）	平均值	标准差	变异系数（%）	范　围
有效土层厚（cm）	997	85.9	19.95	23.23	20.0～180.0
耕层厚度（cm）	997	18.6	2.81	15.08	10.0～40.0
耕层容重（g/cm^3）	881	1.17	0.15	13.24	0.78～1.62
有机质（g/kg）	997	28.2	9.50	33.69	3.2～69.6
全氮（g/kg）	997	1.683	0.57	33.60	0.138～3.787
有效磷（mg/kg）	994	35.5	54.66	153.98	0.2～448.0
速效钾（mg/kg）	989	113	64.61	57.31	25～459
缓效钾（mg/kg）	992	335	177.99	53.16	43～1 305
有效铜（mg/kg）	907	3.26	2.14	65.72	0.26～24.20
有效锌（mg/kg）	909	4.21	7.48	177.78	0.20～67.20
有效铁（mg/kg）	911	122.91	90.39	73.54	5.90～423.00
有效锰（mg/kg）	909	27.33	20.62	75.46	0.80～205.00
有效硼（mg/kg）	911	0.65	0.72	111.58	0.02～3.83
有效钼（mg/kg）	906	0.325	0.52	161.68	0.019～4.300
有效硫（mg/kg）	911	32.52	22.46	69.05	4.19～273.78
有效硅（mg/kg）	912	157.38	104.44	66.36	12.20～510.00

耕层质地

砂土		砂壤土		轻壤土		中壤土		重壤土		黏土	
样本数	占比（%）	样本数	占比（%）	样本数	占比（%）	样本数	占比（%）	样本数	占比（%）	样本数	占比（%）
19	1.91	89	8.93	99	9.93	370	37.11	230	23.07	190	19.06

土壤 pH

≤4.5		(4.5～5.5]		(5.5～6.5]		(6.5～7.5]		(7.5～8.5]		>8.5	
样本数	占比（%）	样本数	占比（%）	样本数	占比（%）	样本数	占比（%）	样本数	占比（%）	样本数	占比（%）
22	2.21	390	39.12	402	40.32	126	12.64	57	5.72	0	0.00

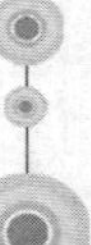

水稻土—潴育水稻土—红砂泥田耕地土壤主要理化性状

项目名称	样本数（个）	平均值	标准差	变异系数（%）	范　围
有效土层厚（cm）	673	83.9	19.18	22.86	32.0～138.0
耕层厚度（cm）	673	18.3	4.24	23.16	11.0～30.0
耕层容重（g/cm^3）	642	1.17	0.15	12.48	0.81～1.60
有机质（g/kg）	673	29.4	10.81	36.82	6.4～80.5
全氮（g/kg）	673	1.511	0.62	41.17	0.120～4.390
有效磷（mg/kg）	673	22.5	24.79	110.08	0.9～362.9
速效钾（mg/kg）	668	123	62.69	51.12	22～386
缓效钾（mg/kg）	666	446	262.59	58.83	56～1 580
有效铜（mg/kg）	669	3.72	3.48	93.62	0.53～52.22
有效锌（mg/kg）	669	2.63	2.07	78.78	0.49～26.87
有效铁（mg/kg）	669	87.24	65.00	74.51	8.60～450.44
有效锰（mg/kg）	669	25.29	17.44	68.94	1.80～191.94
有效硼（mg/kg）	663	0.41	0.44	107.22	0.02～3.82
有效钼（mg/kg）	661	0.339	0.69	203.04	0.030～7.265
有效硫（mg/kg）	661	35.39	20.56	58.11	4.83～140.00
有效硅（mg/kg）	667	124.58	63.00	50.58	12.20～442.00

耕层质地

砂土		砂壤土		轻壤土		中壤土		重壤土		黏土	
样本数	占比（%）	样本数	占比（%）	样本数	占比（%）	样本数	占比（%）	样本数	占比（%）	样本数	占比（%）
0	0.00	86	12.78	87	12.93	244	36.26	165	24.52	91	13.52

土壤 pH

≤4.5		(4.5～5.5]		(5.5～6.5]		(6.5～7.5]		(7.5～8.5]		>8.5	
样本数	占比（%）	样本数	占比（%）	样本数	占比（%）	样本数	占比（%）	样本数	占比（%）	样本数	占比（%）
16	2.38	430	63.89	169	25.11	46	6.84	12	1.78	0	0.00

水稻土—潴育水稻土—红泥田耕地土壤主要理化性状

项目名称	样本数（个）	平均值	标准差	变异系数（%）	范　围
有效土层厚（cm）	2 292	85.5	18.87	22.07	27.0～173.0
耕层厚度（cm）	2 292	20.5	4.58	22.34	10.0～40.0
耕层容重（g/cm^3）	2 292	1.21	0.18	15.03	0.71～1.70
有机质（g/kg）	2 292	28.1	9.51	33.91	1.5～81.2
全氮（g/kg）	2 292	1.576	0.64	40.85	0.110～4.260
有效磷（mg/kg）	2 282	34.7	52.55	151.42	0.1～485.6
速效钾（mg/kg）	2 279	112	61.83	55.12	21～482
缓效钾（mg/kg）	2 279	369	219.62	59.54	38～1 550
有效铜（mg/kg）	2 269	4.01	5.61	139.83	0.19～80.36
有效锌（mg/kg）	2 281	3.42	4.86	141.94	0.19～64.80
有效铁（mg/kg）	2 283	126.29	91.43	72.40	3.80～532.61
有效锰（mg/kg）	2 284	28.55	21.32	74.67	0.75～263.00
有效硼（mg/kg）	2 260	0.47	0.37	78.71	0.02～3.86
有效钼（mg/kg）	2 229	0.374	0.73	194.97	0.020～9.210
有效硫（mg/kg）	2 287	43.01	32.80	76.26	3.37～198.33
有效硅（mg/kg）	2 266	165.16	94.64	57.30	11.52～507.00

耕层质地

砂土		砂壤土		轻壤土		中壤土		重壤土		黏土	
样本数	占比（%）	样本数	占比（%）	样本数	占比（%）	样本数	占比（%）	样本数	占比（%）	样本数	占比（%）
4	0.17	32	1.40	143	6.24	997	43.50	619	27.01	497	21.68

土壤 pH

≤4.5		(4.5～5.5]		(5.5～6.5]		(6.5～7.5]		(7.5～8.5]		>8.5	
样本数	占比（%）	样本数	占比（%）	样本数	占比（%）	样本数	占比（%）	样本数	占比（%）	样本数	占比（%）
52	2.27	848	37.00	892	38.92	393	17.15	107	4.67	0	0.00

水稻土—潴育水稻土—黄泥田耕地土壤主要理化性状

项目名称	样本数（个）	平均值	标准差	变异系数（%）	范围
有效土层厚（cm）	1 496	84.3	17.97	21.32	30.0～188.0
耕层厚度（cm）	1 496	19.4	4.27	22.01	10.0～38.0
耕层容重（g/cm^3）	1 410	1.27	0.19	14.79	0.80～1.61
有机质（g/kg）	1 495	29.0	9.94	34.33	4.8～75.2
全氮（g/kg）	1 496	1.586	0.48	30.14	0.274～3.450
有效磷（mg/kg）	1 495	22.2	21.53	97.07	0.6～345.0
速效钾（mg/kg）	1 492	122	61.28	50.22	21～391
缓效钾（mg/kg）	1 486	446	219.32	49.12	55～1 586
有效铜（mg/kg）	1 493	3.52	2.70	76.69	0.26～74.45
有效锌（mg/kg）	1 495	2.18	2.01	92.04	0.20～61.50
有效铁（mg/kg）	1 495	81.69	51.47	63.01	6.70～313.09
有效锰（mg/kg）	1 495	28.06	16.55	58.98	2.56～131.30
有效硼（mg/kg）	1 425	0.40	0.31	76.53	0.02～3.65
有效钼（mg/kg）	1 440	0.405	1.08	266.90	0.030～8.349
有效硫（mg/kg）	1 440	49.04	32.46	66.18	3.48～201.39
有效硅（mg/kg）	1 401	141.37	80.81	57.16	13.00～486.50

耕层质地

砂土		砂壤土		轻壤土		中壤土		重壤土		黏土	
样本数	占比（%）	样本数	占比（%）	样本数	占比（%）	样本数	占比（%）	样本数	占比（%）	样本数	占比（%）
11	0.74	65	4.34	174	11.63	591	39.51	475	31.75	180	12.03

土壤 pH

≤4.5		(4.5～5.5]		(5.5～6.5]		(6.5～7.5]		(7.5～8.5]		>8.5	
样本数	占比（%）	样本数	占比（%）	样本数	占比（%）	样本数	占比（%）	样本数	占比（%）	样本数	占比（%）
36	2.41	754	50.40	496	33.16	203	13.57	7	0.47	0	0.00

水稻土—潴育水稻土—马肝泥田耕地土壤主要理化性状

项目名称	样本数（个）	平均值	标准差	变异系数（%）	范　围
有效土层厚（cm）	2 938	85.9	21.09	24.55	20.0～132.0
耕层厚度（cm）	2 938	18.6	3.45	18.56	10.0～33.0
耕层容重（g/cm^3）	2 938	1.27	0.12	9.40	0.84～1.80
有机质（g/kg）	2 938	24.2	8.32	34.33	1.3～64.8
全氮（g/kg）	2 938	1.370	0.44	32.09	0.140～3.900
有效磷（mg/kg）	2 938	18.8	20.72	110.39	0.1～325.8
速效钾（mg/kg）	2 925	126	60.69	48.15	21～451
缓效钾（mg/kg）	2 928	443	221.51	50.05	57～1 573
有效铜（mg/kg）	2 873	3.17	2.13	67.07	0.19～37.14
有效锌（mg/kg）	2 884	2.08	1.89	90.82	0.19～38.80
有效铁（mg/kg）	2 921	89.95	79.28	88.13	3.80～528.00
有效锰（mg/kg）	2 916	41.16	31.09	75.53	0.78～289.00
有效硼（mg/kg）	2 914	0.62	0.49	79.41	0.02～4.05
有效钼（mg/kg）	2 910	0.323	0.27	84.57	0.020～2.302
有效硫（mg/kg）	2 887	33.67	23.93	71.08	3.52～328.48
有效硅（mg/kg）	2 842	204.42	113.64	55.59	13.98～537.54

耕层质地

砂土		砂壤土		轻壤土		中壤土		重壤土		黏土	
样本数	占比（%）	样本数	占比（%）	样本数	占比（%）	样本数	占比（%）	样本数	占比（%）	样本数	占比（%）
4	0.14	45	1.53	189	6.43	1 326	45.13	1 105	37.61	269	9.16

土壤 pH

≤4.5		(4.5～5.5]		(5.5～6.5]		(6.5～7.5]		(7.5～8.5]		>8.5	
样本数	占比（%）	样本数	占比（%）	样本数	占比（%）	样本数	占比（%）	样本数	占比（%）	样本数	占比（%）
11	0.37	541	18.41	1 619	55.11	503	17.12	264	8.99	0	0.00

水稻土—淹育水稻土—浅潮泥田耕地土壤主要理化性状

项目名称	样本数（个）	平均值	标准差	变异系数（%）	范　围
有效土层厚（cm）	151	89.9	16.51	18.37	40.0～120.0
耕层厚度（cm）	151	18.7	4.57	24.45	10.0～40.0
耕层容重（g/cm^3）	150	1.22	0.18	14.37	0.80～1.70
有机质（g/kg）	151	26.8	11.75	43.79	5.7～72.7
全氮（g/kg）	151	1.521	0.58	38.06	0.473～3.500
有效磷（mg/kg）	151	33.3	39.04	117.42	1.3～242.7
速效钾（mg/kg）	151	112	59.21	52.78	26～361
缓效钾（mg/kg）	150	331	186.28	56.27	53～993
有效铜（mg/kg）	148	3.26	1.68	51.53	0.26～11.04
有效锌（mg/kg）	145	2.87	4.84	168.65	0.28～54.32
有效铁（mg/kg）	150	103.90	93.32	89.82	3.96～493.61
有效锰（mg/kg）	148	30.50	26.95	88.38	0.93～104.10
有效硼（mg/kg）	143	0.38	0.23	62.02	0.02～1.51
有效钼（mg/kg）	143	0.283	0.48	171.61	0.030～4.100
有效硫（mg/kg）	146	34.72	30.02	86.49	5.19～222.10
有效硅（mg/kg）	144	123.84	71.32	57.59	15.78～329.07

耕层质地

砂土		砂壤土		轻壤土		中壤土		重壤土		黏土	
样本数	占比（%）	样本数	占比（%）	样本数	占比（%）	样本数	占比（%）	样本数	占比（%）	样本数	占比（%）
1	0.66	79	52.32	28	18.54	21	13.91	18	11.92	4	2.65

土壤 pH

≤4.5		(4.5～5.5]		(5.5～6.5]		(6.5～7.5]		(7.5～8.5]		>8.5	
样本数	占比（%）	样本数	占比（%）	样本数	占比（%）	样本数	占比（%）	样本数	占比（%）	样本数	占比（%）
2	1.32	75	49.67	39	25.83	14	9.27	21	13.91	0	0.00

水稻土—淹育水稻土—浅潮泥砂田耕地土壤主要理化性状

项目名称	样本数（个）	平均值	标准差	变异系数（%）	范　围
有效土层厚（cm）	378	91.6	16.51	18.02	37.0～100.0
耕层厚度（cm）	378	17.2	4.53	26.28	10.0～35.0
耕层容重（g/cm^3）	378	1.28	0.13	10.45	0.97～1.70
有机质（g/kg）	378	24.7	10.27	41.51	7.4～73.3
全氮（g/kg）	378	1.454	0.62	42.36	0.320～3.500
有效磷（mg/kg）	378	20.3	17.98	88.64	1.4～95.9
速效钾（mg/kg）	377	94	50.92	54.16	21～295
缓效钾（mg/kg）	375	480	314.52	65.55	41～1 594
有效铜（mg/kg）	375	3.26	1.37	42.17	0.23～13.96
有效锌（mg/kg）	371	1.99	1.11	55.97	0.21～8.76
有效铁（mg/kg）	376	69.52	60.46	86.96	6.73～534.00
有效锰（mg/kg）	372	20.55	15.47	75.28	0.77～105.50
有效硼（mg/kg）	362	0.45	0.36	79.20	0.02～3.92
有效钼（mg/kg）	365	0.192	0.11	57.86	0.020～0.740
有效硫（mg/kg）	366	49.39	26.62	53.89	5.20～141.23
有效硅（mg/kg）	364	220.35	100.32	45.53	15.70～534.80

耕层质地

砂土		砂壤土		轻壤土		中壤土		重壤土		黏土	
样本数	占比（%）	样本数	占比（%）	样本数	占比（%）	样本数	占比（%）	样本数	占比（%）	样本数	占比（%）
1	0.26	42	11.11	117	30.95	189	50.00	16	4.23	13	3.44

土壤 pH

≤4.5		(4.5～5.5]		(5.5～6.5]		(6.5～7.5]		(7.5～8.5]		>8.5	
样本数	占比（%）	样本数	占比（%）	样本数	占比（%）	样本数	占比（%）	样本数	占比（%）	样本数	占比（%）
5	1.32	43	11.38	72	19.05	103	27.25	155	41.01	0	0.00

水稻土—淹育水稻土—浅涂泥田耕地土壤主要理化性状

项目名称	样本数（个）	平均值	标准差	变异系数（%）	范　围
有效土层厚（cm）	34	85.4	29.47	34.50	30.0～120.0
耕层厚度（cm）	34	19.6	4.31	21.95	13.0～30.0
耕层容重（g/cm^3）	34	1.23	0.16	12.93	0.81～1.53
有机质（g/kg）	34	26.2	11.38	43.50	5.2～49.1
全氮（g/kg）	34	1.443	0.49	34.13	0.540～2.110
有效磷（mg/kg）	34	79.0	92.20	116.71	5.1～377.0
速效钾（mg/kg）	32	219	108.22	49.52	53～480
缓效钾（mg/kg）	34	512	394.09	76.92	97～1 459
有效铜（mg/kg）	34	3.17	1.96	61.60	1.00～11.18
有效锌（mg/kg）	34	3.33	1.52	45.69	1.02～7.53
有效铁（mg/kg）	34	110.65	69.88	63.16	11.04～306.00
有效锰（mg/kg）	34	30.81	21.39	69.41	4.76～88.39
有效硼（mg/kg）	34	0.58	0.44	75.54	0.11～2.52
有效钼（mg/kg）	34	0.427	0.28	65.37	0.100～1.010
有效硫（mg/kg）	34	30.19	23.55	78.02	9.17～129.85
有效硅（mg/kg）	33	161.10	61.02	37.88	51.64～275.71

耕层质地

砂土		砂壤土		轻壤土		中壤土		重壤土		黏土	
样本数	占比（%）	样本数	占比（%）	样本数	占比（%）	样本数	占比（%）	样本数	占比（%）	样本数	占比（%）
0	0.00	10	29.41	4	11.76	9	26.47	7	20.59	4	11.76

土壤 pH

≤4.5		(4.5～5.5]		(5.5～6.5]		(6.5～7.5]		(7.5～8.5]		>8.5	
样本数	占比（%）	样本数	占比（%）	样本数	占比（%）	样本数	占比（%）	样本数	占比（%）	样本数	占比（%）
0	0.00	4	11.76	4	11.76	7	20.59	17	50.00	2	5.88

水稻土—潴育水稻土—浅淡涂泥田耕地土壤主要理化性状

项目名称	样本数（个）	平均值	标准差	变异系数（%）	范　围
有效土层厚（cm）	51	90.3	22.83	25.29	60.0～120.0
耕层厚度（cm）	51	17.2	2.80	16.24	13.0～20.0
耕层容重（g/cm^3）	51	1.04	0.13	12.17	0.81～1.40
有机质（g/kg）	51	28.5	10.22	35.88	8.6～48.5
全氮（g/kg）	51	1.846	0.67	36.25	0.550～3.770
有效磷（mg/kg）	50	55.6	96.29	173.04	1.0～457.0
速效钾（mg/kg）	50	121	70.64	58.33	41～350
缓效钾（mg/kg）	51	343	202.15	58.99	146～1 018
有效铜（mg/kg）	51	4.04	1.92	47.45	1.71～8.88
有效锌（mg/kg）	51	7.32	4.45	60.81	1.21～20.50
有效铁（mg/kg）	51	209.34	81.37	38.87	4.85～436.00
有效锰（mg/kg）	51	35.68	21.16	59.31	8.70～89.36
有效硼（mg/kg）	51	0.40	0.15	37.31	0.16～1.04
有效钼（mg/kg）	51	0.251	0.08	30.06	0.120～0.530
有效硫（mg/kg）	51	44.23	40.13	90.73	11.42～279.21
有效硅（mg/kg）	51	162.59	61.72	37.96	13.47～308.25

耕层质地

砂土		砂壤土		轻壤土		中壤土		重壤土		黏土	
样本数	占比（%）	样本数	占比（%）	样本数	占比（%）	样本数	占比（%）	样本数	占比（%）	样本数	占比（%）
0	0.00	0	0.00	0	0.00	27	52.94	18	35.29	6	11.76

土壤 pH

≤4.5		(4.5～5.5]		(5.5～6.5]		(6.5～7.5]		(7.5～8.5]		>8.5	
样本数	占比（%）	样本数	占比（%）	样本数	占比（%）	样本数	占比（%）	样本数	占比（%）	样本数	占比（%）
3	5.88	27	52.94	15	29.41	5	9.80	1	1.96	0	0.00

水稻土—淹育水稻土—浅潮白土田耕地土壤主要理化性状

项目名称	样本数（个）	平均值	标准差	变异系数（%）	范围
有效土层厚（cm）	1	80.0	—	—	—
耕层厚度（cm）	1	35.0	—	—	—
耕层容重（g/cm^3）	1	1.55	—	—	—
有机质（g/kg）	1	9.6	—	—	—
全氮（g/kg）	1	0.791	—	—	—
有效磷（mg/kg）	1	18.9	—	—	—
速效钾（mg/kg）	1	85	—	—	—
缓效钾（mg/kg）	1	71	—	—	—
有效铜（mg/kg）	1	2.46	—	—	—
有效锌（mg/kg）	1	1.41	—	—	—
有效铁（mg/kg）	1	179.00	—	—	—
有效锰（mg/kg）	1	12.00	—	—	—
有效硼（mg/kg）	1	0.88	—	—	—
有效钼（mg/kg）	1	0.115	—	—	—
有效硫（mg/kg）	1	109.19	—	—	—
有效硅（mg/kg）	1	385.67	—	—	—

耕层质地

砂土		砂壤土		轻壤土		中壤土		重壤土		黏土	
样本数	占比（%）	样本数	占比（%）	样本数	占比（%）	样本数	占比（%）	样本数	占比（%）	样本数	占比（%）
0	0.00	1	100.00	0	0.00	0	0.00	0	0.00	0	0.00

土壤 pH

≤4.5		(4.5～5.5]		(5.5～6.5]		(6.5～7.5]		(7.5～8.5]		>8.5	
样本数	占比（%）	样本数	占比（%）	样本数	占比（%）	样本数	占比（%）	样本数	占比（%）	样本数	占比（%）
0	0.00	0	0.00	0	0.00	0	0.00	1	100.00	0	0.00

水稻土—淹育水稻土—浅暗泥田耕地土壤主要理化性状

项目名称	样本数（个）	平均值	标准差	变异系数（%）	范　围
有效土层厚（cm）	38	91.2	21.74	23.84	40.0～120.0
耕层厚度（cm）	38	19.8	5.12	25.92	14.0～40.0
耕层容重（g/cm^3）	38	1.16	0.10	8.77	0.87～1.46
有机质（g/kg）	38	31.0	13.44	43.36	9.1～82.0
全氮（g/kg）	38	1.848	0.74	40.11	0.432～4.280
有效磷（mg/kg）	38	25.9	41.94	162.00	0.9～174.0
速效钾（mg/kg）	37	105	54.20	51.47	27～290
缓效钾（mg/kg）	38	190	124.21	65.30	44～673
有效铜（mg/kg）	38	4.40	8.10	183.90	0.59～45.29
有效锌（mg/kg）	38	3.43	1.75	50.90	1.50～7.93
有效铁（mg/kg）	38	165.46	86.51	52.29	51.70～439.59
有效锰（mg/kg）	38	17.47	6.93	39.68	3.08～41.43
有效硼（mg/kg）	38	0.38	0.50	130.30	0.11～2.88
有效钼（mg/kg）	36	0.446	1.04	232.52	0.020～5.690
有效硫（mg/kg）	38	20.27	12.34	60.85	3.65～62.97
有效硅（mg/kg）	38	175.36	94.12	53.67	62.83～505.00

耕层质地

砂土		砂壤土		轻壤土		中壤土		重壤土		黏土	
样本数	占比（%）	样本数	占比（%）	样本数	占比（%）	样本数	占比（%）	样本数	占比（%）	样本数	占比（%）
0	0.00	0	0.00	0	0.00	0	0.00	15	39.47	23	60.53

土壤 pH

≤4.5		(4.5～5.5]		(5.5～6.5]		(6.5～7.5]		(7.5～8.5]		>8.5	
样本数	占比（%）	样本数	占比（%）	样本数	占比（%）	样本数	占比（%）	样本数	占比（%）	样本数	占比（%）
3	7.89	24	63.16	9	23.68	2	5.26	0	0.00	0	0.00

水稻土—淹育水稻土—浅麻砂泥田耕地土壤主要理化性状

项目名称	样本数（个）	平均值	标准差	变异系数（%）	范　围
有效土层厚（cm）	227	77.2	21.58	27.96	20.0～132.0
耕层厚度（cm）	227	18.7	4.82	25.82	10.0～50.0
耕层容重（g/cm^3）	227	1.17	0.18	15.21	0.80～1.66
有机质（g/kg）	224	34.7	13.45	38.82	1.6～80.0
全氮（g/kg）	224	2.024	0.68	33.60	0.440～4.420
有效磷（mg/kg）	224	64.6	83.47	129.13	0.1～470.0
速效钾（mg/kg）	219	98	60.61	62.12	21～293
缓效钾（mg/kg）	225	385	295.54	76.75	39～1 581
有效铜（mg/kg）	213	3.87	8.16	210.72	0.19～81.57
有效锌（mg/kg）	216	3.62	4.43	122.50	0.26～47.30
有效铁（mg/kg）	216	126.90	82.09	64.69	4.45～396.00
有效锰（mg/kg）	216	24.06	30.53	126.89	1.88～243.00
有效硼（mg/kg）	211	0.52	0.69	131.93	0.04～3.60
有效钼（mg/kg）	212	0.360	0.61	168.56	0.020～6.290
有效硫（mg/kg）	211	40.52	40.52	100.01	4.19～318.69
有效硅（mg/kg）	210	154.67	109.41	70.74	25.58～520.00

耕层质地

砂土		砂壤土		轻壤土		中壤土		重壤土		黏土	
样本数	占比（%）	样本数	占比（%）	样本数	占比（%）	样本数	占比（%）	样本数	占比（%）	样本数	占比（%）
6	2.64	39	17.18	25	11.01	74	32.60	64	28.19	19	8.37

土壤 pH

≤4.5		(4.5～5.5]		(5.5～6.5]		(6.5～7.5]		(7.5～8.5]		>8.5	
样本数	占比（%）	样本数	占比（%）	样本数	占比（%）	样本数	占比（%）	样本数	占比（%）	样本数	占比（%）
9	3.96	150	66.08	59	25.99	7	3.08	2	0.88	0	0.00

水稻土—淹育水稻土—浅砂泥田耕地土壤主要理化性状

项目名称	样本数（个）	平均值	标准差	变异系数（%）	范　围
有效土层厚（cm）	306	84.2	21.35	25.35	36.0～130.0
耕层厚度（cm）	306	21.1	6.34	30.00	10.0～30.0
耕层容重（g/cm^3）	306	1.25	0.15	12.22	0.81～1.61
有机质（g/kg）	306	31.1	12.92	41.59	6.0～80.0
全氮（g/kg）	306	1.717	0.72	42.01	0.410～4.097
有效磷（mg/kg）	306	27.2	30.24	111.12	0.4～281.6
速效钾（mg/kg）	305	109	57.46	52.82	24～294
缓效钾（mg/kg）	301	448	356.04	79.41	38～1 550
有效铜（mg/kg）	289	3.62	2.45	67.59	0.23～19.90
有效锌（mg/kg）	289	2.56	2.92	114.37	0.22～23.86
有效铁（mg/kg）	289	110.49	92.16	83.41	5.42～515.00
有效锰（mg/kg）	287	24.69	19.22	77.81	1.30～122.00
有效硼（mg/kg）	288	0.53	0.51	96.85	0.04～3.55
有效钼（mg/kg）	286	0.195	0.33	167.44	0.020～2.950
有效硫（mg/kg）	287	55.43	41.74	75.30	4.18～232.20
有效硅（mg/kg）	280	138.29	103.96	75.18	12.00～526.72

耕层质地

砂土		砂壤土		轻壤土		中壤土		重壤土		黏土	
样本数	占比（%）	样本数	占比（%）	样本数	占比（%）	样本数	占比（%）	样本数	占比（%）	样本数	占比（%）
73	23.86	59	19.28	39	12.75	65	21.24	34	11.11	36	11.76

土壤 pH

≤4.5		(4.5～5.5]		(5.5～6.5]		(6.5～7.5]		(7.5～8.5]		>8.5	
样本数	占比（%）	样本数	占比（%）	样本数	占比（%）	样本数	占比（%）	样本数	占比（%）	样本数	占比（%）
4	1.31	88	28.76	112	36.60	71	23.20	31	10.13	0	0.00

水稻土—淹育水稻土—浅鳝泥田耕地土壤主要理化性状

项目名称	样本数（个）	平均值	标准差	变异系数（%）	范　围
有效土层厚（cm）	46	84.2	19.00	22.57	50.0～120.0
耕层厚度（cm）	46	20.4	2.81	13.75	12.0～30.0
耕层容重（g/cm^3）	45	1.16	0.18	15.84	0.84～1.60
有机质（g/kg）	46	34.7	10.29	29.63	11.9～63.2
全氮（g/kg）	46	1.858	0.54	29.08	0.600～3.140
有效磷（mg/kg）	46	53.5	85.20	159.30	1.5～435.0
速效钾（mg/kg）	40	86	61.69	71.66	23～332
缓效钾（mg/kg）	44	317	239.13	75.49	94～1 518
有效铜（mg/kg）	46	2.63	1.49	56.70	0.59～8.68
有效锌（mg/kg）	46	2.41	0.65	26.82	1.01～4.88
有效铁（mg/kg）	46	173.30	77.00	44.43	24.80～374.00
有效锰（mg/kg）	46	11.91	8.51	71.48	4.36～47.60
有效硼（mg/kg）	46	0.32	0.37	113.91	0.05～1.46
有效钼（mg/kg）	45	0.319	0.86	270.51	0.020～4.532
有效硫（mg/kg）	46	24.81	16.84	67.90	11.03～77.40
有效硅（mg/kg）	45	97.67	61.75	63.22	21.30～442.08

耕层质地

砂土		砂壤土		轻壤土		中壤土		重壤土		黏土	
样本数	占比（%）	样本数	占比（%）	样本数	占比（%）	样本数	占比（%）	样本数	占比（%）	样本数	占比（%）
0	0.00	2	4.35	1	2.17	28	60.87	15	32.61	0	0.00

土壤 pH

≤4.5		(4.5～5.5]		(5.5～6.5]		(6.5～7.5]		(7.5～8.5]		>8.5	
样本数	占比（%）	样本数	占比（%）	样本数	占比（%）	样本数	占比（%）	样本数	占比（%）	样本数	占比（%）
4	8.70	36	78.26	5	10.87	1	2.17	0	0.00	0	0.00

水稻土—淹育水稻土—浅灰泥田耕地土壤主要理化性状

项目名称	样本数（个）	平均值	标准差	变异系数（%）	范　围
有效土层厚（cm）	193	80.4	24.15	30.05	26.0～180.0
耕层厚度（cm）	193	18.9	5.11	27.03	11.0～35.0
耕层容重（g/cm^3）	192	1.24	0.17	13.60	0.79～1.70
有机质（g/kg）	193	31.7	11.56	36.47	8.3～69.3
全氮（g/kg）	193	1.880	0.70	37.33	0.190～4.170
有效磷（mg/kg）	193	21.7	19.74	91.16	0.4～187.9
速效钾（mg/kg）	188	116	62.63	54.18	22～394
缓效钾（mg/kg）	191	350	244.62	69.90	51～1 507
有效铜（mg/kg）	178	3.66	2.37	64.63	0.19～19.35
有效锌（mg/kg）	175	2.04	1.98	97.00	0.24～17.93
有效铁（mg/kg）	177	87.81	79.92	91.01	5.50～353.00
有效锰（mg/kg）	176	29.79	34.18	114.74	0.98～275.90
有效硼（mg/kg）	177	0.52	0.53	101.76	0.02～3.28
有效钼（mg/kg）	178	0.288	0.40	137.33	0.020～2.480
有效硫（mg/kg）	177	44.96	28.03	62.35	3.86～156.50
有效硅（mg/kg）	170	201.07	120.06	59.71	22.30～532.88

耕层质地

砂土		砂壤土		轻壤土		中壤土		重壤土		黏土	
样本数	占比（%）	样本数	占比（%）	样本数	占比（%）	样本数	占比（%）	样本数	占比（%）	样本数	占比（%）
0	0.00	5	2.59	20	10.36	61	31.61	45	23.32	62	32.12

土壤 pH

≤4.5		(4.5～5.5]		(5.5～6.5]		(6.5～7.5]		(7.5～8.5]		>8.5	
样本数	占比（%）	样本数	占比（%）	样本数	占比（%）	样本数	占比（%）	样本数	占比（%）	样本数	占比（%）
0	0.00	11	5.70	60	31.09	46	23.83	75	38.86	1	0.52

水稻土—淹育水稻土—浅紫泥田耕地土壤主要理化性状

项目名称	样本数（个）	平均值	标准差	变异系数（%）	范　围
有效土层厚（cm）	129	76.5	21.21	27.71	45.0～120.0
耕层厚度（cm）	129	17.9	3.03	16.99	12.0～30.0
耕层容重（g/cm^3）	129	1.19	0.15	12.61	0.86～1.67
有机质（g/kg）	129	27.3	9.54	34.93	12.0～63.8
全氮（g/kg）	129	1.532	0.49	31.84	0.200～3.280
有效磷（mg/kg）	129	37.7	46.40	123.01	1.0～281.0
速效钾（mg/kg）	127	110	64.40	58.61	21～377
缓效钾（mg/kg）	129	262	165.02	62.98	62～1 331
有效铜（mg/kg）	116	4.12	7.58	183.98	0.73～78.47
有效锌（mg/kg）	117	9.67	16.14	166.96	0.69～69.50
有效铁（mg/kg）	116	197.16	103.11	52.30	10.13～500.12
有效锰（mg/kg）	117	26.56	25.49	95.96	1.26～202.00
有效硼（mg/kg）	113	0.58	0.71	121.26	0.09～3.51
有效钼（mg/kg）	113	0.313	0.38	122.61	0.020～2.560
有效硫（mg/kg）	115	42.57	39.38	92.51	5.47～260.19
有效硅（mg/kg）	112	163.01	100.28	61.52	16.50～526.00

耕层质地

砂土		砂壤土		轻壤土		中壤土		重壤土		黏土	
样本数	占比（%）	样本数	占比（%）	样本数	占比（%）	样本数	占比（%）	样本数	占比（%）	样本数	占比（%）
0	0.00	4	3.10	11	8.53	26	20.16	46	35.66	42	32.56

土壤 pH

≤4.5		(4.5～5.5]		(5.5～6.5]		(6.5～7.5]		(7.5～8.5]		>8.5	
样本数	占比（%）	样本数	占比（%）	样本数	占比（%）	样本数	占比（%）	样本数	占比（%）	样本数	占比（%）
3	2.33	64	49.61	39	30.23	15	11.63	8	6.20	0	0.00

水稻土—淹育水稻土—浅红砂泥田耕地土壤主要理化性状

项目名称	样本数（个）	平均值	标准差	变异系数（%）	范　围
有效土层厚（cm）	31	85.7	19.38	22.61	50.0～110.0
耕层厚度（cm）	31	18.1	2.99	16.54	14.0～30.0
耕层容重（g/cm^3）	31	1.24	0.21	17.11	0.96～1.59
有机质（g/kg）	31	28.2	10.07	35.73	10.9～52.7
全氮（g/kg）	31	1.831	0.66	36.20	0.770～3.600
有效磷（mg/kg）	31	23.4	16.56	70.75	5.7～85.3
速效钾（mg/kg）	31	125	49.42	39.69	49～295
缓效钾（mg/kg）	29	584	334.66	57.31	154～1 608
有效铜（mg/kg）	31	4.19	2.18	52.07	1.51～10.92
有效锌（mg/kg）	31	3.25	2.74	84.50	0.87～11.79
有效铁（mg/kg）	31	145.68	97.51	66.94	19.40～415.85
有效锰（mg/kg）	31	28.29	15.22	53.81	5.10～68.90
有效硼（mg/kg）	31	0.56	0.69	124.34	0.08～3.74
有效钼（mg/kg）	31	0.357	0.46	129.55	0.085～2.300
有效硫（mg/kg）	31	47.14	29.38	62.33	12.70～99.56
有效硅（mg/kg）	31	156.86	87.96	56.07	54.96～407.17

耕层质地

砂土		砂壤土		轻壤土		中壤土		重壤土		黏土	
样本数	占比（%）	样本数	占比（%）	样本数	占比（%）	样本数	占比（%）	样本数	占比（%）	样本数	占比（%）
3	9.68	7	22.58	2	6.45	13	41.94	6	19.35	0	0.00

土壤 pH

≤4.5		(4.5～5.5]		(5.5～6.5]		(6.5～7.5]		(7.5～8.5]		>8.5	
样本数	占比（%）	样本数	占比（%）	样本数	占比（%）	样本数	占比（%）	样本数	占比（%）	样本数	占比（%）
2	6.45	10	32.26	12	38.71	5	16.13	2	6.45	0	0.00

水稻土—淹育水稻土—浅白粉泥田耕地土壤主要理化性状

项目名称	样本数（个）	平均值	标准差	变异系数（%）	范　围
有效土层厚（cm）	18	89.5	11.85	13.24	70.0～100.0
耕层厚度（cm）	18	19.3	5.50	28.51	10.0～30.0
耕层容重（g/cm^3）	18	1.26	0.14	10.90	1.02～1.53
有机质（g/kg）	18	32.0	14.34	44.79	14.2～68.0
全氮（g/kg）	18	1.571	0.62	39.64	0.680～2.810
有效磷（mg/kg）	18	32.9	30.16	91.59	0.9～90.0
速效钾（mg/kg）	17	92	66.96	72.73	32～250
缓效钾（mg/kg）	16	107	96.52	90.36	39～453
有效铜（mg/kg）	14	2.45	1.46	59.46	1.01～6.59
有效锌（mg/kg）	17	3.44	4.50	131.10	0.38～16.70
有效铁（mg/kg）	18	111.59	78.04	69.94	4.50～257.61
有效锰（mg/kg）	15	38.44	35.04	91.16	1.40～107.93
有效硼（mg/kg）	17	0.68	0.98	143.43	0.07～3.63
有效钼（mg/kg）	17	0.525	0.58	111.26	0.100～2.440
有效硫（mg/kg）	14	35.30	25.10	71.11	10.00～83.60
有效硅（mg/kg）	13	69.01	45.38	65.77	18.90～188.00

耕层质地

砂土		砂壤土		轻壤土		中壤土		重壤土		黏土	
样本数	占比（%）	样本数	占比（%）	样本数	占比（%）	样本数	占比（%）	样本数	占比（%）	样本数	占比（%）
0	0.00	0	0.00	0	0.00	18	100.00	0	0.00	0	0.00

土壤 pH

≤4.5		(4.5～5.5]		(5.5～6.5]		(6.5～7.5]		(7.5～8.5]		>8.5	
样本数	占比（%）	样本数	占比（%）	样本数	占比（%）	样本数	占比（%）	样本数	占比（%）	样本数	占比（%）
0	0.00	2	11.11	14	77.78	1	5.56	1	5.56	0	0.00

水稻土—淹育水稻土—浅红泥田耕地土壤主要理化性状

项目名称	样本数（个）	平均值	标准差	变异系数（%）	范　围
有效土层厚（cm）	647	79.6	21.50	27.01	20.0～122.0
耕层厚度（cm）	647	18.3	3.85	21.00	10.0～40.0
耕层容重（g/cm^3）	647	1.19	0.18	15.16	0.81～1.61
有机质（g/kg）	647	29.8	11.32	37.93	1.5～78.5
全氮（g/kg）	645	1.727	0.61	35.17	0.027～4.200
有效磷（mg/kg）	644	56.1	69.13	123.13	0.5～443.3
速效钾（mg/kg）	629	101	63.90	63.13	21～464
缓效钾（mg/kg）	646	286	211.40	73.83	41～1 533
有效铜（mg/kg）	626	4.00	9.50	237.40	0.29～85.75
有效锌（mg/kg）	632	4.32	5.83	135.05	0.21～66.60
有效铁（mg/kg）	630	144.03	83.77	58.16	8.63～486.55
有效锰（mg/kg）	630	20.74	22.12	106.61	2.40～291.00
有效硼（mg/kg）	616	0.35	0.37	106.94	0.02～3.74
有效钼（mg/kg）	604	0.380	0.91	239.06	0.030～8.610
有效硫（mg/kg）	625	28.39	24.24	85.37	4.32～211.63
有效硅（mg/kg）	628	150.07	93.25	62.14	13.47～522.10

耕层质地

砂土		砂壤土		轻壤土		中壤土		重壤土		黏土	
样本数	占比（%）	样本数	占比（%）	样本数	占比（%）	样本数	占比（%）	样本数	占比（%）	样本数	占比（%）
7	1.08	17	2.63	113	17.47	159	24.57	312	48.22	39	6.03

土壤 pH

≤4.5		(4.5～5.5]		(5.5～6.5]		(6.5～7.5]		(7.5～8.5]		>8.5	
样本数	占比（%）	样本数	占比（%）	样本数	占比（%）	样本数	占比（%）	样本数	占比（%）	样本数	占比（%）
41	6.34	385	59.51	177	27.36	34	5.26	10	1.55	0	0.00

水稻土—淹育水稻土—浅黄泥田耕地土壤主要理化性状

项目名称	样本数（个）	平均值	标准差	变异系数（%）	范　围
有效土层厚（cm）	183	71.6	20.77	29.02	30.0～120.0
耕层厚度（cm）	183	17.1	3.54	20.68	10.0～32.0
耕层容重（g/cm^3）	177	1.25	0.19	15.21	0.81～1.59
有机质（g/kg）	181	31.0	11.63	37.53	6.1～80.4
全氮（g/kg）	182	1.900	0.64	33.90	0.530～4.210
有效磷（mg/kg）	183	40.3	66.89	165.83	0.4～473.0
速效钾（mg/kg）	180	120	63.80	52.99	25～311
缓效钾（mg/kg）	183	342	215.90	63.13	55～1 050
有效铜（mg/kg）	162	3.75	1.98	52.69	0.27～9.67
有效锌（mg/kg）	162	3.11	3.45	110.88	0.19～29.15
有效铁（mg/kg）	161	121.44	68.51	56.41	12.30～504.13
有效锰（mg/kg）	161	35.75	25.97	72.64	2.58～170.00
有效硼（mg/kg）	161	0.52	0.62	117.88	0.03～3.78
有效钼（mg/kg）	161	0.396	0.92	232.47	0.020～7.507
有效硫（mg/kg）	161	45.86	29.52	64.36	5.17～137.67
有效硅（mg/kg）	156	202.00	115.04	56.95	21.71～486.50

耕层质地

砂土		砂壤土		轻壤土		中壤土		重壤土		黏土	
样本数	占比（%）	样本数	占比（%）	样本数	占比（%）	样本数	占比（%）	样本数	占比（%）	样本数	占比（%）
0	0.00	6	3.28	15	8.20	39	21.31	69	37.70	54	29.51

土壤 pH

≤4.5		(4.5～5.5]		(5.5～6.5]		(6.5～7.5]		(7.5～8.5]		>8.5	
样本数	占比（%）	样本数	占比（%）	样本数	占比（%）	样本数	占比（%）	样本数	占比（%）	样本数	占比（%）
1	0.55	48	26.23	90	49.18	22	12.02	22	12.02	0	0.00

水稻土—淹育水稻土—浅马肝泥田耕地土壤主要理化性状

项目名称	样本数（个）	平均值	标准差	变异系数（%）	范　围
有效土层厚（cm）	117	65.8	32.04	48.65	20.0～103.0
耕层厚度（cm）	117	17.2	2.40	13.93	13.0～25.0
耕层容重（g/cm^3）	117	1.29	0.11	8.52	1.00～1.60
有机质（g/kg）	117	21.2	5.64	26.53	8.8～35.6
全氮（g/kg）	117	1.253	0.28	22.72	0.360～2.030
有效磷（mg/kg）	117	10.1	7.58	74.77	0.4～37.2
速效钾（mg/kg）	117	116	50.39	43.51	29～375
缓效钾（mg/kg）	117	475	208.86	43.96	109～1 098
有效铜（mg/kg）	117	3.45	1.36	39.44	0.83～8.60
有效锌（mg/kg）	117	1.25	0.62	49.96	0.29～3.14
有效铁（mg/kg）	117	99.58	66.18	66.46	6.91～363.80
有效锰（mg/kg）	117	51.61	35.95	69.65	6.50～150.00
有效硼（mg/kg）	117	0.49	0.28	57.38	0.04～1.60
有效钼（mg/kg）	113	0.309	0.27	88.76	0.020～0.970
有效硫（mg/kg）	111	26.97	14.86	55.08	4.84～86.60
有效硅（mg/kg）	110	209.88	120.79	57.55	47.20～516.24

耕层质地

砂土		砂壤土		轻壤土		中壤土		重壤土		黏土	
样本数	占比（%）	样本数	占比（%）	样本数	占比（%）	样本数	占比（%）	样本数	占比（%）	样本数	占比（%）
0	0.00	2	1.71	0	0.00	15	12.82	98	83.76	2	1.71

土壤 pH

≤4.5		(4.5～5.5]		(5.5～6.5]		(6.5～7.5]		(7.5～8.5]		>8.5	
样本数	占比（%）	样本数	占比（%）	样本数	占比（%）	样本数	占比（%）	样本数	占比（%）	样本数	占比（%）
0	0.00	11	9.40	91	77.78	15	12.82	0	0.00	0	0.00

水稻土—淹育水稻土—浅黄土田耕地土壤主要理化性状

项目名称	样本数（个）	平均值	标准差	变异系数（%）	范　围
有效土层厚（cm）	68	66.2	24.95	37.69	30.0～100.0
耕层厚度（cm）	68	17.7	2.30	12.98	14.0～25.0
耕层容重（g/cm^3）	68	1.31	0.12	9.55	1.04～1.66
有机质（g/kg）	68	21.8	7.38	33.90	6.8～38.5
全氮（g/kg）	68	1.325	0.50	37.80	0.440～4.410
有效磷（mg/kg）	68	8.8	9.74	110.85	0.3～49.8
速效钾（mg/kg）	68	95	43.74	45.97	38～322
缓效钾（mg/kg）	68	460	214.96	46.74	214～1 377
有效铜（mg/kg）	68	3.04	2.17	71.52	0.84～18.10
有效锌（mg/kg）	65	1.29	0.76	58.88	0.20～3.82
有效铁（mg/kg）	68	94.10	36.74	39.05	18.35～185.00
有效锰（mg/kg）	68	68.18	31.52	46.23	1.50～124.40
有效硼（mg/kg）	61	0.43	0.22	52.16	0.02～0.90
有效钼（mg/kg）	61	0.236	0.19	79.22	0.080～1.540
有效硫（mg/kg）	61	24.78	16.85	68.01	5.62～75.20
有效硅（mg/kg）	61	193.78	73.49	37.92	75.50～495.79

耕层质地

砂土		砂壤土		轻壤土		中壤土		重壤土		黏土	
样本数	占比（%）	样本数	占比（%）	样本数	占比（%）	样本数	占比（%）	样本数	占比（%）	样本数	占比（%）
0	0.00	1	1.47	5	7.35	15	22.06	11	16.18	36	52.94

土壤 pH

≤4.5		(4.5～5.5]		(5.5～6.5]		(6.5～7.5]		(7.5～8.5]		>8.5	
样本数	占比（%）	样本数	占比（%）	样本数	占比（%）	样本数	占比（%）	样本数	占比（%）	样本数	占比（%）
0	0.00	17	25.00	44	64.71	7	10.29	0	0.00	0	0.00

水稻土—渗育水稻土—渗潮泥田耕地土壤主要理化性状

项目名称	样本数（个）	平均值	标准差	变异系数（%）	范　围
有效土层厚（cm）	1 079	85.4	18.97	22.20	29.0～121.0
耕层厚度（cm）	1 079	17.4	4.35	25.00	8.0～40.0
耕层容重（g/cm^3）	1 079	1.20	0.19	15.68	0.80～1.88
有机质（g/kg）	1 076	29.5	10.07	34.09	3.8～79.2
全氮（g/kg）	1 075	1.731	0.63	36.21	0.112～4.460
有效磷（mg/kg）	1 072	49.0	61.03	124.53	0.4～493.0
速效钾（mg/kg）	1 067	128	78.33	61.40	21～485
缓效钾（mg/kg）	1 068	389	187.84	48.34	54～1 231
有效铜（mg/kg）	1 062	5.29	6.98	131.93	0.48～86.82
有效锌（mg/kg）	1 064	4.66	6.69	143.40	0.19～68.66
有效铁（mg/kg）	1 059	166.52	95.57	57.39	9.76～524.98
有效锰（mg/kg）	1 063	22.33	19.20	85.98	0.86～160.48
有效硼（mg/kg）	1 044	0.50	0.44	88.30	0.04～4.01
有效钼（mg/kg）	972	0.352	0.68	194.20	0.020～9.200
有效硫（mg/kg）	1 005	38.38	28.71	74.79	3.33～296.10
有效硅（mg/kg）	1 037	125.18	66.64	53.23	12.10～477.92

耕层质地

砂土		砂壤土		轻壤土		中壤土		重壤土		黏土	
样本数	占比（%）	样本数	占比（%）	样本数	占比（%）	样本数	占比（%）	样本数	占比（%）	样本数	占比（%）
0	0.00	212	19.65	295	27.34	402	37.26	130	12.05	40	3.71

土壤 pH

≤4.5		(4.5～5.5]		(5.5～6.5]		(6.5～7.5]		(7.5～8.5]		>8.5	
样本数	占比（%）	样本数	占比（%）	样本数	占比（%）	样本数	占比（%）	样本数	占比（%）	样本数	占比（%）
34	3.15	357	33.09	277	25.67	200	18.54	210	19.46	1	0.09

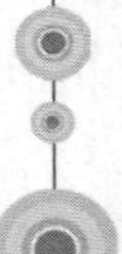

水稻土—渗育水稻土—渗潮泥砂田耕地土壤主要理化性状

项目名称	样本数（个）	平均值	标准差	变异系数（%）	范 围
有效土层厚（cm）	154	96.4	13.84	14.36	28.0～100.0
耕层厚度（cm）	154	20.1	3.70	18.40	10.0～40.0
耕层容重（g/cm^3）	154	1.18	0.15	12.63	1.00～1.50
有机质（g/kg）	154	29.1	5.08	17.43	16.9～39.1
全氮（g/kg）	153	1.959	0.66	33.91	0.440～4.330
有效磷（mg/kg）	154	32.4	12.11	37.33	8.4～71.9
速效钾（mg/kg）	149	68	28.27	41.37	22～243
缓效钾（mg/kg）	141	807	466.81	57.82	59～1 595
有效铜（mg/kg）	137	40.25	26.32	65.39	1.30～86.75
有效锌（mg/kg）	133	33.57	19.53	58.18	2.13～71.69
有效铁（mg/kg）	141	262.69	146.58	55.80	20.48～529.37
有效锰（mg/kg）	113	123.97	91.63	73.92	1.30～292.97
有效硼（mg/kg）	153	1.77	1.13	63.62	0.03～3.97
有效钼（mg/kg）	154	0.496	0.33	65.87	0.020～1.410
有效硫（mg/kg）	117	136.54	97.79	71.62	4.14～329.11
有效硅（mg/kg）	123	286.88	162.60	56.68	14.35～539.07

耕层质地

砂土		砂壤土		轻壤土		中壤土		重壤土		黏土	
样本数	占比（%）	样本数	占比（%）	样本数	占比（%）	样本数	占比（%）	样本数	占比（%）	样本数	占比（%）
0	0.00	49	31.82	53	34.42	41	26.62	6	3.90	5	3.25

土壤 pH

≤4.5		(4.5～5.5]		(5.5～6.5]		(6.5～7.5]		(7.5～8.5]		>8.5	
样本数	占比（%）	样本数	占比（%）	样本数	占比（%）	样本数	占比（%）	样本数	占比（%）	样本数	占比（%）
0	0.00	102	66.23	49	31.82	3	1.95	0	0.00	0	0.00

水稻土—渗育水稻土—渗湖泥田耕地土壤主要理化性状

项目名称	样本数（个）	平均值	标准差	变异系数（%）	范　围
有效土层厚（cm）	35	61.0	29.04	47.58	22.0～100.0
耕层厚度（cm）	35	17.0	2.31	13.55	13.0～21.0
耕层容重（g/cm^3）	35	1.26	0.09	7.26	1.00～1.55
有机质（g/kg）	35	31.2	9.86	31.58	17.2～50.0
全氮（g/kg）	35	1.753	0.46	26.09	1.050～2.734
有效磷（mg/kg）	35	53.0	47.85	90.37	2.8～184.7
速效钾（mg/kg）	35	181	82.55	45.68	38～364
缓效钾（mg/kg）	35	477	205.06	42.98	130～863
有效铜（mg/kg）	34	3.62	1.73	47.74	1.53～10.70
有效锌（mg/kg）	34	1.98	2.05	103.34	0.48～9.70
有效铁（mg/kg）	32	226.27	125.21	55.33	14.20～433.40
有效锰（mg/kg）	34	46.57	29.04	62.35	6.60～127.22
有效硼（mg/kg）	25	0.54	0.61	113.92	0.16～2.74
有效钼（mg/kg）	25	0.159	0.13	81.36	0.030～0.616
有效硫（mg/kg）	25	52.47	22.88	43.60	19.10～107.01
有效硅（mg/kg）	24	235.24	121.89	51.82	53.20～525.00

耕层质地

砂土		砂壤土		轻壤土		中壤土		重壤土		黏土	
样本数	占比（%）	样本数	占比（%）	样本数	占比（%）	样本数	占比（%）	样本数	占比（%）	样本数	占比（%）
0	0.00	2	5.71	0	0.00	15	42.86	7	20.00	11	31.43

土壤 pH

≤4.5		(4.5～5.5]		(5.5～6.5]		(6.5～7.5]		(7.5～8.5]		>8.5	
样本数	占比（%）	样本数	占比（%）	样本数	占比（%）	样本数	占比（%）	样本数	占比（%）	样本数	占比（%）
1	2.86	9	25.71	12	34.29	11	31.43	2	5.71	0	0.00

水稻土—渗育水稻土—渗涂泥田耕地土壤主要理化性状

项目名称	样本数（个）	平均值	标准差	变异系数（%）	范　围
有效土层厚（cm）	59	85.3	24.24	28.41	50.0～120.0
耕层厚度（cm）	59	19.0	3.94	20.68	13.0～30.0
耕层容重（g/cm^3）	59	1.21	0.14	11.74	0.87～1.50
有机质（g/kg）	59	30.3	11.04	36.42	7.4～49.3
全氮（g/kg）	59	1.609	0.60	37.09	0.700～3.350
有效磷（mg/kg）	59	33.6	43.54	129.75	1.8～285.4
速效钾（mg/kg）	58	145	72.27	49.79	32～427
缓效钾（mg/kg）	58	529	235.12	44.45	130～994
有效铜（mg/kg）	59	3.47	1.57	45.29	1.26～8.31
有效锌（mg/kg）	59	3.16	2.26	71.51	0.43～11.95
有效铁（mg/kg）	57	133.48	71.31	53.43	6.07～344.05
有效锰（mg/kg）	59	29.80	16.35	54.86	1.88～76.92
有效硼（mg/kg）	59	0.78	0.51	65.69	0.24～1.95
有效钼（mg/kg）	59	0.307	0.28	90.78	0.034～1.070
有效硫（mg/kg）	59	29.31	18.58	63.38	5.64～80.66
有效硅（mg/kg）	59	178.68	63.98	35.80	65.96～333.98

耕层质地

砂土		砂壤土		轻壤土		中壤土		重壤土		黏土	
样本数	占比（%）	样本数	占比（%）	样本数	占比（%）	样本数	占比（%）	样本数	占比（%）	样本数	占比（%）
0	0.00	6	10.17	0	0.00	22	37.29	15	25.42	16	27.12

土壤 pH

≤4.5		(4.5～5.5]		(5.5～6.5]		(6.5～7.5]		(7.5～8.5]		>8.5	
样本数	占比（%）	样本数	占比（%）	样本数	占比（%）	样本数	占比（%）	样本数	占比（%）	样本数	占比（%）
1	1.69	4	6.78	22	37.29	17	28.81	15	25.42	0	0.00

水稻土—渗育水稻土—渗淡涂泥田耕地土壤主要理化性状

项目名称	样本数（个）	平均值	标准差	变异系数（%）	范　围
有效土层厚（cm）	670	100.0	20.60	20.59	30.0～130.0
耕层厚度（cm）	670	18.6	3.39	18.18	10.0～30.0
耕层容重（g/cm^3）	670	1.21	0.14	11.91	0.81～1.61
有机质（g/kg）	670	26.2	9.78	37.36	6.4～74.0
全氮（g/kg）	670	1.627	0.56	34.38	0.430～4.380
有效磷（mg/kg）	670	43.1	53.71	124.59	1.0～402.0
速效钾（mg/kg）	652	170	89.72	52.81	24～485
缓效钾（mg/kg）	669	610	264.12	43.28	43～1 290
有效铜（mg/kg）	668	5.61	7.05	125.77	0.64～77.96
有效锌（mg/kg）	669	3.00	3.29	109.66	0.25～42.00
有效铁（mg/kg）	668	114.83	82.99	72.28	4.22～402.77
有效锰（mg/kg）	670	27.80	20.61	74.16	1.50～126.83
有效硼（mg/kg）	659	0.85	0.50	58.14	0.02～3.34
有效钼（mg/kg）	655	0.206	0.28	136.89	0.020～3.900
有效硫（mg/kg）	667	44.09	35.24	79.94	3.60～288.30
有效硅（mg/kg）	666	159.85	72.29	45.22	30.00～401.91

耕层质地

砂土		砂壤土		轻壤土		中壤土		重壤土		黏土	
样本数	占比（%）	样本数	占比（%）	样本数	占比（%）	样本数	占比（%）	样本数	占比（%）	样本数	占比（%）
20	2.99	14	2.09	78	11.64	158	23.58	41	6.12	359	53.58

土壤 pH

≤4.5		(4.5～5.5]		(5.5～6.5]		(6.5～7.5]		(7.5～8.5]		>8.5	
样本数	占比（%）	样本数	占比（%）	样本数	占比（%）	样本数	占比（%）	样本数	占比（%）	样本数	占比（%）
5	0.75	45	6.72	123	18.36	186	27.76	300	44.78	11	1.64

水稻土—渗育水稻土—渗淡涂泥田耕地土壤主要理化性状

项目名称	样本数（个）	平均值	标准差	变异系数（%）	范围
有效土层厚（cm）	670	100.0	20.60	20.59	30.0～130.0
耕层厚度（cm）	670	18.6	3.39	18.18	10.0～30.0
耕层容重（g/cm^3）	670	1.21	0.14	11.91	0.81～1.61
有机质（g/kg）	670	26.2	9.78	37.36	6.4～74.0
全氮（g/kg）	670	1.627	0.56	34.38	0.430～4.380
有效磷（mg/kg）	670	43.1	53.71	124.59	1.0～402.0
速效钾（mg/kg）	652	170	89.72	52.81	24～485
缓效钾（mg/kg）	669	610	264.12	43.28	43～1 290
有效铜（mg/kg）	668	5.61	7.05	125.77	0.64～77.96
有效锌（mg/kg）	669	3.00	3.29	109.66	0.25～42.00
有效铁（mg/kg）	668	114.83	82.99	72.28	4.22～402.77
有效锰（mg/kg）	670	27.80	20.61	74.16	1.50～126.83
有效硼（mg/kg）	659	0.85	0.50	58.14	0.02～3.34
有效钼（mg/kg）	655	0.206	0.28	136.89	0.020～3.900
有效硫（mg/kg）	667	44.09	35.24	79.94	3.60～288.30
有效硅（mg/kg）	666	159.85	72.29	45.22	30.00～401.91

耕层质地

砂土		砂壤土		轻壤土		中壤土		重壤土		黏土	
样本数	占比（%）	样本数	占比（%）	样本数	占比（%）	样本数	占比（%）	样本数	占比（%）	样本数	占比（%）
20	2.99	14	2.09	78	11.64	158	23.58	41	6.12	359	53.58

土壤 pH

≤4.5		(4.5～5.5]		(5.5～6.5]		(6.5～7.5]		(7.5～8.5]		>8.5	
样本数	占比（%）	样本数	占比（%）	样本数	占比（%）	样本数	占比（%）	样本数	占比（%）	样本数	占比（%）
5	0.75	45	6.72	123	18.36	186	27.76	300	44.78	11	1.64

水稻土—渗育水稻土—渗麻砂泥田耕地土壤主要理化性状

项目名称	样本数（个）	平均值	标准差	变异系数（%）	范　围
有效土层厚（cm）	476	99.5	5.29	5.32	28.0～100.0
耕层厚度（cm）	476	16.6	2.76	16.59	11.0～50.0
耕层容重（g/cm^3）	476	1.22	0.10	8.24	1.05～1.66
有机质（g/kg）	476	28.9	6.97	24.10	5.8～46.1
全氮（g/kg）	476	1.309	0.50	37.86	0.250～3.650
有效磷（mg/kg）	476	41.7	33.10	79.45	3.0～199.7
速效钾（mg/kg）	472	94	58.20	62.03	21～454
缓效钾（mg/kg）	466	271	262.03	96.52	42～1 568
有效铜（mg/kg）	469	7.42	17.77	239.68	0.34～86.83
有效锌（mg/kg）	462	8.43	13.99	165.88	0.35～71.59
有效铁（mg/kg）	468	177.58	72.40	40.77	6.76～527.20
有效锰（mg/kg）	453	35.98	50.49	140.33	3.76～294.61
有效硼（mg/kg）	476	0.47	0.71	150.31	0.05～3.89
有效钼（mg/kg）	475	0.261	0.16	60.03	0.030～0.970
有效硫（mg/kg）	458	56.46	65.57	116.14	3.86～331.26
有效硅（mg/kg）	457	112.34	87.09	77.52	15.76～523.74

耕层质地

砂土		砂壤土		轻壤土		中壤土		重壤土		黏土	
样本数	占比（%）	样本数	占比（%）	样本数	占比（%）	样本数	占比（%）	样本数	占比（%）	样本数	占比（%）
1	0.21	142	29.83	166	34.87	164	34.45	1	0.21	2	0.42

土壤 pH

≤4.5		(4.5～5.5]		(5.5～6.5]		(6.5～7.5]		(7.5～8.5]		>8.5	
样本数	占比（%）	样本数	占比（%）	样本数	占比（%）	样本数	占比（%）	样本数	占比（%）	样本数	占比（%）
21	4.41	367	77.10	86	18.07	2	0.42	0	0.00	0	0.00

水稻土—渗育水稻土—渗砂泥田耕地土壤主要理化性状

项目名称	样本数（个）	平均值	标准差	变异系数（%）	范　围
有效土层厚（cm）	24	100.0	0.00	0.00	100.0～100.0
耕层厚度（cm）	24	20.2	1.02	5.05	20.0～25.0
耕层容重（g/cm^3）	24	1.24	0.11	9.15	0.91～1.39
有机质（g/kg）	24	20.0	8.03	40.24	11.5～40.5
全氮（g/kg）	24	1.219	0.50	40.66	0.577～2.380
有效磷（mg/kg）	24	56.2	63.34	112.76	10.0～276.8
速效钾（mg/kg）	24	144	91.16	63.21	75～482
缓效钾（mg/kg）	24	288	109.75	38.10	135～625
有效铜（mg/kg）	24	2.63	1.21	46.08	0.82～5.89
有效锌（mg/kg）	24	1.42	0.66	46.77	0.53～2.83
有效铁（mg/kg）	24	140.29	50.53	36.02	35.74～228.00
有效锰（mg/kg）	24	35.88	15.32	42.69	9.00～60.18
有效硼（mg/kg）	24	0.90	0.25	27.56	0.52～1.48
有效钼（mg/kg）	24	0.079	0.04	56.07	0.030～0.250
有效硫（mg/kg）	24	28.51	6.20	21.73	18.04～40.72
有效硅（mg/kg）	24	154.50	22.07	14.28	122.55～219.93

耕层质地

砂土		砂壤土		轻壤土		中壤土		重壤土		黏土	
样本数	占比（%）	样本数	占比（%）	样本数	占比（%）	样本数	占比（%）	样本数	占比（%）	样本数	占比（%）
0	0.00	0	0.00	1	4.17	23	95.83	0	0.00	0	0.00

土壤 pH

≤4.5		(4.5～5.5]		(5.5～6.5]		(6.5～7.5]		(7.5～8.5]		>8.5	
样本数	占比（%）	样本数	占比（%）	样本数	占比（%）	样本数	占比（%）	样本数	占比（%）	样本数	占比（%）
0	0.00	2	8.33	6	25.00	16	66.67	0	0.00	0	0.00

水稻土—渗育水稻土—渗鳝泥田耕地土壤主要理化性状

项目名称	样本数（个）	平均值	标准差	变异系数（%）	范　围
有效土层厚（cm）	99	88.5	20.11	22.72	42.0～100.0
耕层厚度（cm）	99	20.3	5.11	25.16	11.0～40.0
耕层容重（g/cm^3）	99	1.26	0.09	7.17	1.00～1.50
有机质（g/kg）	99	29.3	6.47	22.10	14.9～52.2
全氮（g/kg）	99	1.727	0.54	31.44	0.510～3.030
有效磷（mg/kg）	99	25.7	11.05	42.97	2.5～59.7
速效钾（mg/kg）	99	73	38.49	52.94	25～234
缓效钾（mg/kg）	96	636	455.60	71.68	76～1 587
有效铜（mg/kg）	88	30.54	29.14	95.44	0.49～84.02
有效锌（mg/kg）	82	24.46	23.44	95.82	0.33～71.13
有效铁（mg/kg）	96	189.16	141.70	74.91	8.35～515.48
有效锰（mg/kg）	87	87.68	90.50	103.21	1.30～294.98
有效硼（mg/kg）	99	1.39	1.01	72.46	0.08～3.89
有效钼（mg/kg）	99	0.471	0.30	64.56	0.020～0.990
有效硫（mg/kg）	86	110.04	103.27	93.85	3.53～325.79
有效硅（mg/kg）	89	244.67	164.98	67.43	12.08～535.99

耕层质地

砂土		砂壤土		轻壤土		中壤土		重壤土		黏土	
样本数	占比（%）	样本数	占比（%）	样本数	占比（%）	样本数	占比（%）	样本数	占比（%）	样本数	占比（%）
0	0.00	19	19.19	31	31.31	42	42.42	6	6.06	1	1.01

土壤 pH

≤4.5		(4.5～5.5]		(5.5～6.5]		(6.5～7.5]		(7.5～8.5]		>8.5	
样本数	占比（%）	样本数	占比（%）	样本数	占比（%）	样本数	占比（%）	样本数	占比（%）	样本数	占比（%）
0	0.00	28	28.28	63	63.64	8	8.08	0	0.00	0	0.00

水稻土—渗育水稻土—渗灰泥田耕地土壤主要理化性状

项目名称	样本数（个）	平均值	标准差	变异系数（%）	范 围
有效土层厚（cm）	11	100.0	0.00	0.00	100.0～100.0
耕层厚度（cm）	11	18.6	1.91	10.26	14.0～20.0
耕层容重（g/cm^3）	11	1.28	0.12	9.65	1.05～1.50
有机质（g/kg）	11	28.3	4.73	16.74	19.2～34.5
全氮（g/kg）	11	2.138	0.71	33.04	1.200～3.520
有效磷（mg/kg）	11	30.4	11.55	37.96	14.0～56.0
速效钾（mg/kg）	11	74	39.55	53.09	23～153
缓效钾（mg/kg）	11	732	608.94	83.14	59～1 609
有效铜（mg/kg）	10	39.23	27.93	71.20	1.91～76.15
有效锌（mg/kg）	9	31.66	17.45	55.11	6.71～61.56
有效铁（mg/kg）	10	198.86	176.60	88.81	22.90～537.21
有效锰（mg/kg）	5	122.68	87.03	70.94	26.17～209.97
有效硼（mg/kg）	11	1.45	0.94	64.67	0.14～3.17
有效钼（mg/kg）	10	0.536	0.32	60.60	0.060～0.990
有效硫（mg/kg）	9	162.58	112.83	69.40	9.60～315.08
有效硅（mg/kg）	7	230.14	151.48	65.82	54.40～422.16

耕层质地

砂土		砂壤土		轻壤土		中壤土		重壤土		黏土	
样本数	占比（%）	样本数	占比（%）	样本数	占比（%）	样本数	占比（%）	样本数	占比（%）	样本数	占比（%）
0	0.00	4	36.36	2	18.18	4	36.36	1	9.09	0	0.00

土壤 pH

≤4.5		(4.5～5.5]		(5.5～6.5]		(6.5～7.5]		(7.5～8.5]		>8.5	
样本数	占比（%）	样本数	占比（%）	样本数	占比（%）	样本数	占比（%）	样本数	占比（%）	样本数	占比（%）
0	0.00	0	0.00	11	100.00	0	0.00	0	0.00	0	0.00

水稻土—渗育水稻土—渗紫泥田耕地土壤主要理化性状

项目名称	样本数（个）	平均值	标准差	变异系数（%）	范　围
有效土层厚（cm）	186	97.2	11.39	11.72	50.0～150.0
耕层厚度（cm）	186	18.6	2.89	15.54	10.0～28.0
耕层容重（g/cm^3）	186	1.21	0.12	10.06	0.88～1.62
有机质（g/kg）	186	28.3	8.08	28.59	8.9～54.6
全氮（g/kg）	185	1.573	0.62	39.23	0.377～3.507
有效磷（mg/kg）	186	35.4	33.88	95.72	0.2～289.2
速效钾（mg/kg）	185	110	52.46	47.50	25～325
缓效钾（mg/kg）	181	365	347.25	95.18	45～1 492
有效铜（mg/kg）	161	13.28	22.73	171.13	0.55～84.50
有效锌（mg/kg）	163	14.21	19.94	140.39	0.83～70.95
有效铁（mg/kg）	165	197.78	109.05	55.14	11.42～530.94
有效锰（mg/kg）	153	55.53	70.09	126.22	6.50～291.57
有效硼（mg/kg）	168	0.95	1.09	114.24	0.02～3.85
有效钼（mg/kg）	168	0.327	0.23	71.31	0.020～0.980
有效硫（mg/kg）	152	71.81	80.56	112.19	3.49～328.38
有效硅（mg/kg）	155	158.05	124.53	78.79	31.70～532.43

耕层质地

砂土		砂壤土		轻壤土		中壤土		重壤土		黏土	
样本数	占比（%）	样本数	占比（%）	样本数	占比（%）	样本数	占比（%）	样本数	占比（%）	样本数	占比（%）
1	0.54	32	17.20	46	24.73	41	22.04	60	32.26	6	3.23

土壤 pH

≤4.5		(4.5～5.5]		(5.5～6.5]		(6.5～7.5]		(7.5～8.5]		>8.5	
样本数	占比（%）	样本数	占比（%）	样本数	占比（%）	样本数	占比（%）	样本数	占比（%）	样本数	占比（%）
8	4.30	90	48.39	45	24.19	39	20.97	4	2.15	0	0.00

水稻土—渗育水稻土—渗红泥田耕地土壤主要理化性状

项目名称	样本数（个）	平均值	标准差	变异系数（%）	范围
有效土层厚（cm）	1 271	92.6	15.11	16.32	42.0～115.2
耕层厚度（cm）	1 271	17.3	2.06	11.92	10.0～30.0
耕层容重（g/cm^3）	1 271	1.19	0.14	12.15	0.81～1.69
有机质（g/kg）	1 271	30.6	9.36	30.58	6.3～75.2
全氮（g/kg）	1 271	1.548	0.60	38.90	0.375～4.390
有效磷（mg/kg）	1 271	37.0	41.40	111.76	0.1～295.9
速效钾（mg/kg）	1 256	114	70.83	62.35	23～481
缓效钾（mg/kg）	1 264	229	172.47	75.35	38～1 545
有效铜（mg/kg）	1 100	3.06	6.96	227.73	0.24～79.60
有效锌（mg/kg）	1 096	3.95	6.38	161.59	0.23～69.20
有效铁（mg/kg）	1 096	174.27	64.52	37.02	8.91～486.00
有效锰（mg/kg）	1 089	35.67	34.02	95.36	2.24～298.43
有效硼（mg/kg）	1 098	0.44	0.64	145.61	0.04～3.81
有效钼（mg/kg）	1 095	0.256	0.14	56.47	0.022～1.370
有效硫（mg/kg）	1 087	40.70	32.70	80.34	3.40～330.39
有效硅（mg/kg）	1 082	127.60	104.45	81.86	15.09～533.00

耕层质地

砂土		砂壤土		轻壤土		中壤土		重壤土		黏土	
样本数	占比（%）	样本数	占比（%）	样本数	占比（%）	样本数	占比（%）	样本数	占比（%）	样本数	占比（%）
0	0.00	20	1.57	54	4.25	351	27.62	457	35.96	389	30.61

土壤 pH

≤4.5		(4.5～5.5]		(5.5～6.5]		(6.5～7.5]		(7.5～8.5]		>8.5	
样本数	占比（%）	样本数	占比（%）	样本数	占比（%）	样本数	占比（%）	样本数	占比（%）	样本数	占比（%）
34	2.68	712	56.02	404	31.79	82	6.45	39	3.07	0	0.00

水稻土—渗育水稻土—渗马肝泥田耕地土壤主要理化性状

项目名称	样本数（个）	平均值	标准差	变异系数（%）	范　围
有效土层厚（cm）	393	92.8	27.45	29.58	30.0～132.0
耕层厚度（cm）	393	18.2	2.74	15.11	11.0～24.0
耕层容重（g/cm^3）	384	1.30	0.10	7.55	0.94～1.49
有机质（g/kg）	393	21.7	7.53	34.64	5.2～46.1
全氮（g/kg）	393	1.282	0.42	32.56	0.250～2.710
有效磷（mg/kg）	393	18.8	20.71	109.92	1.6～200.0
速效钾（mg/kg）	392	128	59.39	46.52	38～475
缓效钾（mg/kg）	384	448	177.44	39.61	100～1 211
有效铜（mg/kg）	373	3.06	1.92	62.68	0.19～13.43
有效锌（mg/kg）	377	2.18	2.34	107.49	0.21～32.80
有效铁（mg/kg）	379	97.72	90.56	92.67	5.38～503.75
有效锰（mg/kg）	383	47.59	40.86	85.85	4.98～249.00
有效硼（mg/kg）	383	0.62	0.48	78.53	0.02～1.99
有效钼（mg/kg）	384	0.301	0.24	78.78	0.020～0.990
有效硫（mg/kg）	382	29.62	23.71	80.04	3.45～271.27
有效硅（mg/kg）	384	174.02	106.00	60.91	19.98～496.62

耕层质地

砂土		砂壤土		轻壤土		中壤土		重壤土		黏土	
样本数	占比（%）	样本数	占比（%）	样本数	占比（%）	样本数	占比（%）	样本数	占比（%）	样本数	占比（%）
0	0.00	0	0.00	0	0.00	113	28.75	254	64.63	26	6.62

土壤 pH

≤4.5		(4.5～5.5]		(5.5～6.5]		(6.5～7.5]		(7.5～8.5]		>8.5	
样本数	占比（%）	样本数	占比（%）	样本数	占比（%）	样本数	占比（%）	样本数	占比（%）	样本数	占比（%）
2	0.51	65	16.54	191	48.60	121	30.79	14	3.56	0	0.00

水稻土—渗育水稻土—渗黄土田耕地土壤主要理化性状

项目名称	样本数（个）	平均值	标准差	变异系数（%）	范　围
有效土层厚（cm）	5	100.0	0.00	0.00	100.0～100.0
耕层厚度（cm）	5	20.0	0.00	0.00	20.0～20.0
耕层容重（g/cm^3）	5	1.19	0.05	4.13	1.17～1.28
有机质（g/kg）	5	18.5	3.56	19.22	15.8～24.6
全氮（g/kg）	5	1.114	0.07	6.43	1.030～1.200
有效磷（mg/kg）	5	18.3	12.05	65.79	11.6～39.8
速效钾（mg/kg）	5	106	55.96	52.59	57～170
缓效钾（mg/kg）	5	395	206.64	52.34	255～754
有效铜（mg/kg）	5	2.80	1.91	68.12	0.48～5.79
有效锌（mg/kg）	5	2.21	0.74	33.58	1.30～3.29
有效铁（mg/kg）	5	67.78	35.24	51.99	6.60～97.10
有效锰（mg/kg）	5	36.58	9.38	25.65	24.40～47.90
有效硼（mg/kg）	5	0.43	0.03	6.01	0.41～0.47
有效钼（mg/kg）	5	0.294	0.02	7.83	0.270～0.320
有效硫（mg/kg）	5	67.86	26.27	38.71	45.30～110.50
有效硅（mg/kg）	5	141.15	21.63	15.33	110.20～161.35

耕层质地

砂土		砂壤土		轻壤土		中壤土		重壤土		黏土	
样本数	占比（%）	样本数	占比（%）	样本数	占比（%）	样本数	占比（%）	样本数	占比（%）	样本数	占比（%）
0	0.00	0	0.00	0	0.00	5	100.00	0	0.00	0	0.00

土壤 pH

≤4.5		(4.5～5.5]		(5.5～6.5]		(6.5～7.5]		(7.5～8.5]		>8.5	
样本数	占比（%）	样本数	占比（%）	样本数	占比（%）	样本数	占比（%）	样本数	占比（%）	样本数	占比（%）
0	0.00	1	20.00	2	40.00	2	40.00	0	0.00	0	0.00

水稻土—渗育水稻土—渗煤锈田耕地土壤主要理化性状

项目名称	样本数（个）	平均值	标准差	变异系数（%）	范　围
有效土层厚（cm）	17	78.8	13.75	17.45	55.0～100.0
耕层厚度（cm）	17	18.1	3.67	20.27	13.0～28.0
耕层容重（g/cm^3）	17	1.20	0.10	8.29	1.05～1.37
有机质（g/kg）	17	40.9	15.72	38.45	22.6～70.3
全氮（g/kg）	17	2.449	0.71	29.10	1.431～3.960
有效磷（mg/kg）	17	18.6	10.81	58.23	0.3～39.1
速效钾（mg/kg）	17	105	65.84	62.65	39～281
缓效钾（mg/kg）	17	205	132.90	64.74	76～543
有效铜（mg/kg）	16	4.11	2.23	54.22	1.20～9.02
有效锌（mg/kg）	16	4.78	3.48	72.85	0.88～12.82
有效铁（mg/kg）	16	183.77	99.03	53.89	53.00～390.85
有效锰（mg/kg）	16	57.51	70.12	121.93	3.79～265.05
有效硼（mg/kg）	16	0.91	1.35	148.23	0.12～3.82
有效钼（mg/kg）	16	0.373	0.25	65.87	0.080～0.780
有效硫（mg/kg）	16	66.51	43.54	65.47	13.29～158.00
有效硅（mg/kg）	16	288.20	151.57	52.59	66.30～524.00

耕层质地

砂土		砂壤土		轻壤土		中壤土		重壤土		黏土	
样本数	占比（%）	样本数	占比（%）	样本数	占比（%）	样本数	占比（%）	样本数	占比（%）	样本数	占比（%）
0	0.00	3	17.65	1	5.88	8	47.06	5	29.41	0	0.00

土壤 pH

≤4.5		(4.5～5.5]		(5.5～6.5]		(6.5～7.5]		(7.5～8.5]		>8.5	
样本数	占比（%）	样本数	占比（%）	样本数	占比（%）	样本数	占比（%）	样本数	占比（%）	样本数	占比（%）
0	0.00	0	0.00	12	70.59	5	29.41	0	0.00	0	0.00

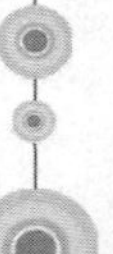

水稻土—潜育水稻土—青潮泥田耕地土壤主要理化性状

项目名称	样本数（个）	平均值	标准差	变异系数（%）	范　围
有效土层厚（cm）	985	81.3	24.78	30.48	20.0～173.0
耕层厚度（cm）	985	18.1	3.02	16.65	10.0～35.0
耕层容重（g/cm^3）	980	1.17	0.17	14.36	0.75～1.64
有机质（g/kg）	984	34.3	12.80	37.32	8.6～81.3
全氮（g/kg）	981	1.941	0.74	37.99	0.240～4.314
有效磷（mg/kg）	985	27.1	38.27	141.25	0.3～368.5
速效钾（mg/kg）	981	110	64.38	58.37	21～473
缓效钾（mg/kg）	973	311	205.49	66.18	38～1 398
有效铜（mg/kg）	845	5.38	9.67	179.75	0.23～85.36
有效锌（mg/kg）	846	3.90	6.82	174.97	0.20～60.59
有效铁（mg/kg）	837	155.81	109.10	70.02	4.75～520.26
有效锰（mg/kg）	839	41.59	39.78	95.64	1.09～291.25
有效硼（mg/kg）	834	0.53	0.59	113.11	0.02～3.82
有效钼（mg/kg）	836	0.262	0.25	95.38	0.019～2.900
有效硫（mg/kg）	831	47.90	42.87	89.50	3.44～315.87
有效硅（mg/kg）	826	188.03	129.57	68.91	16.38～540.00

耕层质地

砂土		砂壤土		轻壤土		中壤土		重壤土		黏土	
样本数	占比（%）	样本数	占比（%）	样本数	占比（%）	样本数	占比（%）	样本数	占比（%）	样本数	占比（%）
4	0.41	121	12.28	148	15.03	205	20.81	266	27.01	241	24.47

土壤 pH

≤4.5		(4.5～5.5]		(5.5～6.5]		(6.5～7.5]		(7.5～8.5]		>8.5	
样本数	占比（%）	样本数	占比（%）	样本数	占比（%）	样本数	占比（%）	样本数	占比（%）	样本数	占比（%）
16	1.62	292	29.64	362	36.75	169	17.16	146	14.82	0	0.00

水稻土—潜育水稻土—青麻砂泥田耕地土壤主要理化性状

项目名称	样本数（个）	平均值	标准差	变异系数（%）	范　围
有效土层厚（cm）	39	67.3	12.66	18.82	50.0～100.0
耕层厚度（cm）	39	17.4	3.45	19.84	14.0～30.0
耕层容重（g/cm^3）	37	1.26	0.13	10.04	1.05～1.47
有机质（g/kg）	39	32.8	11.02	33.59	10.9～69.7
全氮（g/kg）	39	1.811	0.51	28.23	1.037～2.870
有效磷（mg/kg）	39	26.8	19.57	73.13	4.4～77.5
速效钾（mg/kg）	38	86	36.75	42.57	28～178
缓效钾（mg/kg）	39	458	237.57	51.82	157～1 032
有效铜（mg/kg）	39	2.99	1.43	47.75	0.78～5.38
有效锌（mg/kg）	39	2.20	1.21	54.96	0.84～5.35
有效铁（mg/kg）	39	68.91	66.04	95.84	22.60～412.00
有效锰（mg/kg）	39	23.39	12.16	51.99	9.68～62.80
有效硼（mg/kg）	38	0.27	0.22	80.09	0.02～1.11
有效钼（mg/kg）	39	0.758	1.36	179.25	0.074～5.200
有效硫（mg/kg）	39	37.88	20.28	53.53	9.49～84.20
有效硅（mg/kg）	39	108.38	31.08	28.68	62.21～185.47

耕层质地

砂土		砂壤土		轻壤土		中壤土		重壤土		黏土	
样本数	占比（%）	样本数	占比（%）	样本数	占比（%）	样本数	占比（%）	样本数	占比（%）	样本数	占比（%）
2	5.13	16	41.03	8	20.51	13	33.33	0	0.00	0	0.00

土壤 pH

≤4.5		(4.5～5.5]		(5.5～6.5]		(6.5～7.5]		(7.5～8.5]		>8.5	
样本数	占比（%）	样本数	占比（%）	样本数	占比（%）	样本数	占比（%）	样本数	占比（%）	样本数	占比（%）
3	7.69	30	76.92	6	15.38	0	0.00	0	0.00	0	0.00

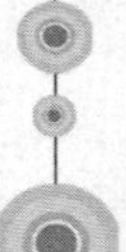

水稻土—潜育水稻土—青砂泥田耕地土壤主要理化性状

项目名称	样本数（个）	平均值	标准差	变异系数（%）	范　围
有效土层厚（cm）	44	74.8	20.24	27.05	35.0～100.0
耕层厚度（cm）	44	18.7	4.50	24.13	13.0～35.0
耕层容重（g/cm^3）	44	1.26	0.13	10.29	1.06～1.57
有机质（g/kg）	43	23.6	8.28	35.06	6.7～44.3
全氮（g/kg）	44	1.414	0.50	35.18	0.680～2.820
有效磷（mg/kg）	44	9.3	10.43	112.27	0.7～46.1
速效钾（mg/kg）	44	79	44.68	56.58	30～260
缓效钾（mg/kg）	43	474	281.39	59.38	81～1 395
有效铜（mg/kg）	40	3.17	1.70	53.75	0.93～6.96
有效锌（mg/kg）	39	1.84	2.96	160.97	0.46～19.02
有效铁（mg/kg）	40	138.29	85.87	62.09	22.60～400.70
有效锰（mg/kg）	40	49.53	32.56	65.74	7.20～118.00
有效硼（mg/kg）	33	0.27	0.16	58.87	0.07～0.73
有效钼（mg/kg）	34	0.271	0.44	161.69	0.020～2.500
有效硫（mg/kg）	30	55.94	34.14	61.02	9.20～146.30
有效硅（mg/kg）	29	156.36	108.24	69.23	55.10～514.00

耕层质地

砂土		砂壤土		轻壤土		中壤土		重壤土		黏土	
样本数	占比（%）	样本数	占比（%）	样本数	占比（%）	样本数	占比（%）	样本数	占比（%）	样本数	占比（%）
1	2.27	2	4.55	1	2.27	15	34.09	16	36.36	9	20.45

土壤 pH

≤4.5		(4.5～5.5]		(5.5～6.5]		(6.5～7.5]		(7.5～8.5]		>8.5	
样本数	占比（%）	样本数	占比（%）	样本数	占比（%）	样本数	占比（%）	样本数	占比（%）	样本数	占比（%）
0	0.00	6	13.64	30	68.18	8	18.18	0	0.00	0	0.00

水稻土—潜育水稻土—青鳝泥田耕地土壤主要理化性状

项目名称	样本数（个）	平均值	标准差	变异系数（%）	范　围
有效土层厚（cm）	53	74.1	20.89	28.20	30.0～100.0
耕层厚度（cm）	53	17.5	2.46	14.11	13.0～22.0
耕层容重（g/cm^3）	46	1.12	0.15	13.50	0.83～1.40
有机质（g/kg）	53	32.9	11.39	34.65	12.8～61.2
全氮（g/kg）	53	1.853	0.56	30.03	0.605～2.910
有效磷（mg/kg）	53	19.1	9.62	50.49	3.5～38.0
速效钾（mg/kg）	52	125	71.83	57.54	32～355
缓效钾（mg/kg）	53	431	193.59	44.92	73～929
有效铜（mg/kg）	53	3.88	2.22	57.21	1.05～13.92
有效锌（mg/kg）	53	2.36	1.73	73.49	0.63～8.24
有效铁（mg/kg）	53	71.50	51.27	71.70	13.69～256.00
有效锰（mg/kg）	53	20.35	7.93	38.96	5.10～39.40
有效硼（mg/kg）	53	0.42	0.46	110.83	0.03～2.72
有效钼（mg/kg）	53	0.803	1.69	209.98	0.060～7.956
有效硫（mg/kg）	49	34.49	15.25	44.22	6.70～62.00
有效硅（mg/kg）	51	119.44	93.01	77.87	39.08～440.50

耕层质地

砂土		砂壤土		轻壤土		中壤土		重壤土		黏土	
样本数	占比（%）	样本数	占比（%）	样本数	占比（%）	样本数	占比（%）	样本数	占比（%）	样本数	占比（%）
1	1.89	2	3.77	3	5.66	23	43.40	12	22.64	12	22.64

土壤 pH

≤4.5		(4.5～5.5]		(5.5～6.5]		(6.5～7.5]		(7.5～8.5]		>8.5	
样本数	占比（%）	样本数	占比（%）	样本数	占比（%）	样本数	占比（%）	样本数	占比（%）	样本数	占比（%）
1	1.89	37	69.81	14	26.42	1	1.89	0	0.00	0	0.00

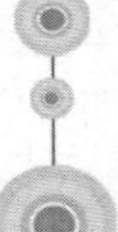

水稻土—潜育水稻土—青灰泥田耕地土壤主要理化性状

项目名称	样本数（个）	平均值	标准差	变异系数（%）	范　围
有效土层厚（cm）	482	89.6	19.53	21.81	30.0～100.0
耕层厚度（cm）	482	20.7	3.44	16.57	14.0～30.0
耕层容重（g/cm^3）	482	1.29	0.15	11.40	0.82～1.95
有机质（g/kg）	482	25.9	9.38	36.18	6.0～84.2
全氮（g/kg）	482	1.406	0.44	31.54	0.240～3.720
有效磷（mg/kg）	482	17.2	9.72	56.54	2.6～78.1
速效钾（mg/kg）	482	144	54.65	38.06	25～310
缓效钾（mg/kg）	442	673	310.30	46.12	114～1 610
有效铜（mg/kg）	482	3.74	1.24	33.07	0.27～8.75
有效锌（mg/kg）	482	1.77	0.89	50.15	0.47～9.24
有效铁（mg/kg）	482	57.67	41.24	71.51	8.20～258.00
有效锰（mg/kg）	482	31.41	16.57	52.76	3.40～92.30
有效硼（mg/kg）	482	0.49	0.18	36.20	0.03～1.70
有效钼（mg/kg）	482	0.177	0.08	44.54	0.040～0.980
有效硫（mg/kg）	482	61.90	29.20	47.18	8.10～139.07
有效硅（mg/kg）	482	172.24	71.26	41.37	12.90～495.00

耕层质地

砂土		砂壤土		轻壤土		中壤土		重壤土		黏土	
样本数	占比（%）	样本数	占比（%）	样本数	占比（%）	样本数	占比（%）	样本数	占比（%）	样本数	占比（%）
2	0.41	17	3.53	49	10.17	313	64.94	81	16.80	20	4.15

土壤 pH

≤4.5		(4.5～5.5]		(5.5～6.5]		(6.5～7.5]		(7.5～8.5]		>8.5	
样本数	占比（%）	样本数	占比（%）	样本数	占比（%）	样本数	占比（%）	样本数	占比（%）	样本数	占比（%）
1	0.21	76	15.77	126	26.14	160	33.20	119	24.69	0	0.00

水稻土—潜育水稻土—青紫泥田耕地土壤主要理化性状

项目名称	样本数（个）	平均值	标准差	变异系数（%）	范　围
有效土层厚（cm）	21	74.1	17.28	23.30	52.0～100.0
耕层厚度（cm）	21	16.9	2.26	13.43	14.0～20.0
耕层容重（g/cm^3）	19	1.13	0.17	15.08	0.89～1.45
有机质（g/kg）	21	27.2	9.12	33.54	12.0～41.4
全氮（g/kg）	21	1.627	0.61	37.25	0.670～2.880
有效磷（mg/kg）	21	17.8	13.21	74.03	2.9～53.6
速效钾（mg/kg）	21	90	46.91	51.98	22～228
缓效钾（mg/kg）	20	405	188.97	46.71	107～691
有效铜（mg/kg）	21	3.69	1.95	53.03	0.78～8.19
有效锌（mg/kg）	21	2.06	1.09	52.64	0.57～4.61
有效铁（mg/kg）	21	67.31	61.73	91.72	24.52～319.00
有效锰（mg/kg）	21	25.55	8.29	32.46	15.60～50.00
有效硼（mg/kg）	20	0.37	0.61	166.60	0.02～2.77
有效钼（mg/kg）	21	0.180	0.13	69.91	0.065～0.660
有效硫（mg/kg）	21	27.05	13.74	50.78	12.50～53.70
有效硅（mg/kg）	21	118.75	50.49	42.52	42.30～271.00

耕层质地

砂土		砂壤土		轻壤土		中壤土		重壤土		黏土	
样本数	占比（%）	样本数	占比（%）	样本数	占比（%）	样本数	占比（%）	样本数	占比（%）	样本数	占比（%）
0	0.00	1	4.76	0	0.00	14	66.67	4	19.05	2	9.52

土壤 pH

≤4.5		(4.5～5.5]		(5.5～6.5]		(6.5～7.5]		(7.5～8.5]		>8.5	
样本数	占比（%）	样本数	占比（%）	样本数	占比（%）	样本数	占比（%）	样本数	占比（%）	样本数	占比（%）
1	4.76	16	76.19	4	19.05	0	0.00	0	0.00	0	0.00

水稻土—潜育水稻土—青红砂泥田耕地土壤主要理化性状

项目名称	样本数（个）	平均值	标准差	变异系数（%）	范　围
有效土层厚（cm）	13	76.5	16.76	21.89	50.0～100.0
耕层厚度（cm）	13	17.2	2.01	11.64	15.0～20.0
耕层容重（g/cm^3）	11	1.21	0.18	14.73	1.02～1.52
有机质（g/kg）	13	32.6	11.39	34.90	15.2～58.6
全氮（g/kg）	13	1.687	0.52	30.78	1.060～2.600
有效磷（mg/kg）	13	18.6	7.91	42.51	5.6～33.1
速效钾（mg/kg）	13	106	63.51	59.73	33～228
缓效钾（mg/kg）	13	364	200.27	55.05	145～929
有效铜（mg/kg）	13	3.60	2.36	65.67	1.38～9.60
有效锌（mg/kg）	13	2.48	1.18	47.34	0.82～5.12
有效铁（mg/kg）	13	67.07	40.71	60.69	26.20～138.04
有效锰（mg/kg）	13	25.82	5.29	20.47	15.00～34.10
有效硼（mg/kg）	13	0.76	0.99	130.67	0.12～3.44
有效钼（mg/kg）	13	0.160	0.09	58.06	0.045～0.351
有效硫（mg/kg）	13	43.44	23.89	54.99	17.65～89.50
有效硅（mg/kg）	13	106.79	33.30	31.18	57.50～166.80

耕层质地

砂土		砂壤土		轻壤土		中壤土		重壤土		黏土	
样本数	占比（%）	样本数	占比（%）	样本数	占比（%）	样本数	占比（%）	样本数	占比（%）	样本数	占比（%）
0	0.00	1	7.69	2	15.38	4	30.77	4	30.77	2	15.38

土壤 pH

≤4.5		(4.5～5.5]		(5.5～6.5]		(6.5～7.5]		(7.5～8.5]		>8.5	
样本数	占比（%）	样本数	占比（%）	样本数	占比（%）	样本数	占比（%）	样本数	占比（%）	样本数	占比（%）
2	15.38	9	69.23	2	15.38	0	0.00	0	0.00	0	0.00

水稻土—潜育水稻土—青红泥田耕地土壤主要理化性状

项目名称	样本数（个）	平均值	标准差	变异系数（%）	范围
有效土层厚（cm）	30	79.6	16.54	20.77	50.0～100.0
耕层厚度（cm）	30	19.1	4.27	22.42	15.0～35.0
耕层容重（g/cm^3）	28	1.20	0.11	8.97	1.00～1.45
有机质（g/kg）	30	31.9	9.35	29.32	16.8～56.7
全氮（g/kg）	30	1.911	0.50	26.41	0.950～2.780
有效磷（mg/kg）	30	23.2	18.48	79.75	3.3～75.4
速效钾（mg/kg）	30	105	54.13	51.56	28～291
缓效钾（mg/kg）	30	408	173.17	42.47	128～910
有效铜（mg/kg）	30	3.16	1.57	49.65	0.96～6.48
有效锌（mg/kg）	30	2.47	1.87	75.78	0.62～9.60
有效铁（mg/kg）	30	71.24	52.14	73.19	10.54～267.60
有效锰（mg/kg）	30	26.24	18.75	71.48	8.20～86.10
有效硼（mg/kg）	30	0.35	0.36	103.95	0.02～1.40
有效钼（mg/kg）	30	0.233	0.47	201.36	0.040～2.700
有效硫（mg/kg）	30	37.62	21.05	55.95	8.55～82.90
有效硅（mg/kg）	30	123.75	59.48	48.06	26.80～286.50

耕层质地

砂土		砂壤土		轻壤土		中壤土		重壤土		黏土	
样本数	占比（%）	样本数	占比（%）	样本数	占比（%）	样本数	占比（%）	样本数	占比（%）	样本数	占比（%）
0	0.00	6	20.00	1	3.33	14	46.67	3	10.00	6	20.00

土壤 pH

≤4.5		(4.5～5.5]		(5.5～6.5]		(6.5～7.5]		(7.5～8.5]		>8.5	
样本数	占比（%）	样本数	占比（%）	样本数	占比（%）	样本数	占比（%）	样本数	占比（%）	样本数	占比（%）
4	13.33	13	43.33	9	30.00	4	13.33	0	0.00	0	0.00

水稻土—潜育水稻土—青马肝泥田耕地土壤主要理化性状

项目名称	样本数（个）	平均值	标准差	变异系数（%）	范　围
有效土层厚（cm）	55	70.4	24.81	35.23	25.0～100.0
耕层厚度（cm）	55	18.5	3.38	18.31	11.0～30.0
耕层容重（g/cm^3）	55	1.26	0.11	8.91	1.00～1.40
有机质（g/kg）	55	22.8	11.02	48.39	7.6～60.0
全氮（g/kg）	55	1.240	0.43	34.66	0.560～3.160
有效磷（mg/kg）	55	16.5	20.74	125.53	2.0～90.8
速效钾（mg/kg）	55	106	63.31	59.56	28～376
缓效钾（mg/kg）	55	353	204.29	57.90	110～1 126
有效铜（mg/kg）	52	2.97	1.95	65.58	0.23～9.59
有效锌（mg/kg）	54	2.36	2.75	116.39	0.25～17.90
有效铁（mg/kg）	55	99.76	103.56	103.80	10.80～408.60
有效锰（mg/kg）	55	33.56	28.25	84.17	6.20～148.00
有效硼（mg/kg）	54	0.55	0.54	99.17	0.06～2.12
有效钼（mg/kg）	54	0.269	0.23	84.60	0.020～1.000
有效硫（mg/kg）	54	37.31	23.63	63.35	8.57～105.27
有效硅（mg/kg）	54	222.37	140.88	63.36	11.98～533.07

耕层质地

砂土		砂壤土		轻壤土		中壤土		重壤土		黏土	
样本数	占比（%）	样本数	占比（%）	样本数	占比（%）	样本数	占比（%）	样本数	占比（%）	样本数	占比（%）
2	3.64	6	10.91	0	0.00	16	29.09	25	45.45	6	10.91

土壤 pH

≤4.5		(4.5～5.5]		(5.5～6.5]		(6.5～7.5]		(7.5～8.5]		>8.5	
样本数	占比（%）	样本数	占比（%）	样本数	占比（%）	样本数	占比（%）	样本数	占比（%）	样本数	占比（%）
0	0.00	11	20.00	30	54.55	13	23.64	1	1.82	0	0.00

水稻土—潜育水稻土—烂泥田耕地土壤主要理化性状

项目名称	样本数（个）	平均值	标准差	变异系数（%）	范　围
有效土层厚（cm）	568	68.7	36.70	53.43	10.0～153.0
耕层厚度（cm）	568	16.9	4.98	29.50	10.0～40.0
耕层容重（g/cm^3）	568	1.20	0.15	12.74	0.75～1.68
有机质（g/kg）	567	34.6	14.16	40.88	6.0～83.6
全氮（g/kg）	566	1.842	0.79	42.85	0.260～4.110
有效磷（mg/kg）	568	29.7	33.11	111.55	0.4～279.2
速效钾（mg/kg）	560	98	62.32	63.29	21～430
缓效钾（mg/kg）	551	273	258.61	94.61	40～1 560
有效铜（mg/kg）	521	3.97	7.19	180.96	0.21～81.92
有效锌（mg/kg）	521	3.14	4.29	136.51	0.19～53.86
有效铁（mg/kg）	527	166.07	108.95	65.60	4.10～486.76
有效锰（mg/kg）	522	32.78	30.42	92.79	1.13～211.11
有效硼（mg/kg）	523	0.39	0.41	106.78	0.02～3.88
有效钼（mg/kg）	514	0.244	0.22	90.84	0.020～2.730
有效硫（mg/kg）	521	47.92	41.24	86.06	3.50～297.20
有效硅（mg/kg）	515	139.28	109.55	78.66	12.30～521.00

耕层质地

砂土		砂壤土		轻壤土		中壤土		重壤土		黏土	
样本数	占比（%）	样本数	占比（%）	样本数	占比（%）	样本数	占比（%）	样本数	占比（%）	样本数	占比（%）
1	0.18	59	10.39	77	13.56	94	16.55	265	46.65	72	12.68

土壤 pH

≤4.5		(4.5～5.5]		(5.5～6.5]		(6.5～7.5]		(7.5～8.5]		>8.5	
样本数	占比（%）	样本数	占比（%）	样本数	占比（%）	样本数	占比（%）	样本数	占比（%）	样本数	占比（%）
32	5.63	235	41.37	140	24.65	73	12.85	88	15.49	0	0.00

水稻土—潜育水稻土—锈水田耕地土壤主要理化性状

项目名称	样本数（个）	平均值	标准差	变异系数（%）	范围
有效土层厚（cm）	24	18.1	25.40	140.15	10.0～100.0
耕层厚度（cm）	24	11.2	3.17	28.40	10.0～20.0
耕层容重（g/cm^3）	24	1.17	0.11	9.31	1.05～1.55
有机质（g/kg）	24	28.8	7.60	26.39	15.4～44.9
全氮（g/kg）	24	1.193	0.44	36.86	0.381～2.090
有效磷（mg/kg）	24	29.5	21.34	72.32	11.0～94.2
速效钾（mg/kg）	21	75	62.07	83.24	29～321
缓效钾（mg/kg）	22	219	251.21	114.91	53～999
有效铜（mg/kg）	24	5.92	14.27	240.95	1.56～63.49
有效锌（mg/kg）	24	6.77	11.70	172.87	0.45～47.70
有效铁（mg/kg）	24	287.20	51.81	18.04	53.44～359.08
有效锰（mg/kg）	24	45.09	31.36	69.54	35.30～170.00
有效硼（mg/kg）	24	0.31	0.21	68.05	0.08～0.97
有效钼（mg/kg）	24	0.308	0.10	32.86	0.130～0.750
有效硫（mg/kg）	22	44.47	37.17	83.59	5.90～156.40
有效硅（mg/kg）	24	92.92	31.64	34.05	59.64～221.31

耕层质地

砂土		砂壤土		轻壤土		中壤土		重壤土		黏土	
样本数	占比（%）	样本数	占比（%）	样本数	占比（%）	样本数	占比（%）	样本数	占比（%）	样本数	占比（%）
0	0.00	3	12.50	1	4.17	9	37.50	11	45.83	0	0.00

土壤 pH

≤4.5		(4.5～5.5]		(5.5～6.5]		(6.5～7.5]		(7.5～8.5]		>8.5	
样本数	占比（%）	样本数	占比（%）	样本数	占比（%）	样本数	占比（%）	样本数	占比（%）	样本数	占比（%）
4	16.67	18	75.00	2	8.33	0	0.00	0	0.00	0	0.00

水稻土—潜育水稻土—泥炭土田耕地土壤主要理化性状

项目名称	样本数（个）	平均值	标准差	变异系数（%）	范　围
有效土层厚（cm）	22	95.8	7.35	7.67	76.0～100.0
耕层厚度（cm）	22	18.8	3.42	18.23	12.0～25.0
耕层容重（g/cm^3）	22	1.19	0.13	10.78	0.98～1.41
有机质（g/kg）	22	40.3	13.73	34.03	13.8～74.3
全氮（g/kg）	22	2.413	0.75	31.05	0.770～3.500
有效磷（mg/kg）	22	37.0	31.60	85.39	0.8～90.0
速效钾（mg/kg）	21	125	75.08	59.99	37～250
缓效钾（mg/kg）	21	149	108.98	73.21	66～500
有效铜（mg/kg）	22	2.52	1.76	70.14	0.49～7.76
有效锌（mg/kg）	22	2.07	1.49	71.71	0.62～7.00
有效铁（mg/kg）	20	112.15	99.74	88.93	11.70～286.00
有效锰（mg/kg）	22	25.81	26.70	103.47	1.20～115.00
有效硼（mg/kg）	21	0.30	0.30	100.64	0.04～0.97
有效钼（mg/kg）	20	0.184	0.16	87.27	0.020～0.600
有效硫（mg/kg）	22	35.02	17.57	50.18	10.00～73.03
有效硅（mg/kg）	21	95.85	97.09	101.29	19.30～472.33

耕层质地

砂土		砂壤土		轻壤土		中壤土		重壤土		黏土	
样本数	占比（%）	样本数	占比（%）	样本数	占比（%）	样本数	占比（%）	样本数	占比（%）	样本数	占比（%）
0	0.00	0	0.00	0	0.00	22	100.00	0	0.00	0	0.00

土壤 pH

≤4.5		(4.5～5.5]		(5.5～6.5]		(6.5～7.5]		(7.5～8.5]		>8.5	
样本数	占比（%）	样本数	占比（%）	样本数	占比（%）	样本数	占比（%）	样本数	占比（%）	样本数	占比（%）
0	0.00	5	22.73	5	22.73	5	22.73	7	31.82	0	0.00

水稻土—脱潜水稻土—黄斑黏田耕地土壤主要理化性状

项目名称	样本数（个）	平均值	标准差	变异系数（%）	范 围
有效土层厚（cm）	1 598	90.9	20.46	22.51	30.0～120.0
耕层厚度（cm）	1 598	17.9	4.47	24.91	11.0～40.0
耕层容重（g/cm³）	1 587	1.16	0.15	13.33	0.81～1.69
有机质（g/kg）	1 595	36.8	12.34	33.50	3.3～81.8
全氮（g/kg）	1 576	2.208	0.75	34.11	0.231～4.372
有效磷（mg/kg）	1 590	35.8	55.19	154.21	0.6～486.0
速效钾（mg/kg）	1 579	161	74.11	46.01	35～480
缓效钾（mg/kg）	1 556	423	202.08	47.78	40～1 340
有效铜（mg/kg）	1 543	5.91	6.10	103.24	0.30～86.50
有效锌（mg/kg）	1 550	4.49	4.57	101.67	0.23～71.40
有效铁（mg/kg）	1 504	220.56	110.91	50.28	4.45～534.08
有效锰（mg/kg）	1 551	30.84	20.59	66.77	0.86～211.48
有效硼（mg/kg）	1 503	0.78	0.46	59.05	0.04～3.66
有效钼（mg/kg）	1 520	0.267	0.55	205.95	0.016～7.870
有效硫（mg/kg）	1 547	55.99	32.76	58.51	3.33～309.60
有效硅（mg/kg）	1 530	173.12	80.97	46.77	12.34～538.77

耕层质地

砂土		砂壤土		轻壤土		中壤土		重壤土		黏土	
样本数	占比（%）	样本数	占比（%）	样本数	占比（%）	样本数	占比（%）	样本数	占比（%）	样本数	占比（%）
4	0.25	7	0.44	20	1.25	164	10.26	671	41.99	732	45.81

土壤 pH

≤4.5		(4.5～5.5]		(5.5～6.5]		(6.5～7.5]		(7.5～8.5]		>8.5	
样本数	占比（%）	样本数	占比（%）	样本数	占比（%）	样本数	占比（%）	样本数	占比（%）	样本数	占比（%）
17	1.06	283	17.71	736	46.06	409	25.59	153	9.57	0	0.00

水稻土—脱潜水稻土—黄斑泥田耕地土壤主要理化性状

项目名称	样本数（个）	平均值	标准差	变异系数（%）	范围
有效土层厚（cm）	11	83.0	21.34	25.71	60.0～108.0
耕层厚度（cm）	11	18.7	1.90	10.16	15.0～20.0
耕层容重（g/cm^3）	11	1.15	0.08	6.66	1.04～1.26
有机质（g/kg）	11	38.9	9.00	23.13	23.6～54.0
全氮（g/kg）	11	2.291	0.40	17.29	1.600～2.800
有效磷（mg/kg）	11	35.0	19.87	56.73	12.1～68.5
速效钾（mg/kg）	11	118	26.44	22.44	77～155
缓效钾（mg/kg）	11	642	163.53	25.48	355～919
有效铜（mg/kg）	11	4.90	1.09	22.14	2.62～6.76
有效锌（mg/kg）	11	1.63	0.82	50.66	1.02～3.79
有效铁（mg/kg）	10	111.98	41.30	36.89	67.40～179.60
有效锰（mg/kg）	11	53.19	25.72	48.36	6.70～92.50
有效硼（mg/kg）	11	1.14	0.37	32.02	0.76～1.70
有效钼（mg/kg）	11	0.216	0.18	82.04	0.060～0.630
有效硫（mg/kg）	11	81.40	23.51	28.88	39.40～104.20
有效硅（mg/kg）	11	132.73	37.97	28.61	70.00～220.00

耕层质地

砂土		砂壤土		轻壤土		中壤土		重壤土		黏土	
样本数	占比（%）	样本数	占比（%）	样本数	占比（%）	样本数	占比（%）	样本数	占比（%）	样本数	占比（%）
0	0.00	0	0.00	0	0.00	1	9.09	10	90.91	0	0.00

土壤 pH

≤4.5		(4.5～5.5]		(5.5～6.5]		(6.5～7.5]		(7.5～8.5]		>8.5	
样本数	占比（%）	样本数	占比（%）	样本数	占比（%）	样本数	占比（%）	样本数	占比（%）	样本数	占比（%）
0	0.00	0	0.00	5	45.45	5	45.45	1	9.09	0	0.00

水稻土—漂洗水稻土—漂黄泥田耕地土壤主要理化性状

项目名称	样本数（个）	平均值	标准差	变异系数（%）	范　围
有效土层厚（cm）	2	75.0	35.36	47.14	50.0～100.0
耕层厚度（cm）	2	19.5	2.12	10.88	18.0～21.0
耕层容重（g/cm^3）	2	1.23	0.09	7.50	1.16～1.29
有机质（g/kg）	2	25.7	8.17	31.75	20.0～31.5
全氮（g/kg）	2	1.720	0.61	35.36	1.290～2.150
有效磷（mg/kg）	2	11.4	0.78	6.86	10.9～12.0
速效钾（mg/kg）	2	120	23.33	19.53	103～136
缓效钾（mg/kg）	2	442	265.17	60.06	254～629
有效铜（mg/kg）	2	4.45	0.06	1.43	4.40～4.49
有效锌（mg/kg）	2	2.27	0.34	14.95	2.03～2.51
有效铁（mg/kg）	2	77.60	18.25	23.52	64.69～90.50
有效锰（mg/kg）	2	21.77	13.05	59.91	12.55～31.00
有效硼（mg/kg）	2	1.55	1.12	72.08	0.76～2.34
有效钼（mg/kg）	2	0.230	0.07	30.74	0.180～0.280
有效硫（mg/kg）	2	41.97	7.28	17.35	36.82～47.12
有效硅（mg/kg）	2	208.21	144.53	69.42	106.01～310.41

耕层质地

砂土		砂壤土		轻壤土		中壤土		重壤土		黏土	
样本数	占比（%）	样本数	占比（%）	样本数	占比（%）	样本数	占比（%）	样本数	占比（%）	样本数	占比（%）
0	0.00	0	0.00	0	0.00	2	100.00	0	0.00	0	0.00

土壤 pH

≤4.5		(4.5～5.5]		(5.5～6.5]		(6.5～7.5]		(7.5～8.5]		>8.5	
样本数	占比（%）	样本数	占比（%）	样本数	占比（%）	样本数	占比（%）	样本数	占比（%）	样本数	占比（%）
0	0.00	0	0.00	1	50.00	0	0.00	1	50.00	0	0.00

水稻土—漂洗水稻土—漂红泥田耕地土壤主要理化性状

项目名称	样本数（个）	平均值	标准差	变异系数（%）	范围
有效土层厚（cm）	161	63.7	28.90	45.34	15.0～120.0
耕层厚度（cm）	161	16.7	2.55	15.27	11.0～25.0
耕层容重（g/cm^3）	161	1.21	0.16	13.46	0.81～1.64
有机质（g/kg）	161	28.0	11.38	40.65	7.2～82.2
全氮（g/kg）	161	1.427	0.64	44.99	0.308～3.500
有效磷（mg/kg）	161	29.3	33.03	112.68	1.0～170.2
速效钾（mg/kg）	158	106	72.45	68.06	21～367
缓效钾（mg/kg）	160	233	162.34	69.63	45～932
有效铜（mg/kg）	143	2.23	1.76	78.87	0.29～7.74
有效锌（mg/kg）	143	3.13	2.61	83.30	0.26～24.76
有效铁（mg/kg）	143	115.61	80.41	69.56	10.43～437.00
有效锰（mg/kg）	142	36.63	53.10	144.95	1.30～290.13
有效硼（mg/kg）	142	0.35	0.36	104.20	0.04～3.46
有效钼（mg/kg）	142	0.208	0.18	85.55	0.032～1.100
有效硫（mg/kg）	143	35.98	25.41	70.63	4.10～158.00
有效硅（mg/kg）	143	119.18	105.72	88.70	15.10～488.00

耕层质地

砂土		砂壤土		轻壤土		中壤土		重壤土		黏土	
样本数	占比（%）	样本数	占比（%）	样本数	占比（%）	样本数	占比（%）	样本数	占比（%）	样本数	占比（%）
0	0.00	41	25.47	36	22.36	38	23.60	38	23.60	8	4.97

土壤 pH

≤4.5		(4.5～5.5]		(5.5～6.5]		(6.5～7.5]		(7.5～8.5]		>8.5	
样本数	占比（%）	样本数	占比（%）	样本数	占比（%）	样本数	占比（%）	样本数	占比（%）	样本数	占比（%）
7	4.35	97	60.25	44	27.33	12	7.45	1	0.62	0	0.00

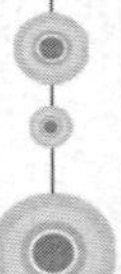

水稻土—漂洗水稻土—漂鳝泥田耕地土壤主要理化性状

项目名称	样本数（个）	平均值	标准差	变异系数（%）	范　围
有效土层厚（cm）	14	71.4	34.30	48.02	28.0～100.0
耕层厚度（cm）	14	19.5	1.74	8.94	16.0～23.0
耕层容重（g/cm^3）	14	1.24	0.12	9.46	1.10～1.40
有机质（g/kg）	14	31.7	4.18	13.19	23.1～38.3
全氮（g/kg）	14	1.859	0.69	37.19	0.670～3.090
有效磷（mg/kg）	14	21.9	12.39	56.49	8.8～53.2
速效钾（mg/kg）	14	62	24.85	40.12	38～124
缓效钾（mg/kg）	13	738	448.17	60.74	118～1 474
有效铜（mg/kg）	13	25.53	20.75	81.28	1.00～56.54
有效锌（mg/kg）	14	27.84	26.49	95.12	1.22～71.68
有效铁（mg/kg）	14	194.59	110.86	56.97	63.92～366.39
有效锰（mg/kg）	10	92.92	89.03	95.81	10.60～277.80
有效硼（mg/kg）	14	1.22	0.85	69.59	0.04～2.72
有效钼（mg/kg）	13	0.567	0.28	48.60	0.100～0.950
有效硫（mg/kg）	10	83.57	94.69	113.31	4.55～280.22
有效硅（mg/kg）	10	248.61	189.74	76.32	26.14～480.22

耕层质地

砂土		砂壤土		轻壤土		中壤土		重壤土		黏土	
样本数	占比（%）	样本数	占比（%）	样本数	占比（%）	样本数	占比（%）	样本数	占比（%）	样本数	占比（%）
1	7.14	0	0.00	6	42.86	7	50.00	0	0.00	0	0.00

土壤 pH

≤4.5		(4.5～5.5]		(5.5～6.5]		(6.5～7.5]		(7.5～8.5]		>8.5	
样本数	占比（%）	样本数	占比（%）	样本数	占比（%）	样本数	占比（%）	样本数	占比（%）	样本数	占比（%）
0	0.00	9	64.29	5	35.71	0	0.00	0	0.00	0	0.00

水稻土—漂洗水稻土—漂马肝田耕地土壤主要理化性状

项目名称	样本数（个）	平均值	标准差	变异系数（%）	范　围
有效土层厚（cm）	344	70.9	25.89	36.51	15.0～140.0
耕层厚度（cm）	344	17.8	2.40	13.51	10.0～24.0
耕层容重（g/cm^3）	324	1.25	0.12	9.57	0.81～1.66
有机质（g/kg）	344	26.1	9.69	37.19	6.0～50.0
全氮（g/kg）	341	1.488	0.50	33.35	0.430～3.130
有效磷（mg/kg）	344	24.9	35.88	143.91	0.7～200.0
速效钾（mg/kg）	337	130	65.05	50.11	25～463
缓效钾（mg/kg）	294	359	178.45	49.75	83～1 249
有效铜（mg/kg）	293	3.77	1.98	52.38	0.35～13.90
有效锌（mg/kg）	290	2.90	3.19	109.98	0.19～26.40
有效铁（mg/kg）	293	125.38	92.95	74.13	4.70～434.00
有效锰（mg/kg）	293	52.76	35.37	67.04	0.80～210.00
有效硼（mg/kg）	288	0.63	0.52	81.77	0.02～2.74
有效钼（mg/kg）	287	0.303	0.33	109.87	0.030～1.950
有效硫（mg/kg）	284	36.87	28.26	76.65	6.18～201.35
有效硅（mg/kg）	278	201.00	95.84	47.68	14.98～523.59

耕层质地

砂土		砂壤土		轻壤土		中壤土		重壤土		黏土	
样本数	占比（%）	样本数	占比（%）	样本数	占比（%）	样本数	占比（%）	样本数	占比（%）	样本数	占比（%）
0	0.00	3	0.87	119	34.59	70	20.35	122	35.47	30	8.72

土壤 pH

≤4.5		(4.5～5.5]		(5.5～6.5]		(6.5～7.5]		(7.5～8.5]		>8.5	
样本数	占比（%）	样本数	占比（%）	样本数	占比（%）	样本数	占比（%）	样本数	占比（%）	样本数	占比（%）
1	0.29	85	24.71	172	50.00	60	17.44	25	7.27	1	0.29

水稻土—盐渍水稻土—氯化物涂泥田耕地土壤主要理化性状

项目名称	样本数（个）	平均值	标准差	变异系数（%）	范围
有效土层厚（cm）	13	27.3	29.27	107.19	10.0～100.0
耕层厚度（cm）	13	12.2	3.51	28.87	10.0～20.0
耕层容重（g/cm^3）	13	1.25	0.12	9.33	1.10～1.50
有机质（g/kg）	13	26.3	11.03	41.93	11.5～42.3
全氮（g/kg）	13	1.143	0.57	50.13	0.480～2.440
有效磷（mg/kg）	13	23.9	15.01	62.93	11.4～62.2
速效钾（mg/kg）	12	137	117.16	85.58	33～376
缓效钾（mg/kg）	11	382	294.95	77.15	54～976
有效铜（mg/kg）	13	1.12	0.16	14.71	0.99～1.56
有效锌（mg/kg）	13	3.85	1.09	28.24	2.63～6.05
有效铁（mg/kg）	13	185.28	7.27	3.92	161.10～187.30
有效锰（mg/kg）	13	30.18	14.37	47.60	26.20～78.00
有效硼（mg/kg）	13	0.29	0.09	32.40	0.13～0.41
有效钼（mg/kg）	13	0.262	0.06	24.32	0.050～0.280
有效硫（mg/kg）	13	28.05	9.56	34.10	4.79～41.20
有效硅（mg/kg）	13	77.46	9.87	12.75	44.60～80.20

耕层质地

砂土		砂壤土		轻壤土		中壤土		重壤土		黏土	
样本数	占比（%）	样本数	占比（%）	样本数	占比（%）	样本数	占比（%）	样本数	占比（%）	样本数	占比（%）
0	0.00	0	0.00	0	0.00	5	38.46	7	53.85	1	7.69

土壤 pH

≤4.5		(4.5～5.5]		(5.5～6.5]		(6.5～7.5]		(7.5～8.5]		>8.5	
样本数	占比（%）	样本数	占比（%）	样本数	占比（%）	样本数	占比（%）	样本数	占比（%）	样本数	占比（%）
0	0.00	2	15.38	2	15.38	0	0.00	8	61.54	1	7.69

水稻土—盐渍水稻土—氯化物涂砂田耕地土壤主要理化性状

项目名称	样本数（个）	平均值	标准差	变异系数（%）	范　围
有效土层厚（cm）	4	58.8	7.50	12.77	55.0～70.0
耕层厚度（cm）	4	16.0	0.00	0.00	16.0～16.0
耕层容重（g/cm^3）	4	1.20	0.11	9.58	1.06～1.32
有机质（g/kg）	4	26.0	9.10	35.02	16.0～37.9
全氮（g/kg）	4	1.060	0.36	34.36	0.661～1.534
有效磷（mg/kg）	4	24.0	19.16	79.80	12.0～52.6
速效钾（mg/kg）	3	181	150.60	83.39	47～344
缓效钾（mg/kg）	4	169	146.92	86.69	47～372
有效铜（mg/kg）	4	1.08	0.16	14.40	0.98～1.31
有效锌（mg/kg）	4	3.96	1.54	39.02	2.07～5.60
有效铁（mg/kg）	4	188.38	2.15	1.14	187.30～191.60
有效锰（mg/kg）	4	26.73	1.05	3.93	26.20～28.30
有效硼（mg/kg）	4	0.37	0.13	35.26	0.26～0.55
有效钼（mg/kg）	4	0.285	0.01	3.51	0.280～0.300
有效硫（mg/kg）	4	25.03	6.03	24.10	19.10～32.20
有效硅（mg/kg）	4	80.63	0.85	1.05	80.20～81.90

耕层质地

砂土		砂壤土		轻壤土		中壤土		重壤土		黏土	
样本数	占比（%）	样本数	占比（%）	样本数	占比（%）	样本数	占比（%）	样本数	占比（%）	样本数	占比（%）
0	0.00	3	75.00	0	0.00	0	0.00	1	25.00	0	0.00

土壤 pH

≤4.5		(4.5～5.5]		(5.5～6.5]		(6.5～7.5]		(7.5～8.5]		>8.5	
样本数	占比（%）	样本数	占比（%）	样本数	占比（%）	样本数	占比（%）	样本数	占比（%）	样本数	占比（%）
0	0.00	3	75.00	0	0.00	0	0.00	1	25.00	0	0.00

图书在版编目（CIP）数据

长江中下游区耕地质量主要性状数据集/农业农村部耕地质量监测保护中心编著．—北京：中国农业出版社，2021.1
ISBN 978-7-109-27812-7

Ⅰ.①长… Ⅱ.①农… Ⅲ.①长江中下游—耕地资源—资源评价—数据集 Ⅳ.①F323.211

中国版本图书馆 CIP 数据核字（2021）第 020181 号

长江中下游区耕地质量主要性状数据集

CHANGJIANG ZHONGXIAYOUQU GENGDI ZHILIANG ZHUYAO XINGZHUANG SHUJUJI

中国农业出版社出版
地址：北京市朝阳区麦子店街 18 号楼
邮编：100125
责任编辑：贺志清　王琦瑢
版式设计：杜　然　　责任校对：吴丽婷
印刷：中农印务有限公司
版次：2021 年 1 月第 1 版
印次：2021 年 1 月北京第 1 次印刷
发行：新华书店北京发行所
开本：880mm×1230mm　1/16
印张：17
字数：530 千字
定价：110.00 元